憲政自治と中間団体

一木喜徳郎の道義的共同体論

稲永祐介

吉田書店

憲政自治と中間団体

一木喜徳郎の道義的共同体論

目次

【凡例】

1　文中の引用箇所はすべて「　」で示すが、長文の引用は本文に対して一段落として表記した。なお引用文中の中略は……でまとめた。

2　すべての引用の旧漢字は、必要に応じて新漢字に改めた。また、原資料に句読点がない場合、必要に応じて句読点を挿入した。

3　原語表記を示す場合、《　》を用いた。

4　人名は、初出の場合、（　）を用いて、原則として生年・没年・在職年などを示し、欧米人名は原語を併記した。

5　書名は『　』で、論文は「　」で表し、初出をあわせて示した。

6　引用文中の傍点が著者による場合は、適時、指摘した。

7　著者が補足する部分は、原文と区別するために、（——挿入引用者）を用いた。

8　索引は著者が作成したものであり、収録範囲は本文および補論に限られる。

序章　課題と方法

第一節　問題の所在

本書は、一木喜徳郎（一八六七―一九四四）の道義的共同体論から日本の近代国家と民衆自治の連関を明らかにすることを目的にする。

生来、一木の政治思想は民衆運動の近くにあり、そこで育まれた彼の規範への感受性によって社会編成の動揺を敏感に反映していた。彼が深く関わった内務省の活動が近代日本のあらゆる国政の統括を目的にし、また、日本の近代国家が国民一人ひとりの国家の目的への参与を期待していたことを前提にすれば、彼の思想と行動に対する考察は日本の近代国家を検討するにあたっての重要な視座を我々に提供する。

これまで国家と道徳は、同じ問題の系列において歴史研究の対象として考察されることはなかったが、本書は一木が論じる国家と民衆を媒介する中間団体の活動を考察することによって、近代国家を支える「公徳」の概念に着目し、村落住民の自己変革の可能性という視角から日本の「近代像」の理解に貢献することを試みる。

本書は一九〇六年の中央報徳会設立〈1〉から一九一九年に民力涵養運動が展開されるまでの、いわゆる地方改良運動期を分析の射程にするが、一木の幼年期および一九二〇年代の社会教育政策も視野に入れる〈2〉。内務省の実務は、国民共同体のレベルでいかに民衆を国家の進運へと導いていくかという問題に従事していた。それゆえにこの実務は、国政運営において名望家層が村落住民の自発的な参与を看過できなくなるにつれて重要性を増していった。

（一）一木喜徳郎の人物像

ここでは、本論に入るにあたって、あらかじめ一木の人物像を紹介し、近代史における彼の位置を明確にしたい。一木は、静岡県遠江で代々村落を経営する地方豪農・岡田家の次男（長男は、文部大臣や京都帝国大学総長などを務めた岡田良平）として、一八六七年に生まれ、一九四四年、太平洋戦争敗戦の前年に死去した〈3〉。彼は七歳のときに一木家の養子となり、半年ほどして岡田家に戻った。一木の回想によると、「養家からも寺子屋式の小学校に通うことが半歳ほど続いたが、段々日が経つに従って、父母恋しで実家に戻って来た[4]」という。彼の父は二宮尊徳（一七八七―一八五六）の高弟・岡田良一郎（一八三九―一九一五）である。岡田家は一木の祖父・佐平治（一八一二―七六）の代から村落共同体の経営を発展維持し、住民救済のために報徳社運動を展開した。

一木は、一八八七（明治二〇）年六月に法科大学（後の東京大学法学部）を卒業後、同年七月から内務省県治局に勤め、内務書記官や内務参与官などを兼任した。彼は、職務と並行させながら、一八九四年九月から一九〇八年九月までの一四年間、法科大学で末岡精一（一八五五―九四）の後任として行政法と国法学を担当した。

一木の国法学は、行政法講義と同じく、国家機構の構造を体系的に論じ、国家権力の由来を立憲君主制において正当化する立場にある。彼は一八九〇年四月から三年間ドイツに私費留学し、最初の八ヶ月の間、ベルリン大学でギールケ（Otto Friedrich Von Gierke, 1841-1921）の国法学を学び、その後ライプチヒに移った[5]。留学中の一八九二年五月、一木は、主著『日本法令予算論』を出版する。留学の動機は、内務官僚の中川望（一八七五―一九六四）によれば、内務官僚時代に彼が従事した主要な公務、つまり内務省顧問のモッセ（Albert Mosse, 1846-1925）に質問し、その内容を翻訳して局長に報告する公務に対して、「日本の法律の制定や実施について一々外国人に頼らなければならないとは如何にも残念な事だとの慨歎が外遊の御決心のついた発端[6]」であったという。

内政史の観点から一木の位置をみれば、彼は貴族院では幸倶楽部に属する山県系官僚である。平田東助（一八四九―一九二五）と共に智能の卓抜さが強調され[7]、また政治的野心はなく学者の才を持ち、ただ純正、公明、精忠をもって国政に尽くす人格者であると評される〈8〉。彼は、当時の内務書記官として、一八九四年二月から四〇日の間、内務省ではじめて沖縄島、宮古島、石垣島を視察し、旧慣の調査を実施した〈9〉。一〇〇ページを超えるこの報告書は、沖縄の各役人の俸給額や各町村の予算、田畑の土地柄についての統計資料から構成され、その調査は当時の沖縄の治安や集会、住民の生活の様子にまでいたる〈10〉。「一木書記官取調書」と呼ばれるこの報告書は、後に明治政府の地方自治の一環として採用された旧慣温存の方針にとって、重要な資料の一つになった。さらに一九〇七年の郡制廃止問題に際しては、貴族院で廃止案反対の立場から演説し、同案を廃案にいたらせている〈11〉。この演説は賛否の両陣営から内容の秀逸さが評価される。

一木は、一九〇八年に法科大学教授を辞職後、内務次官（一九〇八年七月―一一年九月）、文部大臣（第二次大隈内閣、一九一四年四月―一五年八月）、内務大臣（第二次大隈改造内閣、一九一五年八月―一六年一〇月）、宮内大臣（一九二五年三月―三三年二月）、枢密院議長（一九三四年五月―三六年三月）など、内政の要職を歴任した〈12〉。枢密院議長時には、天皇機関説事件に直面し、右翼のテロリズムの危機にさらされた。

このような人物像からいえば、一木は、日本の近代政治の重要な基点に深く関わる官僚政治家として、近代日本を理解するための重要人物であるといえる。しかし、これまでの日本政治史や日本政治思想史の研究においては、彼の政治思想と行動は軽視されてきたというべきである。

（二）一木喜徳郎の共同体秩序論

一木が深く関わった内政のなかでも、我々が着目するのは、日露戦争後の地方改良運動における彼の旺盛な行動である。

一木は内務次官として、内務大臣・平田東助と共に地方改良運動に尽力した。日露戦後の統治構想は、民衆の共同生活の利益を国益のために発展させる日常生活の局面で展開される。平田による地方長官会議の訓示には、その冒頭で「惟ふに聖旨を奉体し国運の発展を図るの道は民力の涵養と風紀の振興とに在り国家の財政と同じく地方の財政に於ても亦冗費を節し濫出を制して之が緊粛整理を図(13)」ることが主張された。地方長官会議は、内務大臣が各地方行政機関の長官を政府召集の形式で集め、政府の施政・方針の示達や趣旨の徹底、地方の実状を聴取し、質疑や討論を行う。一般にこの会議は通常議会後に毎年一回開かれ、年によっては二回あるいは三回、約一週間開催されるのが通例であった(14)。

平田は、日露戦争の戦後処理をめぐる財源確保のために、各地方長官を召集した第二次桂内閣の施政方針のなかで地方改良運動の方針を示した。地方改良運動は、この平田の方針に基づき、内務省が一九〇九年に地方改良事業費を予算に計上したことから実質的に展開される(15)。その主意には、日露戦争直後に発布された戊申詔書（一九〇八年一〇月）における節約勤労、風紀改善、親睦協和があった。この運動は、日露戦争から生じた莫大な戦費の捻出と「戦後準備」を支える財源確保の目的から、地方住民の自発に基づく生産力と納税効率の向上を目指す。その運動形態は、政府による町村行政の監督強化——上位官庁の町村の巡視、行政事務処理上の規定励行、懲戒処分、監督処分などの一層の強化——だけではなく、各種の民間団体や半官半民団体が主催する講習会、表彰、模範例の紹介というさまざまな宣伝によって、住民の「協同一致の観念」を教化する試みであった。

従来までの地方自治研究は、当時の内務官僚の統治構想を、「近代合理主義」の思惟様式に還元し、政策に含まれた多様な思想的系譜にはほとんど関心を向けてこなかった。国民形成が国家官僚の意図と一致すると論じられるとき〈16〉、一木の自治の構想は、彼の思想・行動と共にこの国民形成の論理に一般化される。しかし、自治の問題を共同体の観点から考察する場合、官僚の政治思想が近代的な合理性に基づくという図式をいったん棚上げする必要があるのではないか。我々は、内務官僚・一木の自治の構想を、行政効率だけではない、次のような共同体秩序のアプローチから検討する。

日露戦後における共同体の問題は、「民力の涵養と風紀の振興」の要請における、日本の資本主義の発展過程そのものに相伴う不可逆的な進歩との緊張によって特徴づけられる。それは社会的紐帯の変容への対応を意味していた。平田は、「地方に於ける殖産興業の事は我邦の如き小農小商工を以て国家産業の原力と為す国に於て其資本の融通を助け産業の便宜を得せしむるが為に相協同せしむるは最も必要の事〈17〉」として、資本の本源的蓄積という産業発展の課題として村落共同体の役割を問題にした。

一木はこの平田内相の訓示を踏まえ、内務次官の立場から自治の方針を次のように論じる。

> 国家が直接に人民の精神上、経済上の発達に助力するといふことは、最後の場合であるから、先づ其利害の最も近い所の組合なり、団体なりに於て、共同相扶けるといふ精神で以て、其事を負担して行かなければならぬ(18)。

この一木の発言には、「国運の発展」を図る日露戦後の時代状況と国家的要請が示されている。彼によれば、地方の殖産興業は、行政機構の一元的管理によって自治体の競争力向上を促し、達成されるのではない。むしろそれは各種の団体が自立し、相協同してこそ遂げられる。地方長官会議で平田内相は、「国運の発展」や「人心を作興するの道」という、やや漠然とした表現から地方改良運動の政策指針を示した。だが一木は、「共同相扶の精神」の涵養から内務政策を具体化させようとする。では、人々が共に生きる社会規範とは何か。この「国運の発展」に向けた一木の政治思想には、「国民形成」一般に還元し得ない、官僚の創意が表明されているのではないだろうか。我々が一木の共同体論を自治の構想において分析するとき、その視座は農村住民の自己変革の可能性を問い直すことになるだろう。

（三）一木喜徳郎の団体論

一木は、法学者、官僚および政治家という立場から、多岐にわたる国政実務を担った。統治の論理がつねに具体的情況に応じるのならば、彼の統治構想の解明を試みるとき、我々にはその政治思想だけではなく、一木が認識した現状への考察も重要となる。それでは彼の思想において、「国運の発展」と民衆自治はどのように結びついているのだろうか。

前述したように、一木は日露戦後から各地で展開される地方改良運動の中枢にいただけでなく、幼少期から報徳社運動の近くにいた。このことから、国政と地方自治の連関を理解するにあたって、次のような中間団体論の再検討が必要になる。

農村社会における社会的紐帯の変容は、近代国家の構築とその発展過程を解明するための重要なテーマである。日本政治思想史では、丸山眞男〈19〉や藤田省三〈20〉は、近代国家の構築過程において、中間団体——たとえば郷党、職人集団——を、個人が析出する契機を阻む封建的残滓と特徴づけ、個人と国家機構との間にあるこの団体が日本のファシズム的状況をもたらした主要因であったと論じた〈21〉。この近代主義的な中間団体論は、行政権力の集中過程における中間団体の残存を、民主化の障害として強調する。彼らにとって近代化の指標とは、「自然」に対して受動的な村落住民が、近代的理性に従う自律的主体へと転回する運動である。彼らの問題設定には、近代国家の構築と全体主義国家の起源の結びつきへの関心があった。

しかしながら丸山や藤田は、民衆が農村社会における生産主体であるにもかかわらず、共同生活における自律的主体であることを過小評価した。彼らは、中央集権国家における政治に固有な論理を評価するあまり、民衆自治における村落住民の自己変革の可能性について問題を残した。

もう一点、本書が一木の道義的共同体論を考察するにあたって無視できない見解が、藤田による天皇制支配の分析である。彼は、共同体秩序原理がどのように支配者と社会的底辺との間を往復し、その原理がいかなる機能を果たしたかという問題を追究した。本書は、藤田が明らかにした、「一家相和す」という自然村の醇風美俗、民衆の心情と慣習が、上下の対立と摩擦を調和し、この「道徳的元素」が教育勅語を通じて国家原理へと普遍化し、その後、放恣化した国家権力が逆説的に人間の内面生活にまで浸透したという分析に多くの示唆を受けるが、郷党社会の温情と仁慈によって「政治国家そのものが、対国内的な存在理由を失って雲散霧消し、日本国家は非国家的国家とならざるをえない〈22〉」という見解には疑問がある。はたして近代日本における民衆の「道徳的元素」は、ただ現存秩序への従順を促すがゆえに、国家と個人の間にある団体と共に粉砕されなければ、近代国家の構築は達成しえないのだろうか。また、いかにして国民意識は民衆心性のなかに形成されていくのだろうか。これらの問題に対する考察は、近代国家や多様な団体が存立する基層を、先に指摘した民衆の自律的主体性の観点から問うことになろう。

本書は、丸山学派が過小評価する中間団体について、「町村と云ひ、郡と云ひ、天然の地形に依りまして人情風俗を同くし、利害の関係を同く〈23〉」するという一木の団体論から、民衆自治における団体的主体への自己変革の可能性を論じる。彼は、中間団体の活動を、主体形成の桎梏とみなすのではなく、逆に民衆自治と生産力の観点から村落住民が自律する拠点として積極的に評価した。一木が郡制廃止の反対演説のなかで、「郡が必要の無い中間の団体であると云ふことは地方自治の本旨を顧みない論断である〈24〉」と主張し、国家における団体の存立を評価したことは興味深い。一木の団体概念は、本論で彼の自治理論といくつかの団体――部落・旧村（＝自然村）、町村（＝行政村）、報徳会、共同組合、青年団――を考察しながら明白にされるだろう。

第二節　先行研究の動向とその批判

（一）一木喜徳郎研究の動向

従来研究は、一木を、おもに法制史の学問領域、とりわけ天皇機関説の文脈において美濃部達吉（一八七三―一九四八）に大きな影響を与えた法学者として紹介してきた。先に示した一木の経歴からもわかるように、内務行政および憲政史に果たした彼の役割は多大である。それにもかかわらず、体系的な法学的観点から彼の国家論をテーマにした日本政治思想史研究も、一木の行動における政治的役割に焦点をあてた日本政治史研究もない〈25〉。本節では、これまでの一木研究を法制史と沖縄調査の二つの傾向から整理し、本研究の位置づけを明らかにする。

法制史における一木研究は、まず美濃部達吉の天皇機関説との関係から論じられる。一木の法学説を論じる場合、とくに注意を要するのは、彼の国法学が権力行使に積極的な合法性を付与し、それを正当化する官僚法学、そして天皇機関説の源流としての自由主義的国法学という二つの傾向を併せ持つことである。家永三郎よれば、「議会の権限を広汎かつ強力に承認する一木の学説は、そこから立憲主義思想を豊富に汲み出す可能性を備えていた〈26〉」として、美濃部達吉の法学説との継承関係から一木の法学説を検討する。しかし家永は一木の立場を、「山懸配下の内務官僚」の面目と『正統』学者としての任務に忠実であった〈27〉」という二点から特徴づけ、一木の学説を消極的に評価する。すなわち「一木・美濃部の系列を機関説学説派として大きく位置づけるのは、思想史的観点からは妥当ではない〈28〉」。家永は、むしろ一木と穂積八束（一八六〇―一九一二）との学説上の類似性を強調し、一木の国法学を官僚法学として特徴づけようとする。ここでいう官僚法学とは、天皇制を支える軍事、治安、租税、自治制に法的根拠を与え、各機関の実務を法解釈によって擁護する法学である〈29〉。家永は、「一木の非立憲的思想が美濃部によって批判修正された結果立憲主義の方向に大きな前進を示したものに外ならぬ〈30〉」として、一木の憲法論は、美濃部の英米仏憲法の歴史的理解とは異なり、西洋的な立憲主義の精神がないという見解から、二人の法学説を区別する。

しかし本書は、家永のように西洋的価値原理に準拠して国法学を考察するのではなく、歴史的・文化的文脈、いわば共同体秩序に対応しようとした一木の国法学に関心を向ける。なぜなら一木の国法学の基層には報徳思想、そして後述する「漢学思想」が近代国家の秩序原理を媒介していると理解できるからである。彼の国法学を共同体論として論じる本書の方法には、一木がドイツ国法学に精通していたことから、地方改良運動における彼の国家構想に体系的で制度的な国家論を確認しうる、という利点がある。さらに彼の国法学に対する理解は、国政と地方自治の関係を、実務レベルで構造的に捉えるためにも重要であろう。先の引用のなかで一木がいう「共同相扶の精神」には、日露戦後における国家の社会生活への干渉あるいは支援、そしてそれに対する団体活動の自律と独立の奨励という矛盾を含む問題がある。

（二）地方改良運動研究の動向

従来の地方改良運動の研究は、民衆への政策実施の様相――財政の仕組み、町村行政の監督・整備――を実証的に考察しながらも、官僚の統治構想を十分に捉えきれなかった。これまでの研究動向は、次のような二つの代表的な学説に分けられる。

第一の学説は、代表的には石田雄や大島美津子によって提唱される。彼らによれば、地方改良運動とは、政府による家族道徳という倫理的要素を基調とする伝統的な支配原理の再編運動である。つまりこの学説は、明治末期から大正後期にかけての地方改良運動を「地主側と農民側との双方の変化による共同体的な秩序の動揺」に対する「天皇制体制の構造を補強」する運動であると主張する[31]。さらにこの学説によれば、この一連の運動は、町村（＝行政村）の機能をより円滑にするために、徐々に五人組を復活させることで伝統的支配秩序を回復させ、行政機能の効果を高めようとした。五人組に代表される「補助機関の機能が部落的規模で終結せず、行政村の一部としての役割を果」すという理由から、伝統的な紐帯は、町村（＝行政村）の機能を阻害するのではなく、むしろ補完すると見なされる〈32〉。この学説において、地方改良運動から後の民力涵養運動にいたる運動の目的は、旧来の村落共同体の伝統的秩序を規定する「醇風美俗」の回復である。

一方、第二の学説は宮地正人による研究である。宮地は、地方改良運動を、日本の帝国主義的列強としての地位を維持、発展させるために、政府が伝統的秩序原理を解体あるいは排除することで国家の財政的基盤を統一する運動と捉える。つまりこの学説によれば、この一連の運動は、行政機構が旧村・部落（＝自然村）を町村（＝行政村）へと統合し、再編成することで、村落を「国家のための共同体」に転化する運動である〈33〉。この観点において、旧村・部落（＝自然村）は、制度においても民衆の思考様式においても、地方再編という国家的利益に鋭く対立する。

両学説は、近代日本の支配原理と秩序原理を理解するために、政府による農村社会の再編過程に注目し、伝統的支配様式を分析する点で多くの示唆に富む。だが、両学説は、統治者がいかなる近代国家をめざし、どのように現状を変革しようとするのか、とりわけ地方改良運動の中心にいた内務官僚の統治構想や政治思想について明白ではない。我々は、第一学説のような伝統的支配の回復ではなく、どのように新しい主体が「国運の発展」に適応していくのかという問題設定から考察を試みたい。このアプローチによって、一木の統治構想の分析から西洋的な近代国家とは別様の国家と中間団体の関係構造が把握されるだろう。

第二学説は、その後の多くの事例研究の基点となり、民衆への政策実施の様相、たとえば、財政の仕組み、町村行政の監督・整備という各地方行政の事例における実証的研究を発展させた。これらの研究は、政府による民衆生活に対する形式的合理性を強調する。この研究傾向に対して我々は、一木が主張した進歩と調和する道徳精神と団体的自我の観点から民衆自治を検討したい。

他方、これら二つの学説は、共通して官僚制化に向かう統治者の合理的思考に準拠している。言い換えれば、両学説は行政機構による財政的な課題に直面した地方整備の形式化と効率を重んじる統治技術に注目する。第一学説は、近代国家を基礎づける近代合理主義と土着的原理の二元論であり、第二学説は、近代合理主義への一元化であると整理できる。ここで重要なのは、内務官僚の国家モデルは、西洋に由来する近代合理主義によるものなのかという本質的な問いである。

そこで我々は、地方改良運動を、家族道徳からでも資本制の発展原理からでもなく、旧体制の共同体秩序を継続させながら「国運の発展」をめざす総合の観点から考察する。内務官僚は、どのように伝統的習俗と進歩の観念との相克を解消しようとしたのだろうか。この考察において、我々は、民衆の生産力を支える諸団体の関係構造に焦点をあてたい〈34〉。

(三) 本研究の方法

一木における憲政と自治の問題を検討するには、彼の国法学理論を踏まえ、その著書や講演に散在する所説を総合的に再構成することが肝要である。彼の問題関心は、内務次官期および内務大臣期の講演にほぼ示されており、この講演の論脈を主軸にしながら、他方でその法学説によって彼の国家論を補うことができる。さらに、一木がその重要性を力説した社会教育は、現状への具体的な対応であり、この教育観を分析すれば、彼が理想にする社会規範を明らかにすることができよう。こうした我々の分析は、一九二〇年頃の青年団奨励活動によって補完される。

我々が用いる史料は一木の講演筆録を主とする。また中央報徳会の機関紙『斯民』（一九〇九―一九四六年の間に発刊）〈35〉の論文も扱う。中央報徳会は、半官半民の教化団体として二宮尊徳翁五十年記念（一九〇五年一一月）に設立された。この団体は、機関紙『斯民』を通じて、二宮尊徳の教えを説くことを活動の中心としながら、国民の精神教育の助けになるべき事柄を研究し広く紹介した。

当時の内務官僚の「公」の発言は、地方公官吏と地方篤志家に向けて政策方針を表明、宣伝する役割があった。しかも内務次官が「内務省の事務遂行に当り、実質的にその中心〈36〉」であったことを考えれば、当時の一木の発言内容は、国家の利益を巧みに正統化するよう試みられたただろうことが推測できる。官僚や政治家の発言は、背後に国家権力の運用と権威をつねに想念するため、いわゆる思想家や理論家のそれとは異なる位相にある。したがって官僚の政策意図および思惑は、ただ彼らの言説を分析したり、修辞法を追うだけではわかりにくい。

しかも、地方政治、民衆による共同利益の発展という局面における一木の活動は、日本の近代資本主義の発展過程そのものに伴う時代状況のなかで展開された。それゆえに一木の言説を分析する際に注意しなければならないのは、農村社会のなかで解き明かすことが容易ではない、民衆の「実生活」の思考と体験を一木が取り扱っていたということである。

そこで本書では、一木の自治構想を理解するために、各県内務部の自治行政の動向を把握し、各自治団体の基本的な発展傾向を、自治精神の涵養という観点から歴史社会学的に分析することに力点を置く。

近代日本における共同体秩序の研究は、近代国家の性格および全体主義の生成を理解するための重要なテーマのひとつである。本書はいわゆる丸山学派の成果を批判的に導入しながら、アメリカ、フランスの歴史社会学の方法を日本の事例に応用する。この歴史社会学的方法は、農村社会における規範的価値の奨励を分析する際に、英米の研究における経済決定論を避け、むしろフランスの研究が関心を向ける文化コードの問題、とりわけ信仰および信条、道徳、倫理、感情にむすびつく習俗に着目する〈37〉。地方の共同生活に介入する国家権力の性格を検討するには、民衆を自身の具体的生活において自律する主体だと捉えること、民衆みずからがすべての時代を通じて歴史を動かす動因であるという視座が重要だからである。

分析材料には、山口県、福岡県、佐賀県下の県庁内務部の指導方針と各団体の対応を取り挙げる。なかでも、地方改良運動に対する福岡県と佐賀県の各自治団体の反応は、一木が両県を巡視し、それぞれの斯民会と報徳会で講演したことから興味深い。この考察にはおもに官庁側の資料を扱う。そして、いくつかの村における政策浸透過程への関心から、徴税と基本財産の造成に関する団体の社会的機能の分析を試みる。この分析の焦点は、各地域間の差異にではなく、中央と各県の連関、とりわけ一木が伝える内務省の方針が市町村でいかに展開されたのかという問いに限定される。こうした分析方法から、日本の近代国家の性質を究明すれば、共同体秩序と団体自治が支える国家は、近代国家一般とは異なる社会編制をもつ「協働国家」として捉えられるであろう。

注

〈1〉中央報徳会の発足の経緯については、本序章の最後を参照。

〈2〉民力涵養運動については、池田元「大正期の民力涵養運動と自由教育論争—共同体経営と自己革新の位相」（『大正「社会」主義の思想—共同体の自己革新』論創社、一九九三年）、小池善吉『近代農村の歴史社会学研究』（時潮社、一九九一年）、山本悠三「民力涵養運動と社会局」（『東北福祉大学紀要』第一五号、一九九〇年）を参照。

〈3〉一木喜徳郎の経歴には、河井彌八代表『一木先生回顧録』（一九五四年）、一木先生追悼会『一木先生を偲ぶ』（一九五五年）、堀内良『一木喜徳郎伝』（大日本報徳社、二〇〇二年）を参照。

〈4〉河井代表、前掲『一木先生回顧録』、二頁。

〈5〉河井代表、同上書、一三—一四頁。

〈6〉一木先生追悼会、前掲『一木先生を偲ぶ』、七―八頁。

〈7〉一木を山県に紹介したのは加藤弘之であるといわれる（鷺城学人「一木文相論」『青年』一九一四年七月号、九四頁）。なお、一木の人柄については、鵜崎鷺城「一木内相論」（『中央公論』一九一五年一〇月号）高柳光壽「人物素描　一木喜徳郎」（『日本歴史』第五八号、一九五三年）がある。

〈8〉大霞会編『内務省史　第四巻』（地方財務協会、一九七〇年）四八、七三―八〇頁。

〈9〉『沖縄県史　通史　第一巻』（沖縄県教育委員会、一九七六年）八三―八六頁。

〈10〉一木の沖縄調査については、一木「一木書記官取調書」（『沖縄県史　第一四巻　雑纂1』（琉球政府、一九六五年）、近藤健一郎「日清戦争直前の沖縄教育政策――『一木書記官取調書』（一八九四年）を中心に」（『南島史学』第四八巻、一九九六年）、宮平真弥「一木喜徳郎の自治観と沖縄調査」（『沖縄文化研究』第二六巻、二〇〇〇年）を参照。最近の研究には、並松信久「沖縄の地方制度と報徳仕法――『一木書記官取調書』をめぐって」（『報徳学』第九号、国際二宮尊徳思想学会、二〇一二年）がある。

〈11〉河井代表、前掲『一木先生回顧録』、四一―四四頁。

〈12〉略歴については、本書の「一木喜徳郎略年譜」を参照。

〈13〉平田東助「地方長官会議」（『政友』第一〇一号、一九〇八年）二六頁。

〈14〉大霞会編『内務省史　第三巻』（地方財務協会、一九七一年）八三七―八三九頁。

〈15〉ここで我々が「実質的に」というのは、本書が地方改良運動の理念への前田正名による町村是運動の強い影響を念頭に置くからである。佐々木豊「研究解題　地方改良運動と町村是調査」（神谷慶治監修『地方改良運動史資料集成　第一巻』柏書房、一九八六年）を参照。地方改良運動研究については本論で詳述するが、ここではいくつかの代表的な先行研究を挙げる。不和和彦「日露戦後の『町村自治』振興策と国民強化――地方改良運動を中心に」（『村落社会研究』第一八集、御茶ノ水書房、一九八二年）、鹿野政直「明治後期における国民組織化の過程」（『史観』第六九冊、一九七九年）、小池善吉「日露戦争後の群馬県地方改良運動と報徳社」（『群馬県史研究』第一〇、一二号、一九七九年）、大石嘉一郎『近代日本の行政村』（日本経済評論社、一九九一年）、大島美津子「地方制度」（鵜飼信成他編『資本主義と法の発展　講座日本近代法発達史　八』勁草書房、一九五九年）、山田公平「明治末年の天皇制国家における国家統合と地方自治――その国際比較的特質」（『法制論集』第一一〇号、名古屋大

学法学部、一九八六年）、山中永之佑「日本帝国主義国家体制の形成と町村制度」（『近代大阪の歴史的展開』、一九七六年）、同著『近代日本の地方制度と名望家』（弘文堂、一九九〇年）を参照。

〈16〉金長権『近代日本地方自治の構造と性格』（刀水書房、一九九二年）五頁。

〈17〉平田、前掲。傍点は引用者。以下、とくに指摘がなければ、傍点は引用者による。

〈18〉一木「自治の本義」（内務省地方局編纂『地方改良事業講演集　上巻』一九〇八年）二三頁。

〈19〉丸山眞男「国民主義の『前期的』形成」（『日本政治思想史研究』東京大学出版会、一九四二年）。

〈20〉藤田省三「天皇制国家の支配原理」（『天皇制国家の支配原理　藤田省三著作集Ⅰ』みすず書房、一九九八年）。

〈21〉「結社形成的主体」における抵抗と自立の精神を指摘する、宇野重規「丸山眞男における三つの主体像——丸山の福沢・トクヴィル理解を手がかりに」（小林正弥編『丸山眞男論　主体的作為、ファシズム、市民社会』東京大学出版会、二〇〇三年）は、中間団体の自主性の分析にとって示唆に富む。

〈22〉藤田省三『天皇制国家の支配原理　藤田省三著作集Ⅰ』みすず書房、一九九八年（初出、一九五六年）二四頁。

〈23〉一木「一木喜徳郎氏の反対演説」（『政友』第八三号、一九〇七年）六頁。

〈24〉一木、同上論文、一四頁。

〈25〉一木の法律論についての研究は、橋本誠一「近代収用法理論の成立——江木衷と一木喜徳郎」（『法経研究』第三八巻一・二号、静岡大学法経学会、一九八九年）、岩村等「一木喜徳郎の法律概念——『日本法令予算論』の検討」（山中永之佑編『日本近代国家の法構造』木鐸社、一九八三年）、長尾龍一『日本法思想史研究』（創文社、一九八一年）九三—九八頁、鈴木安蔵『日本憲法学の生誕と発展』（法律文化社、一九六六年）、同『日本憲法学史研究』（勁草書房、一九七〇年）を参照。

〈26〉家永三郎『日本近代憲法思想史研究』（岩波書店、一九六七年）一四三頁。

〈27〉家永、同上書、一四九頁。

〈28〉家永、同上書、一五〇頁。

〈29〉平野義太郎「官僚法学」（鵜飼信成他編『講座日本近代法発達史　第三巻』勁草書房、一九五八年）。

〈30〉家永三郎『美濃部達吉の思想史的研究』（岩波書店、一九六四年）一八頁。

〈31〉石田雄『近代日本政治構造の研究』（未来社、一九五六年）五一—五二頁。

〈32〉大島美津子「明治末期における地方行政の展開――地方改良運動」（『東洋文化研究所紀要』第一九冊、一九五九年）一一九頁。

〈33〉宮地正人『日露戦後政治史の研究――帝国主義形成期の都市と農民』（東京大学出版会、一九七三年）七三頁。

〈34〉生産力論と家から国家共同体に至る拡充の論理については、池田元「日本国家論へのアングル――近代主義と近代批判の二重性」（『日本国家科学の思想』論創社、二〇一一年）四頁を参照。

〈35〉中央報徳会の設立と『斯民』については、一木喜徳郎「自任自重の精神を養成せよ」（『斯民』第七編第六号、一九一二年）四一頁、同著「露国の現状に鑑みよ」（『斯民』第八編第一〇号、一九一三年）二七頁、酒田正敏「解題」（『雑誌『斯民』目次総覧――一九〇六―一九四四』内政史研究会／日本近代史研究会、一九七二年）五頁、「公告『斯民』の本領と希望」（『報徳の研究』隆文館、一九〇七年）を参照。

〈36〉大霞会編『内務省史　第一巻』（地方財務協会、一九七一年）七八四頁。

〈37〉歴史社会学の方法に関しては、とりわけ以下を参照。ベルトラン・バディ、ピエール・ビルンボーム『国家の歴史社会学　再訂訳版』（吉田書店、小山勉、中野裕二訳、二〇一五年）、イヴ・デロワ『国民国家 構築と正統化 政治的なものの歴史社会学のために』（吉田書店、中野裕二監訳、二〇一三年）、バリントン・Jr. ムーア『独裁と民主政治の社会的起源：近代世界形成過程における領主と農民』（岩波書店、宮崎隆次、高橋直樹、森山茂徳訳、一九八六―一九八七年）、Theda Skocpol, *States and social revolutions : a comparative analysis of France, Russia, and China*, Cambridgem, Cambridge University Press, 1979, Perry Anderson, *Lineages of the absolutist state*, London, Verso, 1974.

一木は、中央報徳会が主催する各種の講演会でこの会の発起人という中枢の立場から旺盛な講演活動を展開した。発起人は、一木のほかに、平田東助（前内務大臣・産業組合中央会会頭）、早川千吉郎（三井銀行専務理事）、岡田良平（貴族院議員、前文部大臣）、久米金彌（農商務省山林局長）、桑田熊蔵（多額納税貴族院議員）、鈴木籐三郎（日本醤油醸造株式会社社長・台湾精糖会社取締役）、田村武治（日本精製糖会長）、井上友一（内務省地方局府県課長）、清野長太郎（内務省地方局市町村課長）、留岡幸助（巣鴨家庭学校長・社会事業家）の一一名であり、二宮尊徳の報徳思想に私淑する者たちであった。この発起人を概観してわかるように、中央報徳会は、内務省および文部省出身者と資本家を中心に構成されていることから、当時の政治的支配層が中央報徳会を運営していた。機関紙『斯民』は、一九〇六年四月から一九四四年九月までの三九年間刊行されており、国政を知る上で豊富で重要な史料を提供する。内務官僚の講演記録だけでなく、地方記事も多数掲載されていることから、内務省の政策とその展開を研究するために、不可欠の史料である。この『斯民』発行の目的を、中央報徳会は「『斯民』の本領と希望」として、次の五つを挙げる。

一　『斯民』は精神訓育を奨め国民気風の作興を図ると同時に之に関する資料を供給するものなり。
二　『斯民』は地方自治、教育及風化に関する事業を調査し以て之を報道するものなり。
三　『斯民』は経済の発展及之が利原の開拓に参考となるべき事項を調査報道するものなり。
四　『斯民』は青年団体報徳社及奨善団体の為めに参考になるべき資料を供給するものなり。
五　『斯民』は地方長官始め当局者の意見並地方の事業を紹介し、篤志者善行者の美談、地方自治並教育事業の局に当れる人の報告に係る資料を逐次登載するに力む。

第一号の発行部数は一万部、次号からは三〇〇〇部を発行した。『斯民』の読者は、町村役場、学校、青年団、郡町村会議員、神官、僧侶、地主などから成り、とりわけ熱心な読者に郡長、町村長、町村役場官吏が挙げられる。一木は、この中央報徳会の活動の一環として、『斯民』のなかで「国運の伸張」と社会の安定のため、民衆に本論で詳述する協同一致の精神と公徳心を主張した。

第一章　共同体秩序の原型——報徳思想の受容

第一節　村落共同体の「醇厚の俗」

1　報徳思想の道徳的秩序

本章は、一木喜徳郎の報徳思想の性格を明らかにするために、第一節で彼の報徳社の理解を論じ、第二節で報徳会における彼の活動を扱う。報徳社と報徳会は、前者が二宮尊徳の報徳仕法に従う社団であり、後者が（中央）報徳会およびその支部の報徳会と斯民会から構成される中間団体である〈1〉。報徳社は個別の組織と社団間の連携をもち、それぞれの設立の経緯や目的は異なるが、二宮尊徳の報徳思想を村落共同体に普及させることによって、民衆の節度ある自立自営を喚起するという特徴を共有する。

第一節第一項では、「天地人三才の徳」と「勤労の徳目」に注目し、報徳思想における道徳的秩序を検討し、第二項では、一木が団体の一般原理として見出す「推譲の精神」の論理を明らかにする。第二節第一項では、報徳思想を伝達する回路を明らかにするために、中央報徳会およびその支部の活動に着眼し、一木の講演活動に即して報徳会の活動の実態を把握する。さらに第二項では、報徳結社の役割を、国家権力の介入との関わりのなかで論及する。報徳思想と国家との関係において重要なのが、日露戦争後の社会規範を提示する戊申詔書の発布である。一木の戊申詔書の解釈を通じて、日露戦後の社会進化に対する報徳思想の意義を明らかにすることが、第二節第二項のおもな課題である。

（一）分析概念としての村落共同体

報徳思想を検討する前に、まず「村落共同体」の概念規定について整理しておきたい。これまで共同体という用語は、さまざまな立場があるなか、明確な定義を与えられず、その用法も多様であった。従来の日本における代表的な「村落共同体」の概念は、マックス・ヴェーバー（Max Weber, 1864-1920）がヨーロッパ中世の村落をモデルにした概念を、歴史学および社会科学の領域に援用したものである〈2〉。なかでも日本政治思想史の領域では、丸山眞男の次の見解がヴェーバーの影響を受けた典型的な共同体理解として挙げられる。

同族的（むろん擬制を含んだ）紐帯と祭祀の共同と、「隣保共助の旧慣」とによって成立つ部落共同体は、その内部で個人の析出を許さず、決断主体の明確化や利害の露わな対決を回避する情緒的直接的＝結合態である点、また「固有信仰」の伝統的発現地である点、権力（とくに入会や水利の統制を通じてあらわれる）と恩情（親方子方関係）の即自的統一である点で、伝統的人間関係の「模範」であり、「国体」の最終の「細胞」をなして来た。それは頂点の「国体」と対応して超モダンな「全体主義」も、話し合いの「民主主義」も和気あいあいの「平和主義」も一切のイデオロギーが本来そこに包摂され、それゆえに一切の「抽象的理論」の呪縛から開放されて「一如」の世界に抱かれる場所である〈3〉。

丸山は、日本においては、部落共同体の伝統的人間関係が残存するがために、「近代」に到達するための主体が形成されないという。しかし、自由で主体的な個人の析出を強調する丸山学派は、一定の厳しい規律を含むとはいえ、共同体内の各成員が各々の自律的行為にしたがって生存の場を共に確保するという共同性を過小評価してきた。村落共同体における共同性は、「共に生きる」という人間の本源的な性格であると考えると、協同生産の場と生活慣習の共有のなかで、一人ひとりの主体形成の契機を追究することが重要であろう。我々が「村落共同体」という場合、それは地方のいわゆる部落（＝郷党）を指し、実態的な概念としての小地域内の集落結合体と規定される。

（二）天道と人道

一木喜徳郎は、祖父・岡田佐平治が報徳社を結社して以来、報徳思想を身近にして育った。彼は、地方改良運動期には、内務次官として報徳思想の実践を主張し、一九三四（昭和九）年には実兄の岡田良平（一八六四―一九三四）の後任として、大日本報徳社社長を務め、報徳思想の普及に尽力した。一九三四年四月二七日、大日本報徳社の社長就任挨拶で、一木は報徳社の社会的役割について次のように述べている。

報徳社が教化団体に在って最も大なる強みを持っているところは、地方に鞏固なる根抵を有することであります。この根抵が無かったなら、いかに有益なる講演や講習を行なうても、その利益は一時に止まり、永く効験を将来に留むることはできません〈4〉。

報徳社は、報徳の教えを遵奉する社員が二宮尊徳の報徳仕法を日常生活で組織的に実践し、永安の生活と農村経営の発展をめざす社団である。一木にとって、農村を能動的な活動の場へと変容させることが報徳社の活動であった。つまり一木は、国土に広範に設立された報徳社の活動がすでに農村に根づいていることから、国家がその活動を内政に組み込むことで村落共同体の単位における講演や講習を実施し、住民たちに対して効果的に継続的な生活の実益をもたらしうると認識していた。

それでは一木は、報徳思想と農村との関係をどのような観点から捉えていたのだろうか。この問題を検討するために、まず彼が生来関わった報徳思想と、彼の秩序観を育んだ報徳社運動とを、その形成期にまで遡り、農村社会の共同性に深く関わる人道の観念を跡づけることからはじめたい。

報徳思想とは、二宮尊徳による至誠、勤労、分度、推譲という四つの要文からなる道徳経済一元の生活様式に関する観念的体系である〈5〉。二宮尊徳は、国定修身教科書に人物像が掲載され、小農の自力更生の模範的人物として広く政府によって宣伝されたモデルでもある〈6〉。当時の教育政策においては、二宮尊徳のイメージが親孝行や立身出世の一つの模範であっただけではなく、その思想は村落共同体の分解に対し、住民が勤倹力行と貯蓄を実践することで地租や地方税などを納め、村々の自立更生を促す方針に有用であった。

二宮尊徳は、古くから日本にある神道、仏教、儒教を咀嚼し、みずからの体験と共に報徳思想を形成した。この観念体系において、人々は勤労と倹約によって困窮を克服しながら、分をわきまえ、安らいだ生活を保つために、互いに財を譲ることで村落共同体を建設することが理想とされる。

水田の水の流れや作物の疫病などの移り行きが天然の法則とみなされるように、報徳思想においては、あらゆる人間の営みもまた天然の道理に基づくという。しかし、ここでは儒教的な規範意識によるように、天道は絶対的に正しいわけではない。至誠、勤労、分度、推譲の徳目は、人為によって改めることができない絶対の原則であるに過ぎない。報徳思想にとって、「人道」とは、人が人為の外にある天然の法則に善悪の価値を定め、天道に即しながらも融合せずに、積極的に善を推奨することである。奈良本辰也によれば、報徳思想における自然は、ただ受容するだけのものではなく、変えることができるものだという。次の二宮尊徳の天道人道観は、「封建的な倫理関係をこわすという破壊の方面だけでなく、新しい人間の考え方」、いわば人間の主体性を押し出す条件とみなされる〈7〉。

人道は……風雨定めなく、寒暑往来する此世界に、毛羽なく鱗介なく、身体にて生れ出、家がなければ雨露が凌がれず、衣服がなければ寒暑が凌がれず、爰に於て、人道と云物を立て、米を善とし、莠を悪とし、家を作るを善とし、破るを悪とす、皆人の為に立たる道なり、依て人道と云、天理より見る時は善悪はなし、其証には、天理に任する時には、皆荒地となりて、開闢のむかしに帰るなり、如何となれば、是則天理自然の道なればなり、夫天に善悪なし故に、稲と莠とを分たず、種ある者は皆成育せしめ、生気ある者は皆発生せしむ、人道はその天理に順ふといへども、其内に各区別をなし、稗莠を悪とし、米麦を

> 善とするが如き、皆人身に便利なるを善とし、不便なるを悪となす、爰に到りては天理と異なり、如何となれば人道は人の立る処なればなり[8]。

奈良本は、二宮尊徳が天道と人道を明白に分けている点を指摘し、民衆による作為の契機を評価する。朱子学では、春夏秋冬が巡る道理と、世の中に五常（仁・義・礼・智・信）が成立する道理とは少しも変わらなかった。朱子学が自然の秩序に従うしかない人間像を描くのに対して、報徳思想は、生産手段を獲得するために自然に働きかける人間像、いわば自然の秩序に対抗しようと作為する主体性を描いている。

だが奈良本は、天道が人道と和する内的連関の動因やその規範的性格については、必ずしも踏み込んだ分析をしない。我々にとっては、天理自然と作為が分化していく契機に注目しながら、一人ひとりが主体性を獲得しうる報徳思想の潜在的な特性こそ、論及する必要があるだろう。そのためには、報徳思想の道徳的秩序の観念を明らかにする必要がある。そこで報徳社運動の創設期に遡り、遠江国報徳社の運動を考察することによって結集の論理を検討したい。

（三）報徳社運動の理念

報徳思想は、掛川藩（現在の静岡県掛川市）の庇護の下で藩内の各村落共同体に普及し、明治以後は掛川内の没落に瀕する村落共同体の在地地主層に積極的に採用され、次第に遠江周辺地域に広く浸透していった。

人々が報徳思想を日常生活のなかで実践することを報徳仕法という〈9〉。この仕法には三つの形態がある。一つ目の個人仕法とは、人が自己の家の経営を建て直す実践を指す。二つ目の結社式仕法とは、遠江国報徳社の活動のように、人々が集まりみずからの意志で結成した報徳社によって村落を再建することをいう。そして三つ目の行政式仕法とは、市町村や国家などの団体が中心になって活動する仕法である。

一八七五（明治八）年一一月、一木の祖父・岡田佐平治は、自立更生を達成するために、互いの信用によって資金を共同利用する遠江国報徳社を結社した〈10〉。その際、岡田佐平治は、修験者である安居院庄七（一七八九―一八六三）による「万人講」の勧誘の際に、二宮尊徳の難村救済の報徳仕法や農事技術の改良を知り、既存の講を報徳思想によって再編し、報徳社を結社した〈11〉。この結社の背景に、毎年の伊勢参宮を欠かさなかった岡田佐平治の敬神の念があったことを無視することはできないが、農村の分解および村落共同体の零落という、商業資本の浸透に対抗する豪農層の積極的な指導が指摘されなければならない。

静岡県事務官・丸山熊男によると、静岡県下の報徳社運動は、「二宮翁ノ唱導ニ係ル報徳ノ教義ハ広ク各地ニ行ハレテ其効果ノ見ルベキモノ尠ナカラズト雖モ就中報徳社ノ方法ニシテ最モ善良ノ発達ヲ遂ゲテ翁ノ理想ノ大ニ行ハル、ハ我ガ静岡県ナルモノ、如シ〈12〉」といわれ、県下一円に普及し、その勢力は圧倒的であった〈13〉。なかでもその運動の中心にあった遠江国報徳社は、

「中枢機関を設け、以て各社の連絡統一を図り、又稍々大規模に報徳の事業を実行」した〈14〉。こうした組織化によって、遠江周辺の各支社は、一九〇三年の時点で二七七を数えるまでに発展した〈15〉。それら支社は個別に発達し、その設立において遠江国報徳社を直系にしない場合でも、団体の主要構成メンバーは連絡関係をもった。こうした報徳社の組織においては、たとえば、ある小区域で自然災害が発生した場合、各小区域にまたがる複数の報徳社が連携し、比較的被害の少ない地域や余剰が豊かな地域の報徳社から被災地のための復興資金を調達することができる。この報徳社運動の結集の端緒には、中小農層の没落と貧窮を克服しようとする民衆の自発的発意がある〈16〉。

遠江国報徳社は、設立の翌年、一木の父・岡田良一郎が同社の社長になると、報徳思想の普及活動を活発にした。岡田良一郎は「開明的報徳思想家〈17〉」と性格づけられ、一四歳から二宮尊徳の下で四年間、直々に報徳思想を学んだ知識と経験をもとに、報徳社運動を拡大すべく積極的に活動した。芳賀登は、岡田良一郎の報徳思想のうちに生産向上をめぐる方法と精農主義の貫徹を見出し、産業資本家へと自己転回する創造性と器量を評価している〈18〉。岡田良一郎は、その多くは失敗したが、製糸や紡績、製茶の工場経営に熱心であった〈19〉。財界や政界、官界に広く接点を持ち、衆議院議員として第一〇議会（一八九六―九七年）に開墾水利の事業を中心とした「興農法案」を提出するなど、産業資本家への転換を試みる豪農と位置づけることができる〈20〉。こうした彼への評価は、政治家として政治的有力者との関係を利用し、みずからの利益と国家的利益を結びつけるために、政治過程に接触するブルジョワジーへと上昇する論理構成のなかにある〈21〉。

報徳社の結社をめざす者は、はじめに一定の資金を集め、その資金を報徳社の設立のほか、道路の開通、道路橋梁などの修繕、溜池の築造、社員のなかで特に善行ある者への報奨金として活用した〈22〉。これを土台金という。この土台金は、設立当初だけでなく、社員の篤志によって別段に寄付されることもあった。さらに、村落共同体を恒常的な貧窮から組織的かつ具体的に農村復興へと導いたのが、住民みずからによる善種金の推譲である。善種金とは、社員が定期的に積み立てる運用資金であり、社員による協議の後に、社費や、生活に困窮する社員救済のために貸与する。善種金のおもな用途は、洪水によって流出した田畑の更生、商業作物の改良、肥料の購入などであった。

この報徳社の結社という民間の企図には、民衆が仮託なく投じた将来への希望があった。岡田良一郎は、ドイツの協同組合を模範にして期待されていた「平田東助君ノ信用組合論ニ於テ我ガ報徳社員へ希望ヲ陳ベラレシハ故無シトセザルナリ然レドモ報徳社ノ今日ニ至ルハ既ニ幾多ノ改良ヲ経タリ其専ヲ駿遠二州ニ盛ナルハ之ガ為ナリ」として、遠江国報徳社と駿河東国報徳社の隆盛を、自立した社員による改良の意欲から述べた〈23〉。

遠江国報徳社の実行を模範にした『町村立報徳社規則準規』の「第一条、結社ノ目的」には、「一信義ヲ厚フシ善業ヲ積ミ、神徳皇徳及父母祖先ノ恩徳ニ報ユルヲ以テ第一義トスルコト、一職業ノ改良進歩ヲ謀リ物産ヲ繁殖シ富盛ノ基ヲ建テルコト、一勤倹ヲ行ヒ貯蓄ヲ為シ幸福ヲ永遠ニ享受スルコト」とあり、結社する有志の発意を重視していた〈24〉。さらに、遠江国報徳社では、利己的な生産活動は、道徳的品位の問題として次のように内部で厳しく戒められた。

小資本家ノ集合ニシテ、利己主義ヨリ組織セラレタルモノハ、社員互ニ利ヲ争ヒ、社金ノ借用ヲ競ヒ、積金ヲ怠リ、返金ヲ延滞シ、期年ナラズシテ、紛々擾々故障ヲ生ジ、解散ニ至ルは、我ガ報徳社ニ於テモ実歴少シトセザル所ナリ。……所謂道徳ノ集合トハ、金銭利倍積立ヲ目的トシタル、貯金銀行ノ如ク然ルニ非ズ。善種ヲ積テ。天徳ニ報ヒ、子孫永遠ノ幸福ヲ希図スルモノ是ナリ。善種ノ積金ハ、始メヨリ大ナル能ハズト雖モ、其志ノ遠大ナル希望ノ高尚ナル確乎トシテ奪フ可ラザルモノアリ〈25〉。

資金の配分には成員間の不和や争いが生じやすいことから、報徳思想においては天徳を尊び、子孫の永安を思う「道徳ノ集合」によってこそ、社員の意欲が報徳社に結集し、善種金を積み立てる実践へと導かれる。我々は、岡田において、報徳金として積み立てられる財と「遠大ナル希望」が託された道徳的善が、社員の生存を根拠づけることに注意すべきである。こうした結社式仕法は、報徳社の活動を通じて、報徳社員個々の内面に道徳精神を喚起させ、個別的な利益に止まる自己認識とは違う団体のなかでみずからが実存するという集合意識をもたらすのである。

（四）「天地人三才の徳」

一木喜徳郎は、道徳を重視する報徳思想の特徴について、実父・岡田良一郎が著した二宮尊徳の略伝『二宮大先生伝記』（一九〇八年）の後記のなかで、「誠心勤労分度推譲ヲ以テ綱ト為シ、之ヲ統ブルニ天地人三才ノ徳ニ報ユル」教えと明晰に捉えている。さらに、報徳思想における道徳を、一つの体系的な規範原理として次のように記している。

> 先生［二宮尊徳］ノ教ハ則道徳ヲ主トシテ而シテ経済ヲ外ニセズ、仁政ノ極到ニシテ而シテ独立自治ノ義ヲ該ヌ、上トナク下トナク、之ニ由テ之クベカラザルモノナシ、之ヲ廟堂ノ高ニ用ヰテ謬ラズ、之ヲ江湖ノ遠ニ行フテ悖ラズ、之ヲ一国ノ大ニ施スベク、而シテ之ヲ一身一家一郷一邑ノ小ニ施スベシ、之先生ノ道大ニ今ノ世ニ行ハルヽ所以ナリ[26]。

ここで一木は、「一身」から「一国」に共通する規範原理を見出し、二宮尊徳の報徳思想を治国の要道として看取している。彼は報徳思想のなかに、人が「独立自治」を実行し、さまざまな団体に属しながらも究極的には国に貢献するという、いわば団体から国に連なる、同心円的で重層的な秩序構造を捉えた。彼にとって、報徳思想のなかに見られる徳性とは、いくつもの異なる団体を一つの全体性において統括する求心力であった。

こうした一木の道徳的秩序観は、二宮尊徳が次のようにいう「天地人三才の徳」の観念を咀嚼し、治国安民の原理として解釈したものということができる。

我カ道ハ徳ハ報ルニ於在リ。何ヲカ徳ニ報ユルト謂フ。三才之徳ニ報ル也。何ヲカ三才之徳ニ報ユト謂フ。日月運行、四時循環、万物ヲ生滅メ、而息ム者無キ、天之徳也。草木百穀生シ、禽獣魚鼈殖シ、人ニ生ヲ養ハ使ル、地之徳也。神聖人道ヲ設ケ、王侯天下ヲ治メ、大夫士邦家ヲ衛リ、農稼穡ヲ勤メ、工宮室ヲ造リ、商有無ヲ通シ、以テ人生ヲ安スル、人之徳也。嗚呼、三才之徳、亦大ナル不乎。夫レ人之世ニ在ル也、三才之徳ニ頼ラ不ル者莫シ。故ニ我カ道其徳ニ報ルヲ以テ本ト為ス也。上王侯従リ下庶人ニ至ルマテ、各々於天分ニ止リ、節度ヲ立テ、倹勤ヲ守リ、而メ分外之財ヲ譲リ、報徳之資ト為シ、以テ荒蕪ヲ墾シ、以テ負債ヲ償ヒ、以テ貧窮ヲ恤ミ、以テ衰邑ヲ挙ケ、以テ廃国ヲ興ス。其之ヲ施ス也。一家従リメ而於二家ニ及シ、一邑従リメ而於二邑ニ及シ、漸次於郡国天下ニ及シ、遂ニ海外万国ニ推及ス乎。是天地人三才之大徳ニ報ル所以也〈27〉。

このように報徳仕法の理論と方法を叙述した『報徳外記』（一八八五年）では、自然と人間の関係の仕方が精神の問題として問われている。二宮尊徳は、天地の下でこそ、多様な人々が互いに支えあい、共に生きることができると説き、人間の存立基盤は、あくまで天と地と人の徳の恵みを感受する精神によるという。彼はこの「天地人三才の徳」の観念を通じて、人々が一家から一邑、郡、国、海外万国にまで及ぶ主体的精神を獲得するよう求める。この意味で報徳思想は、天地と人とを分け、民衆に類的主体性を喚起する。

報徳思想は、儒教思想と同様に、天地の道理に即した人為を提唱する。しかし、報徳思想は、報徳思想が自然と人間との融合を主張しない点において、伝統的な儒教思想〈28〉とは区別される秩序観をもつといえよう。

（五）勤労の徳目と利己心

一木は、「天地人三才の徳」を、どのように理解し、いかに二宮尊徳の世界観を受容したのだろうか。この問題を検討するために、ここでは一木における人道観を、勤労の徳目に即しながら考察していきたい。

勤労の観念は、村落共同体の繁栄をめざす報徳社運動の中心にあった。しかしそれだけではない。一木にとって、「勤労は人の道、人の道は勤める〈29〉」という慣習は人道の本質であった。一木は勤労の徳目について次のようにいう。

畑を耕すは人がこれよりして衣食を得るが為に耕すのである。併し之を天然に任かせて置いたらどうかといふと、畑には雑草が生える、堤は壊れるのである。道は壊れるのである。是が自然の道理である。此自然の勢に逆つて、人が己の為になることをするのであるから、即ち勤めなければ直に壊はれるといふは、人の道に免るべからざる所である。で人の為といふこと自然であるから、情欲といふことが起り易いものである。其情欲を押へるのは人の道であるから、之を押へるに就ては勤めなければならぬ。であるからして人の道は勤めるのが第一である。勤めなければ人の道は立たない〈30〉。

ここで一木は、人々が勤めて働けば、多くを生産し、余りがあれば隣人に譲ることも、将来のために蓄えることもできる生産高の上昇を要請している。一木にとって勤労は生産力の原理であり、生命を保障する人道の根本原理でもあった。「小を積んで大を為す」という日常生活における素朴な教説は、民衆に勤労を積極的に勧めるだけでなく、節約して財を蓄積する生活態度の改善へと人心を導こうとする。一木は、報徳思想の普及によって民衆の思考様式を主体的精神へと方向づけ、その結果としての経済的繁栄が治国安民の道を切り開くと論じるのである。

他方、一木は、生きていくためには蓄えが必要だが、働かずに蓄えようとする「情欲を押へる」人道をも強調する。一木の認識において、情欲は、実定法に従って禁止されたり、あるいは制裁によって規制されるのではなく、あくまで内面的な規制に基づく慣習によって押しとどめられるべきものであった。ここに我々は、生産力を向上させるために一人ひとりが自律的に情欲を抑制し、労働に励むべきであるという、勤労への確信を指摘することができる。

この報徳思想における勤労の徳目は、朱子学における人欲と倫理の関係とは異なる思考様式のもとにある。丸山眞男は、マックス・ヴェーバーが論じた資本主義の精神を引用しながら、人欲に対する封建意識を次のように明晰に捉えた。

「人欲」をそれ自体に悪とする朱子学的な思惟に代表された封建意識は、「人欲」を倫理外に追放することによってかえって、人欲の二大領域としての恋愛及び蓄財の倫理化を妨げたのである〈31〉。

朱子学の実践倫理では、人々の気質は、混濁した情欲のまったくない透明な聖人を範型にして改善されるべきものとされる。丸山が指摘するこの封建意識においては、人欲が放置されれば、人はかならず個別的利益をめぐって闘争状態に陥り秩序を乱すので、人欲の追求は卑しいものとして排除される。

しかし報徳思想では、封建意識とは異なり、人間の気質は情欲と共にあり、そもそも混沌とした状態であると見るために、営利や利己に対する規律が経済活動にはじめから要請される。報徳思想は、それぞれの利益が調和的秩序を動揺させうる傾向を否定しない。けれども、一木がいう情欲の観念において、人がその利欲を経済活動の動因にすることによって、それぞれの生活が保障され、みずからの意志で幸福になりうる心的動因へと転回する契機が捉えられていたことは無視すべきではないだろう。一木にとって、勤労の徳目は、貯蓄の本源的要素である生産力の原理だけでなく、結集の原理でもある。

一木において、報徳社の活動は、報徳思想の普及によって勤労の仲間を集め、共同して実践すれば、生産力を向上すると同時に、互いの勤労意欲を感化し合い、共同体の繁栄が継続するものとみなされていた。彼が勤労の徳目を主張したのは、一人ひとりが、団体活動のなかで自身の利己心をみずから制御しうるように学習する修養に着目するからであった。彼にとって、団体内の不調和は成員の情欲のあり方に由来する問題であり、それぞれの成員がみずから情欲を制御するよう努めなければ、その団体は解体する。彼は、報徳思想の修養によって生活態度を改善すれば、利益と幸福を作り出すことができるだけでなく、社会的不和さえも解消されうるとみなしていた。一木にとって、報徳思想は、村落共同体の秩序を支える精神的基礎の理想であり、この秩序は、制度によって外的に保障されるのではなく、当事者の道徳的信念によって内的に確保されるべきものであった。

2　共同体の規範意識

報徳社は販路の確保や新業種の導入に代表される農業生産を組織化し、善種金の貯蓄などによって資金運用の利便性を高めた。生産性の向上と離れがたく結びついていたのが、報徳思想の徳目である。一九一九（大正八）年、一木喜徳郎は報徳思想における徳性を、「天地人三才の徳」という独特な体系性をもつ秩序観と共に次のように記している。

今日云ふ社会奉仕の如き言葉は新しいが思想は一向新しく変つたものではない。これよりも報徳学の以徳報徳の方が余程意味が深い。即ち報徳学では天地人三才の恩徳に報ゆるに自己の徳行を以つてせよと教ふる。社会奉仕は天地人三才の徳の中の一つ即ち人の徳に報ゐよと説くものである〈32〉。

教化事業における「社会奉仕」に対して、ここで一木がいう「天地人三才の徳」とは、村落共同体の秩序を支える基本的な規範であった。一木は、社会に奉仕するには「人の徳」だけでは十分ではなく、「天地の徳」を併せもってはじめて集合的な力を「世の中」に向けて発揮することができると捉えた。一木がいう「以徳報徳」とは、孔子の『論語』にある「或曰、以徳報怨如何。子曰、何以報徳、以直報怨、以徳報徳〈33〉」（憲問　三六）という言を、二宮尊徳が独自に「天地人三才の徳」に報いると読み換えたものであり、報徳思想と漢学思想との関連を示す。この一木の発言に、人道が天地の道理に即する理想的社会像が示されていることに、我々は留意する必要がある。

一木において、報徳思想の徳目は一人ひとりの良心に呼びかけるのだが、それはあくまで人々が自然で密接な生活空間に共住者と暮らすかぎりにおいて成立する規範原理である。村落住民は、農業の生産様式が協同作業であるために、一定の土地から離れることがない。一方、報徳仕法が浸透した協同生産は、共住者の近隣関係によって成立することから、生産関係以外でも、報徳思想の徳目が一人ひとりの生活慣習や態度に影響を与えるといえる。一木は、こうした報徳思想の原理を、幼少の頃から冀北学舎で実兄・岡田良平や他の学友と共に学んだのであった。ここでは、一木の幼年期の報徳思想の原像を検討する試みとして、漢学思想の受容を考察し、一木の報徳思想の理解における「推譲」の徳目に焦点を絞る。

（一）漢学思想の受容

冀北学舎は、岡田良一郎が報徳思想の普及のために、自邸内の建物二棟に開いた全寮制の私塾である〈34〉。一八七七年七月に、「今度茅斎ニ於テ官許ヲ経、英学ヲ開キ候ニ付、有志ノ子弟三十名限リ入塾通学共御依頼次第引受可申ニ付、別紙塾則、教則等御承知ノ上、預ジメ御申込可有之、此段致広告候也」と広告を打ち生徒を募った〈35〉。「徳を立て、智を開き、富を致し、真に社会に貢献できる人材を育成する」ことを基本理念に開設されたこの学舎は、一八八四年に閉塾、七年間の運営であったが、その間の受講者は三〇〇名を超え、一五二名の卒業生が輩出した。閉塾は、徴兵令の改正（一八八三年）によって官公立学校以外に在籍する適齢者に徴兵猶予が認められなくなり、入学者が激減したためである。

冀北学舎の塾生には裕福な子弟が多かったという。彼らは報徳思想だけでなく、英学と漢学、修身論を学び、日曜の午前中には農作業に従事した。塾生には、一木と岡田良平のほか、山崎覚次郎（東京帝国大学法学部教授）、松村茂助（文部省官僚）、岡田平助（海軍中尉）、鈴木虎十郎（海軍少尉）、森勇一（キリスト教宣教師）など、将来、衆議院議員や県会議員、町村長を務める者が多数いた。一木によると、冀北学舎での学習は次のような特徴をもっていた。

此の塾は冀北学舎と称して、今日の学校に比較すれば全く異った独特の教育を施したもので、朝は未明に起き、手別けして、学舎、校庭、門外、付近道路の拭掃除、草取等を済ませて後、朝食を採り、夫より一人毎に先生の前に進み出て、各自の力に応じたる教科書に就て、漢英学の教授を受け、夜は齋主先生即ち亡父より二宮尊徳翁の伝記、報徳記などの談を聴くを日課とし、日曜の朝には齋主先生に引率せられ、約一時間程茶園の耕作に従事するといふ例でありました[36]。

一木は、この私塾で幼少期から漢英学や報徳思想を学ぶだけでなく、日常の生活体験を通して「天地の徳に報いる」という自然的秩序観を学んだ。後にドイツで国法学を学ぶとしても、彼のなかで遠江国報徳社の運営と私塾での学習を通じた報徳思想の受容が、社会総体としての国家像に影響を与えたことは、容易に否定することはできないだろう。

一木のほか、冀北学舎で学ぶか、あるいは遠江国報徳社のような模範的な報徳社を視察した将来の農村指導者は、自身の郷土に戻って、村落共同体の零落に対抗するために、全村一致の結社式仕法で生産の改善や整備などの共同事業を試みる〈37〉。後年、一木はこの冀北学舎で学んだ時期について次のように語っている。

余にとってこの時代の生活は忘れがたいものの一つで、後年、東京遊学後、知識的には大いに得るところがあったけれども、今日多少にても漢学の素養ありとせば、まったくこの時代の賜物である。また、世の一生を通じての思想的根拠――すなわち人からは或いは頑迷なりといわれ或はまたいくらか長所と目されるべきもの――は、主としてこの時代に、経書や史書に現されていた漢学思想によって培われた。余には特に人格的に陶冶を受けたと目すべき先生はなかったようであるが、日本外史・日本政記・国史略・十八史略・史記・左伝・国史纂論などからは深い感銘を受けたと思っている。一体に経書よりも史書に親しんだ方で、それは一面において理論的な思考力を養う上にも益せられ、後年法政的学問をする上にも役立ったかと思っている〈38〉。

この回想なかで確認すべきは、一木が漢学思想の素養をすでに幼年期に身につけ、後に法政的学問に応用したことである。とくに一木の漢学思想の理解は、彼の国法学理論をもっとも深い基層の思考様式との連関から考察する重要な問題、つまり一木は漢学思想における東洋の概念と、彼が学んだドイツ国法学をどのように接合したのかという問題を提起する。この国法学と報徳思想との関係は第二章で論じることになるが、ここでは民衆生活と社会総体を結びつける一木の規範理論を明らかにするために、学舎で習得した報徳思想について、四大要文のなかの推譲の徳目に焦点を当てて論及したい。

(二)「推譲の精神」の概念

一木は、報徳思想における推譲を次のような徳目として理解していた。

余りは或は之を他日に譲り、今年のものは之を来年に譲り、今日のものは明日に譲る、或は之を子孫に譲り、或は之を世の中に譲る。即ち推譲とふ中には、貯蓄も含めば公益事業、慈善事業といふものも、自から含む〈39〉。

一木の理解によれば、村落住民は、生活規範の普及と村落共同体の繁栄という二重の目的から、推譲の徳目に基づき、禁欲的な自己規律を確立し、倹約から生じた余剰を子孫や「世の中」に譲る〈40〉。こうした自立自助を条件にした隣人への無償の献身的行為が、推譲の徳目の中心にあった。彼によれば、人々は推譲の徳目を修養することで、共同して「世の中」を治め、それぞれの幸福と安定した生活の確立を試みる。

それでは結集の原理において、推譲の徳目はどのような論理的連関のなかにあるのだろうか。一木は、推譲の徳目に村落共同体の協同生活を成立させうる調整の原理を見出す。

一般社会に於ては、利害相錯綜して居るけれども、是を調和し相扶けて初めて発達を遂げ得るのであつて、各種の利益を主張し、相対抗し排斥して、只管其一を匡救するには推譲の精神を旺盛ならしめ、他利を尊重すると同時に自利を抑損し、各々調和を保つて発達を期するの外はない〈41〉。

この推譲の徳目への関心は、一木が学究的態度から報徳思想を純化して捉えた規範的原理であるとしても、「天地人三才の徳」という体系においては人間の実在に向けられている。従来の研究では、推譲の徳目における親と子の垂直的な規範を強調し、この徳性を「家族間の心情」とか「家族に対する感覚的情緒」とみなし、家族国家観の一つの要素として概括した〈42〉。たしかに報徳思想は、「譲」を親子の情愛から説明する。

推譲の「譲」は、親子の愛情の尺度と考えられ、親子愛は理想的な推譲の見本とされる。報徳思想は、安定した生活基盤の根拠を親子の調和に求める。親は子を愛しながら、あらゆる世話をするが、子に対してなんら報いを要求することはない。一方、一般に子が親を慕うことにはなんらの理屈もない〈43〉。つまり村落共同体の成員間にある生活規範は、親が子を気づかい、子が親に服従することを共同生活に援用した規範と特徴づけることができる。

しかしこれまでの研究は、推譲の別の側面、すなわち他人や社会に譲るという水平的な規範の側面を看過した。我々は、一木が推譲の実践を、人が集まることを「私」の生活の条件とみなし、「社会的進歩」の契機として奨励したことを見逃すべきではない。一木が唱える推譲の実践は、血縁者一人ひとりにとどまらず、境域が定かではない「世の中」にまで及ぶことが期待されている。

一木の推譲の理解は、『二宮翁夜話』（一八九三年合本）にある次のような推譲の実践を的確に咀嚼し、応用している。

翁曰、我道は勤倹譲の三つにあり、勤とは衣食住になるべき物品を勤めて産出するにあり、倹とは産出したる物品を費さざるを云ふ、譲は此三つを他に及ぼすを云、推譲は種々あり、今年の物を来年の為に貯ふるも則譲なり、夫より子孫に譲ると、親戚朋友に譲ると、郷里に譲ると、国家に譲るなり、其身其身の分限に依て勤め行ふべし、たとひ一季半季の雇人といへども、今年の物を来年に譲ると、子孫に譲るとの譲りは、必勤むべし、此三つは鼎足の如し、一を欠くべからず、必兼行うべし(44)。

二宮尊徳において、推譲による集団生活は、抽象的な論理によるのではなく、日常の現実に即した実利実行をその主眼に置く。ここで重要なのは、推譲が分度を前提条件にして成立することである。一木によれば、「分度を立つるといふことは、即ち之に依つて余裕を生じ、或は之を生産の事業に投じ、或は之を子孫の財産に遺し、或は之を公益の事業に投ずるといふ目的である〈45〉」。報徳思想において、節度をわきまえずに分を超えて行動すること（分不相応）は、天道の理に背くことを意味する〈46〉。さらに、富の蓄積がなければそれを譲れないために、村落住民は、天道自然の理に即しながら協働して勤勉に働き、倹約して財を蓄えることが理想とされる。

村落住民は、住民の田植えや稲刈りという協働生産活動、葬式や結婚式などの儀礼や儀式、さまざまな寄り合いを通じた密接な地縁関係によって結合している〈47〉。彼らは、そのときどきの村内の決まり事や一定の厳しい規律があるとはいえ、生活規範によって慣習や習俗を尊重しながら、互いに譲り合い共同生活を営む。この意味で推譲の徳目は、家族を単位にする集落の結合において、生活慣習の原理として大きな価値があったといえる。

一木が推譲の徳目を評価するのは、分解の危機にある村落共同体のなかで人々が近隣の共住者と協同して自身の生存の不安定を克服する、相互扶助に注目するからである。一木は、「分度の教と推譲の教とは、何れも公けの利益と、私の利益とを調整する所の教であつて、最も趣味の深い教である」と論じ、すべての利益を犠牲にして公共に尽くすのではなく、たとえば「一万円の財産がある者ならば、それに相当する程度に於て分度を立て、其分度外の財を譲て、之を公共事業なり、慈善事業なり、其他推譲の道に用ゆる」と主張する〈48〉。

一木は調和的な社会を、醇風な協同生活の習慣と民衆生活に根ざした規範意識に求めた。推譲の徳目に従う村落共同体の秩序は、住民の現実生活の実感に基づく道徳的な温情や憐憫の集合体であるということができる⟨49⟩。この共同生活では、多かれ少なかれ感性的な雰囲気が生活空間を占めている。勤労の徳目が村落共同体に生産力の向上をもたらし、推譲の実践が自己規律に基づく相互扶助という、村落共同体の根本規定そのものとして作用することから、報徳思想には農村社会一般に対する通俗性があるというべきだろう。

（三）配分の原理としての推譲

儒教道徳を源流とする勤勉、倹約、忍耐、和合、誠実、推譲という徳目からなる農業生産の質的強化のための自己規律は「通俗道徳」といわれる⟨50⟩。明治維新以来の地方自治の整備において、行政権力によって西洋に由来する諸制度や概念が民衆生活のなかに導入されていくこととは関係なく、この通俗道徳は、古くから民衆の生活の知恵と感性のなかで育まれたもっとも日常的な規範として、生活改善に作用していた。

安丸良夫によれば、共同意識は、利己心を内面から徹底的に排除してのみ生成され、共同体内の自己と他者との対立を解消するように働く⟨51⟩。さらに彼は、「近代社会の展開に伴って利害対立や生存競争がますます一般化すると、人間の道徳や良心はその過程にまきこまれて無力になり、利害対立や生存競争のにない手としての利己的主体と普遍的人間的道徳のにない手としての価値的主体との分裂が決定的なものになってゆかざるをえない〈52〉」と論じる。しかしこの見解は、資本主義の発展に対して民衆が受動的であると捉えるあまりに、みずからが内的に変革し、時勢に適応する民衆の生活能力を見落としている。その中心的な指導者が大地主であれ、中小地主兼自作農であれ、全村一致して貨幣経済、商業資本の高度化に適応し、桧などを造林し、茶や蜜柑などの商品作物の生産を試み、日々の生活態度を改善した報徳社運動の挑戦は、相互扶助による協働生産における共同体意識の自己転回の結果ではなかっただろうか。我々は、歴史社会学的な分析によって、報徳思想の社会的機能を追跡し、その思想的性格を明らかにしたい。

民衆が厳しい労働に耐え、いちはやく自立自営の姿勢を示しえたのは、通俗道徳としての推譲の徳目が、村落共同体から社会へと至る漸進的な繁栄を促すだけでなく、ある一定の秩序のなかで人を厳しく律する規範として把握されたからに他ならない。報徳思想では、勤労の徳目が、生産のためによく勤め、余剰を蓄えるように節度を促す個人的な倫理であるのに対し、推譲の徳目は、分度を定めて余剰を善種金として子孫や他の社員、村落共同体の全体に譲るという社会規範、いわば他者への配分原理として特徴づけることができる。

けれども他方で一木が「推譲を受くべきものが、推譲を要求することになると、推譲すべき者が却て推譲をしなくなる〈53〉」というとき、彼は推譲の徳目を位階制秩序の観点から理解する。ここでの村落共同体の問題は、譲る側の共感と温情が重要な契機になる。つまり、権威的な力関係が人身の関係に反転し、支配と服従の関係が曖昧になるのである。一木は当時の時代状況に即して、貧困の問題を次のように論じた。

箇様な関係を転倒致し、推譲をば推譲すべき者に対する教えとはせずに、之を推譲せらるべきものゝ教と致し、推譲を以て権利と心得て居るといふことが、往々間違の基になるのてあります。近頃世にやかましい社会主義などゝ云ふものが其一例ではないかと思ふ。貧民の状態を成る丈改善して行きたい、労働者の境遇を成る丈宜くして行きたいといふことは、富んで居るもの若くは政権を司つて居る者がやるべき推譲の道である。此道を貧者たる者、若くば其推譲を受くべき者が、自己の権利として主張するから、誤りが起るのである〈54〉。

一木においては、貧困者は自己の生存の権利を主張することによってではなく、富者から余剰を譲り受けることで救済される。したがって、不平等な社会的地位の改善や富とは直接関係のない人格の尊厳に対する要求〈55〉は、報徳思想では調整しえない逸脱した問題である。そのため、村落共同体内のあらゆる不和を解消するには、家族的秩序の範型に即して、道徳心の修養あるいは生活態度を、地主を親、小作を子とする擬制的な関係とし、道徳的な温情の秩序を強化するほかないだろう。この意味で、推譲の徳目は、推譲すべき者—名望家—を推譲せらるべきもの—小作人—に対する自然な優越者として固定する。

推譲の徳目における配分の原理には、先に引用した「調和し相扶けて初めて発達を遂げ得る〈56〉」社会を理想的な調和状態と見る一木の秩序観があった。しかし、この一木の秩序観が位階制と名望家の特権に影響づけられていることは否定できない。彼の思想において、推譲の徳目はこの身分制秩序に立ったうえで、時勢の変遷を見通す有徳な名望家が利益を調整し、それを配分する原理として捉えられていたといえよう。

（四）祖先崇拝

内務次官の立場から、一木は碧瑠璃園（渡辺霞亭、一八六四―一九二六）が著した小説『二宮尊徳』（一九〇九年刊）を「永ク人心ヲ感化シ民風ヲ善導スルノ資料」と述べ、その序論に次のような二宮尊徳像を寄せている。

理ハ、以テ人ヲ伏ス可ク、情ハ、以テ人ヲ動カス可シ。而シテ、二者其ノ一アルモ未ダ以テ人心ヲ服スルニ足ヲザルナリ。蓋理ニ専ナル者ハ、之ヲ活淡ニ失ヒ、情ニ専ナル者ハ、之ヲ偏屈ニ失フ。情以テ理ヲ行ヒ、理以テ情ヲ裁シ、情理相貫通シテ、以シテ後人心ニ帰ス。是故ニ、古ヨリ豪傑ノ士徳化ヲ富世ニ施セル者、必ズ、人ヲ伏スルニ足ルノ理アリテ、而シテ、人ヲ動カスニ足ルノ情ヲ兼ネザルハナシ。二宮尊徳翁ノ如キ実ニ其ノ人ナリ。翁ノ廃邑ニ臨デ、手ヲ興復ノ事業ニ下スヤ、積弊立ニ除キ汚俗洗フガ如ク、遊情悍鷙ノ徒変ジテ、勤勉順良ノ民トナリ。一郷靡然トシテ風化シ、余沢遠近ニ及デ、四方其ノ徳ヲ仰ガザルナシ。是レ、皆至醇正大ノ理人ノ心胸ニ徹シテ、仁厚博愛ノ情人ノ肺腑ニ入ルモノアルニ由ラズンバアラズ〈57〉。

一木は、「情理相貫通」する人々の心情のあり方が村落共同体を復興するとして、二宮尊徳の報徳思想に人心帰向の原理を見出す〈58〉。彼は、「邑」や「郷」に一人ひとりが再び結集する契機を「仁厚博愛ノ情」と捉え、近隣の協同生活を基礎として結合し、「邑」や「郷」を再建する二宮尊徳の事業を評価している。「仁」を実現する方法〈59〉を問題にする一木は、報徳思想の観点から、「理」が社会に浸透すればするほど天地人の体系は破壊され、人間相互における「情」の関係が、利己心を満足させる有用性の関係へと陥いることを指摘する。

一木の思想は、報徳社運動のなかで民衆と共に苦しみ、農村の生活体験に根ざして形成されたというよりも、むしろ知識人として報徳思想を学び、それを民衆生活と社会総体に接合した治国安民の思想であると性格づけるべきだろう。しかし、だからといって一木の報徳思想が民衆の心情とまったく疎遠であると見るのは早計である。彼の報徳思想と実際の報徳社運動との関係は、ただ彼の思想が民衆の活動と共に、彼自身が参加した運動経験を通じて形成されたのではないことを確認できるだけであって、民衆自治の観点から秩序の原型を村落共同体に求める発想やその理論自体を否定するものではないからである。

一木は、二宮先生五十年祭講演第三席（第二席は平田東助）において、報徳社と「日本国民の精神」について次のように講演している。

報徳社の尊ぶ所のものは此精神（「日本国民の精神」——挿入引用者）と思います、勿論其精神が物質上に顕れて或い土台金となる、報徳社の結社となる、色々な形に現れて物質的に人の目に触れて居るのであります、けれども其根元は即ち精神であります、勤倹力行分度を守るを以て土台として公共業に従事して公共業を行ふ、此精神が即ち報徳社の精神であって報徳社が今日の隆盛を致した所以でありますⁿ〈60〉。

一木のいう「日本国民の精神」とは、今に生きる人々の精神だけではなく、過去に生成された人々の諸体験の連鎖から成立する歴史的精神をも意味する。彼にとって、「魂は数千年の後ら於て幾百万の人の精神を支配している〈61〉」。すなわち一木は、この精神が、国民の各成員によって古人から継承されるだけでなく、数千年後の人に伝える生命力をもつからこそ、「社会の公益事業の基」になるのだという。

夫婦の丹精、夫婦の精神が子孫に宿って子孫の相続が出来る、則ち此の精神が子孫を継続する間何処迄も存するのであります、父母の富貴い祖先の勤功にあり祖先の勤功則ち祖先の精神が父母の富貴に宿る、其他吾が身の富貴は父母の積善にあり〈62〉。

一木は、長寿という人間に共通の願いに触れながら、旧来の天理人情に基づく祖先観を報徳思想の中心に据える。彼の論理において、報徳思想の実践は「過去」の営みと連続すると同時に、「現在」を生成する二重の時間性から経験される。

一木にとって、報徳社の活動には、村落住民が自身の幸福のために協働して生産を向上させ、主体的に村内の連帯をめざす徳育の効果がある。さらに村落住民は、勤労を通じて互いが結集するとみなされた。彼にとって、こうした報徳思想の実践は、「祖先の勤功」が長い時間をかけて作り上げた道徳的秩序を保存する民衆の企図である。しかし一木は、次節で論じる報徳思想の組織化において、「祖先の勤功」への敬意を、家族そして村落共同体という現実的で親密な結びつきから、国民共同体という抽象的な社会的連帯へと置き換えることになる。

第二節　報徳思想の制度化

1　報徳会の活動

（一）日露戦後と中央報徳会の結社

二〇世紀初頭、日本の近代国家の焦点は、軍備の拡張と充実、製鉄など産業の拡張、鉄道や電話事業などの交通の整備に当てられた。その一方で、日本が日露戦争の勝利によって得た満州市場の支配権と朝鮮北部の鉄・石炭の確保は、産業資本の確立と帝国主義への転化という複合的課題を明白にした。一木喜徳郎は国民の責任について次のようにいう。

日露戦役なるものは、振古未曾有の大戦役である。少なくとも有史以来曾て無い所の大事件である。而して此事件の結果如何といふことは、固より考えなければならぬことであって、徒に戦捷の喜びに浮かされて居るべき時機では無い。……此戦役の結果として、我邦は世界に名声を博したには相違ないが、又一方には中々重い負担をしなければならぬことになつて来た。此負担を我邦が果して荷ひ切れるや否やといふ事は、実は心配に堪えぬのであります。

我邦が世界に於て新たに帯びた所の、重大なる責任を盡すといふことに就ては、吾々は非常なる努力をしなければならぬ。大体具体的に其有様の一端を申して見れば、我邦の国債は非常に増額をしておる。此国債の負担に耐えるといふだけでも、将来異常なる国力の増進を来すに非ずんば、其目的を達することは出来ぬのである。今日占めた所の地位を発展せしむるには、大に為さなければならぬことがある。此負担に荷ふて、其責任を満たそうとするに就ては我邦の国力を十分に発展することに努めなければならぬ〈1〉。

一木にとって、日露戦争後の国家財政再建と社会安定の確立を図り、経済と道徳の向上および調和による農村経営の再建を目的にした団体が中央報徳会であった〈2〉。彼によると、中央報徳会は次のような経緯で結社された。

恰も日露戦役の後に当たり、国家の地位は一大変化に際会し、国民の負担は激増したのであって、戦後国運の発展を図るには、如何にしても経済力の増進を期せねばならぬ、差当たり、二十億円の国債償還の手段を講ずることが必要であった。それと同時に、一方に於ては種々経済界に弊害を生ぜんとする虞があったので、道徳と経済の調和を図り、所謂推譲の精神を旺ならしめて、其経済の発達に伴ふ欠陥を補ひ、余弊を除くことに努めんが為に、同志相集って、二宮翁の没後五〇年を機とし、上野音楽学校に於て其記念会を開き、それより引続き我中央報徳会を組織〈3〉した。

一木は、二宮尊徳翁五十年記念の一九〇五（明治三八）年一一月に結社された中央報徳会には、国民に「推譲の精神」を組織的に鼓吹し、「道徳と経済の調和」を達成する意図があるという。先の発言のなかで彼が経済界に見る弊害とは、日露戦争後に顕著になった、資本主義の発展過程における階級分化、いわば国民間の不調和である。

産業を盛んに致し、国の富を進めて行くに就きましては、之に伴ふ所の恐るべき危険がございます。其危険と申すは何かと申しますれば、第一には生産が盛んになり、国の富が増すに随いまして、富者と貧者との間に隔たりが益々甚しくなり、随つて此世の中の調和を亂るといふ事実が生じて参るのであります。又一つには国の富が進み、生産が盛んになるに伴ひまして、国民の気風が利益を貴ぶやうになって、実利の外に尚ほ一層高尚なる重んずべき貴ぶべきものがあるということを顧みないやうになる傾があるのであります。其結果は人情が段々軽薄になりまして、国民の元気精神が段々に衰へてくることになる〈4〉。

一木によれば、戦後の国家経営は、殖産興業の生産向上のために国民の力を結集しようとするが、同時にその隆盛な生産が人心の零落をもたらすという。この矛盾を含む指摘には、彼が形式的かつ効率的な生産のみに、「国運の発展」という希望を見出せなかったことが明示されている。一木において、日露戦後の社会問題は、経済の問題であるだけでなく、利益とそれに結びついた道徳の問題でもあった。

一木は、日露戦後の時代状況に自己の利益を優先する国民の気風を見る。この時代状況は、日比谷焼討事件（一九〇五年九月）に象徴される民衆の窮迫した生活への不満、これまで村落共同体で営まれていた無媒介な人心のつながりが、貨幣や商品への利欲を媒介しなければ成立しえなくなった人間関係への批判と見るべきであろう。第三章で論及するように、産業の発展は、村落共同体を徐々に解体させるだけでなく、農村の青年に立身出世のイメージを与え、彼らの離村を加速させる。だが、都市に移住しない農村民の多くは、村落共同体秩序が弛緩すればそれまでの生活が没落することになる。そのため農村における秩序再編の構想は、報徳思想の「推譲の精神」を社会的調和の基準として採用する。

中央報徳会の活動は、日露戦後の社会的矛盾を背景に、報徳思想の普及を通じて民衆の規範意識を喚起しつつ、農村の人々を国家に結びつけ、彼らの共同性を新しい時勢に適応するよう改変する企図と位置づけることができる。同団体の主要メンバーは、官僚(内務省、文部省、農商務省)、実業家、大学教授、知識人、社会事業家という幅広い分野の者によって構成され、とりわけ内務官僚が中心となって機関誌『斯民』の記事を執筆した〈5〉。中央報徳会は、経済発展で生じた社会的亀裂を道徳の修養によって解消するために、パンフレットの配布、『斯民』および『帝国青年』の発刊活動を行う〈6〉。『斯民』の発行部数は、一九一〇年一月の時点で例年の約三〇〇〇部から一万二〇〇〇~三〇〇〇〇部へと増大していた〈7〉。この発行部数の増加は、前年の一九〇九年から府県郡市町村に組織される報徳会および斯民会の活動と無縁ではない。内務省事務嘱託の留岡幸助(一八六四―一九三四)〈8〉は、当時の内務省が展開した地方改良運動に触れながら、報徳思想に対する政府の関心を次のように述べる。

当時恰も『模範村』てふ言葉が朝野の間に喧伝せられていた折柄だったので、二宮翁の倫理観とその経済思想とは自ら時代の思潮に合流して地方改良には必須欠くべからざる徳目の如くになった。確かに明治三十五六年ごろから七八年の間、社会思想の主なる潮流となったのは此の報徳主義であって、政府が地方改良を提唱して且つこれが実績を挙ぐるに鋭意努力するに至ったのも、其の反映であることに疑を容れぬ〈9〉。

石田雄は報徳会を、「『家族国家』における支配を、最下層の民衆にまで浸透させる最適の媒介手段となつたばかりでなく、現象としては『家族国家』を下から支える自発性を醱酵させる醸造所」と特徴づける〈10〉。石田に従えば、中央報徳会は地方改良運動を実質的に受けもつ重要な役割を担ったといえるが、推譲の徳目への政府の注目は、ただ支配原理回復のためのみと論じることはできない。推譲の徳目は、「一身」の独立自営が「一国」の治国要道に至る原理として捉えられるからである。中央報徳会の活動には、「天地人三才の徳」に従う、人と人の結びつきを再編する規範的価値の普及という企図があることを確認する必要がある。

それでは、中央報徳会はどのように「推譲の精神」を人々に普及しようとしたのだろうか。ここではその伝達の回路を明らかにしたい。この考察を通じて、これまで論じられることのなかった、一木の積極的な報徳思想の普及活動を跡づけることができるだけでなく、彼にとっての報徳思想の意義を究明することができるだろう。

（二）報徳思想の普及

中央報徳会は、各県内務部が統括する支部として報徳会あるいは斯民会の結社を促し、より緊密な組織を全国的に展開した。これら報徳会の結社は、次の『地方斯民会又ハ報徳会標準規定ノ要綱』を骨子にして進められた。一九〇九年三月の『斯民』（第四編第一号）の巻頭広告として掲載された後、この『要綱』は各号の巻頭に掲載される。

一、本会ハ教育勅語戊申詔書ノ御趣旨ヲ遵奉シテ精神訓育ヲ奨メ広ク道徳経済ノ調和、地方自治ノ作興、教育産業ノ発達其他一般地方ノ改良ヲ期スルヲ以テ目的トス

一、本会員ハ宗教ノ如何ヲ問ハス職業ノ異動ニ論ナク一ニ地方改良ノ精神ヲ以テ共同助力シ、本会ノ目的ヲ達スルコトヲ期スヘシ

一、本会員ハ左ノ個条ヲ以テ規範トスヘシ一、忠君愛国ノ思想ヲ涵養シ公共心ノ作興ヲ図ル事

二、誠実ヲ以テ本ト為シ勤勉事ニ当リテ能ク分度ヲ守リ公益ノ為メニ尽力スルコト

三、協同一致ヲ以テ公私ノ事ニ当リ立徳到富ノ実ヲ挙ケテ相互ニ克ク助成救助ヲ為スルコト

四、自治ノ改良、民風ノ改善ニ尽力スルコト
五、進取勤勉ノ精神ヲ以テ殖産興業ノ基ヲ立ツル事
一、本会ニ於テ遂行スヘキ事業ノ概目左ノ如シ
一、地方公共団体ノ連絡ヲ取リ団体ノ事業ヲ幇助シ庶般地方改良ノ方法ヲ講スルコト
二、善行良風ヲ勧奨シテ公共ノ事ニ尽力スル者一意専心其業務ニ精励スル者其他善行者篤志者ノ類ヲ旌表スルコト
三、公益慈善ノ事業ヲ援助スルコト
四、講話会ニ依リテ社会教育ノ作興ヲ図ルコト
五、道徳、経済、自治、民政、教育、産業ニ関スル事項ヲ研究シ若ハ之ニ関シテ実行ヲ期スルコト
六、前項ノ研究実行ヲ以テ目的トセル中央ノ報徳会其他此種ノ団体ハ互ヒニ連絡ヲ取リテ地方ノ状況ヲ時々其雑誌『斯民』ニ報道シ又ハ同会ノ講師ヲ招致シテ講演会ヲ開クコト
七、会員中非常ノ災害ニ罹リタル者ヲ救済スルコト
八、先徳耆老ヲ尊ミ各方面ニ於テ地方ノ為ニ尽力シ又ハ模範トナルヘキ人ヲ優遇スルノ途ヲ講スル事
九、内外古今ノ模範トナルベキ人物ノ事績ヲ調査シ紹介スルコト

十、家庭及少年ノ参考トナルベキ趣味アル事項ヲ紹介スルコト
十一、前各項ノ他本会ノ目的ヲ達スルガ為メニ必要ト認ムルノ事項ヲ調査シ又ハ之ガ実行ヲ図ルコト

この設立標準には、地方改良運動のすべての内容が盛り込まれている。『要綱』では「中央ノ報徳会其他此種ノ団体ハ互ヒニ連絡ヲ取リテ地方ノ状況ヲ時々其雑誌『斯民』ニ報道」することが主張される。『斯民』の彙報欄から、明治末年までに設立された報徳会・斯民会は、合計で四一団体になり、その内、活動母体を県にするものが七団体、郡が三〇団体、市町村が四団体である〈11〉。各県下の報徳会は、県内の公官吏と篤志家をつなぐ団体であり、雑誌『斯民』はその主要な媒体であった。

中央報徳会の活動のなかでも、とりわけ積極的に企画されたのが各種講演会である。中央報徳会は、各地方の報徳会が主催する講演会に講師を招集し、村落住民に向けて、組織的かつ全国的に講演を行う。その内容は、たとえば肥料についての特別の研究、苗の仕立て方など、農業従事者が実際に苦心した事実を紹介する一方、村落住民の団結心を鼓舞作興する方法、副業と本業を調和させる方法、県の農事に関する機関を利用する方法の伝授を企画したものである〈12〉。地方改良運動の一環として開催される講演会の参加者には各府県の官吏がおり、彼らは公演内容を各町村講演会で広く伝達するのが一般的であった。たとえば山口県内務部は、一九〇九年一〇月から

五日間、第一回地方改良事業講演会を開催している〈13〉。

地方改良の事たる其の範囲広範にして事項亦甚多端なり地方財政の整理、訓育風化の改善、殖産興業の設備、勤勉力行の奨励、土功衛生の施設経営等実に枚挙に遑あらす而して今回開く処の講習会員は重もに其の局に職務に奉するを以て時日を縮小するを旨とし各種の事項に渉りて十分の研究をなすの余裕なきを憾みとす〈14〉。

山口県知事・渡辺融（一八四四—一九二四）によるこの発言は、内務省が性急に要請する地方改良に戸惑いを見せる。地方改良運動への次の見解は、この山口県下の講演者が抱いた典型的な認識である。

年々農家の支出は、長足の進歩を以て膨張し、一方収入の方は、増加せぬと云ふ事になりますると、今日のまゝでは、農家に破産するしか外に途がない。乃ち年々農家は、衰微しなければならず、従て国家は、保持する事か出来なくなると云ふ事になるのであります。故に、今日の農村の急務、否国家の急務としましては、何とかして農村を富まし、農村の健全を計らねばならぬと云ふ事になるのであります。近来内務省には、報徳会とか地方改良講習会とかを盛にする様になりましたのも、此主意から出たものと信するのであります〈15〉。

生産性を高める実践的な知識と技術は、各農村の収穫をこれまでの方法よりも増加させ、より少ない手間と時間、労苦で実現させることができる。地方改良運動では、中央報徳会を媒介したこうした実際的な農業生産に直接関わる講話と共に、住民の生活態度の改善、具体的には日常的な勤倹の態度を促す報徳思想の講演が参加者に向けて行われた。

一木もまた、各農村から集まった地方篤志家を前に講演する講師の一人として、この中央報徳会の活動のなかにいた。一木は、愛知（一九〇七年一一月開催）、仙台（一九〇八年一二月）、福岡（一九一七年六月開催）、札幌（一九一七年七月開催）などの会場で講演している。また佐賀においては、一九一一年五月二〇日、二一日に開催された佐賀県篤志家懇談会および三会連合講演会（佐賀県報徳会、県農会、県教育会）に出席し、講演を行っている〈16〉。この講演会は、「社会文運の開発は自治民政の発展を期せんとする」の目的のもとに、一般聴衆を一二〇〇〜三〇〇名集めており、中央報徳会の組織力を示す一つの例証になる。

一木はこの講演会で「地方民政」という題目で講演し、その内容は、一九一一年八月、雑誌『斯民』第六編第五号に「地方民政の要項」として掲載された。他のおもな講演は、内務省属托国府種徳「活用と練習」、志賀重昂「最新旅行中の見聞」である。志賀は五月一五日の長崎県庁および長崎県会議事院の開庁式に一木と同行し、翌一六日には県会議事院において「文明東漸の順路」の題で講演している〈17〉。

この佐賀県篤志家懇談会そして三会連合講演会で重要なのは、一木が佐賀の人々に何を伝えたかだけではなく、彼が佐賀の民衆から何を受け取ったかである。橋川文三は、地方改良運動には「官僚的形式主義に関わらないダイナミズムがあふれていた」と指摘し、「この運動が、官僚の上からの通達行政、監督行政といふ範囲にとどまらず、きわめて広範・密接なフェース・トゥ・フェースの民間人との交流を媒介として展開された」ことに社会運動の傾向を見出す〈18〉。佐賀や長崎での一木の旺盛な地方講演と動向は、『佐賀新聞』の記事によって、彼を迎える佐賀の人々の熱気と共に報道された。

佐賀滞在中の一木は、午前の内に佐賀県内の工場を巡視し、午後二時から懇談会に臨んだ。懇談会では篤志家四〇余名、全出席者は一一〇数名を数えた〈19〉。懇談会のなかで一木は、県下の篤志家による各自の村の農事改良、植林事業、貯蓄の実験談を聞き、なかでも佐賀県藤津郡濱小学校校長による、貧しい学齢児童が自宅で子守りをせず学べるよう、学校内に幼児保育所を設けるという貧民教育談が有益な参考になったという〈20〉。当日、懇談会の来賓には、一木の他に手島東京高等学校長、県下の貴衆両院議員、裁判所長、青木少将、佐賀市長、五五連隊長、各郡長、中等学校長、県庁高等官、各銀行会社頭取、各官署長、各郡農会長、各農会評議員などが出席した。来賓には『県下農家年中行事』と『報徳二宮翁教訓道話』がそれぞれ五〇〇部用意され、『佐賀県模範林解説書』、『国乃光』、『開国五十年唱歌』、『各国々力比較表』などのパンフレットも配布された。

この地方講演会は、国家エリートである内務官僚とその対極にある民衆の実像を接合する試みであり、一木が聞いた農村の相身互いの生活原像は、彼が幼年期に接した報徳社運動や冀北学舎での報徳思想と交差し、民衆の基層の一端を感受させただろう。こうした報徳会が主催する農事講演会での報徳思想と地方住民との接点は、生産という利害関心を直接的な動機にしていたといえよう。中央報徳会は半官半民の教化団体であり、たとえば佐賀県報徳会会長を県内務部長が兼任していたことからも、この団体を民間結社と特徴づけることは困難である。しかし、報徳会を媒体にした農村住民のコミュニケーションのルートは、町村自治の運営に向けた県民の民衆自治への関心をも同時に示している。佐賀県下の地方講演会では各地の実例が紹介され、聴衆に各々の日常生活を想起させた。参加者は講演で学んだことをそれぞれの村々にもち帰り、応用し、実践することが期待された。したがって、歴史社会学的な観点から見れば、地方住民にとって、地方改良運動期の村落共同体の自治は、「官僚的支配の末端組織としての行政村〈21〉」として、国家行政がただ機械的に統治回路に組み込むだけでは解決しえない、きわめて現実的で切迫した課題であったということができる。

（三）報徳思想の制度化

遠江国報徳社に代表される報徳社の結社は、民衆が村落共同体全体の福祉と生産の向上に自身の行動をつなぎとめた組織と見ることができる。しかし報徳会の結社は、統治者の指導のもとに地方名望家が結社した団体であり、その目的には団結の思惑と民衆の精神が屈折する〈22〉。山路愛山（一八六四―一九一七）は、報徳社と中央報徳会との落差を明晰に捉えた。彼は報徳思想の隆盛を論じる際、官僚の活動を通じた国家権力の働きを指摘しながら、報徳思想が明治政府に採用された経緯を論じる。そのなかで山路は、岡田良平と一木の兄弟が報徳思想を次のように普及させようとする意図を見出した。

今の内務次官一木氏、文部次官岡田氏はいずれも二宮門下、遠州岡田良一郎の子息なることとなり。それ故近頃耶蘇教伝道師などは政府にて報徳講を国教の様にし、耶蘇宗を排斥する傾あり〈23〉。

山路がいうように、遠江報徳社（後に大日本報徳社に改組）の社長・岡田良一郎の二人の子息、良平と一木（両者とも後に大日本報徳社社長に就任）が官僚となり、国家の中枢から権力と報徳思想の関係を緊密にする地方改良運動を担ったことは、報徳思想が国家体系のなかで制度化されうる契機となった。彼らの思想と中央報徳社の結社、その後の活動を考慮すれば、一木の思想と行動には、報徳思想が日露戦後の内務政策の精神的基盤、いわば国力発揚の原理として見出されていたと見ることができる。しかしながら、ここで重要なのは、一木が報徳思想を内務政策にもち込んだ経緯それ自体ではなく、報徳思想のいかなる特徴を国政に接合しようとしたのかという問題である。

一九一三（大正二）年、一木は日本国の基盤を根底から変容させようとする風潮を看取し、中央報徳会の活動を通じて報徳思想が「国運発展の道」に緊密に結びつき、漸進的な発展を支えるよう、国民に次のように期待した。

世には動もすると、大正維新といふ事を唱導する人があるが、此「維新」といふ言葉の意味が、日々に新に進歩するといふ意味であるならば、固より然るべき所であるが、何か変わつた方針を執るといふならば誤つた考えであるといはれなければならぬ。明治時代に於て踏み来つた途が国運発展の道であるとするならば、将来は益々此途を踏んで進み行かなければならぬのに、徒に大正の維新などゝ称して、其道を棄て他の途を執らうとするのは謂われなき事である。

我々の主張した報徳会の主義、斯民の主張は、明治時代に於て国運の発展を遂げた道であるのみならず、世界各国が発展を遂げた道であるから、将来も堅く此道を実行して、之を広く全国に及ぼし、当初報徳会を組織した精神に基いて、一層奮励努力しなければならぬと思ふ〈24〉。

この一木の発言には、中央報徳会の方針にある「国運の発展を遂げた道」への確信がある。彼とって、報徳思想は、明治期の急速な殖産興業の展開のなかで、不確実な現実への心理的基軸と生産向上に活力を与えるものであった。だがそれだけではなく、民衆がよって立つ生活基盤を安定させうる機能をも備えていたといえよう。それでは、国家的規模で制度化された報徳思想は、いかなる「進歩」につながるのだろうか。

2　道徳と進歩の標準

(一)　報徳思想批判への対応

一九〇五年に中央報徳会が結成されて以来、伝統的な生活規範を包摂した報徳思想は、当時の時勢に不適合な旧弊であると批判される。報徳思想に対するこうした批判は、報徳社運動から中央報徳会へと展開した報徳結社の拡大を通じて、より広汎に民衆の心性の深層へと報徳思想を普及させる試みへの批判であった。

横井時敬(一八九〇―一九二七)は、「目下の報徳社の或物に対しては私は嫌な感を催すので、あの儘の方法で遣て居たならば、啻に時勢後れたるのみならず、実に進歩の邪魔となりますますまいか〈25〉」と述べている。

さらに、山路愛山は、報徳思想を次のように厳しく批判した。

現時の報徳社の事は、自分も其地方に居て多少知て居るが、どうも二宮翁の精神を伝へて、時代の要求に応じて行くという遺方ではないから、遺憾ながら多く望を嘱する事が出来ぬ。どうも後人は前英雄の模型に拘泥し過ぎて、漢学者の息子が親が古流の学問をしたので却て英語を学べぬといふような弊をやる。報徳社も悪くすると進歩せぬのみでなく、新知新法の輸入を遮害するかも知れぬ。自分の考えでは是非之に代ふるに信用組合を持ってせねばならぬと思ふ〈26〉。

ここでいわれる「新知新法の輸入」とは、西洋文明の受容による知識と技術の導入を指す。山路は報徳思想に道徳の旧弊を見出し批判したのであった。この両者の報徳社批判の根拠は、地方に根づく旧慣がもはや時勢に合わず、それを援用する報徳思想には、いわゆる封建的性格があるという評価に由来する。この見解は、柳田国男（一八七五―一九六二）が岡田良一郎と論争した、ドイツに由来する近代的信用組合あるいは産業組合へと報徳社の改組を推進しようとする文脈のなかにある〈27〉。「進歩」の名による報徳思想批判は、旧来の習俗や慣習を、近代国家の発展を妨げる封建性の障害物として排除し、西欧的諸制度を積極的に導入することで日本の「近代化」をめざす。

一木によれば、日本は鎖国攘夷と開国進取という二つの傾向の対立から、欧化主義と国粋保存主義という極端な進歩主義と極端な保守主義に傾く傾向にあった。しかし彼は、西洋文明の圧倒的な勢力から身を守るという単なる防衛的な理由から旧来の道徳を保守し、伝統的秩序を回復するために報徳思想を主張するのでは断じてない。国家進運の観点から、西洋文明と日本の伝統が調和する道程を模索したのである。

一木は、国家の進歩を図る場合、国粋の保存と西洋文明の吸収は両立するという。彼は、「日本の国粋といふのは、何であるかといふと、詰り外国の文明を採用し、之を同化して進歩発達を遂げて行くのが、日本の国粋である〈28〉」と論じ、日本固有の道徳精神を保存しながら、日本が進歩することを主張する。彼によれば、中央報徳会における報徳思想の普及活動は、日露戦争終結後から国民経済発展のために西洋文明による知識と科学技術を積極的に受容するだけでなく、次のような報徳思想を発揚することによって国家の進歩を支える国民の精神を奨励していた。

報徳の教に就ては往々誤解がある、或は此教は時勢に後れた所の教である、或は極めて迂遠なる教であると云ふやうな誤解を抱く者がある。是は詰り報徳の大精神が何れにあるか、報徳の教を今日の時勢にどう適用するかに就ての考えがないからであらうと私は信ずる。今日の進歩した世の中に昔通りの昔通りの事を其儘に行つて往くのが、必ずしも二宮翁の本意ではないと思ふ。然らば此二宮翁の教は今日果たして応用の出来ない教であるか、又今日の時勢に後れた教であるかといふに私は断じてさうでないと申すのであります〈29〉。

一木によれば、時勢に応用されるべき精神は、そのときどきの民衆生活の実状と社会状況に応じて改変される。彼において、国民は「西洋諸国の文明を利用して、物質の進歩を遂げて行くと共に、精神上の発達を遂げ、此二つのものが相調和して、進んでいかなければならぬ〈30〉」のであるから、日本における進歩の道程は、民衆生活に馴染み、社会的活力を育む報徳思想を基底にして展開されるべきことは当然であった。

一木の洞察において、進歩の論理は「国家の進歩国運の発達」の道筋である。道徳と資本主義の発展という矛盾対立するもののなかに潜む両者の内的連関は、報徳思想のような生活慣習の原則が時代的要請によって転回するという。

昔は金銭とか、利益とかいふのは、卑しむべきとなつてをつたのであります。併し今日の世の中で斯いふ事を道徳の標準としましたならば、社会と相容れないものであるといはなければなりませぬ。……斯ういふ風に、経済界の状態が漸次変つて来るに従つて、是に適合する所の道徳も、又発達して行かなければならないのであります。斯ういふ風に智識も益々発達して其発達に伴ふて経済上の発達も益々盛んになり、学問の応用も益々広くなつて、国家も随て隆盛して来るのであります。そこで斯ふいふ時勢に適応する所の道徳の標準がどうしても出来て来なければならんのであります。斯のやうな道徳の標準が出来て来ますれば、知識が如何に進歩しても、それがために道徳の退廃を来す如きことはないのであります[31]。

これまで経済倫理は、できるだけ多くの金銭や利益を獲得しようとして、買い手の機嫌を取り、売り惜しみ、販売競争に勝つために労働者の賃金を安くするような人間の善意や良心を押しつぶす利己心を非難してきたが、一木によれば、商品経済が急速に発達していく社会では、もはや経済的な利欲を倫理的に忌避しては、国家財政再建という早急の課題に直面した活発な生産活動を想定することができない。そのため一木は、無欲を奨励する旧来の生活規範は今日の時勢に不適切な実践原理であるとし、時勢に適応し、かつ民衆の心を捉える新たな道徳の標準が道徳と経済を調和するだけでなく、社会生活をも秩序づけると主張した。

(二) 道徳の標準としての戊申詔書

一木は、「今日の経済状態と道徳状態に相適合して居る所の道徳標準し何んであるかと申しますならば、即ち戊申詔書であると信ずる[32]」と述べ、国民に国家進運の維持を要請する。戊申詔書の全文を見てみよう。

朕惟フニ、方今人文日ニ将ミ、東西相倚リ彼此相濟シ、以テ其ノ福利ヲ共ニス、朕ハ爰ニ、益々国交ヲ修メ友義ヲ惇シ、列国ト與ニ永ク其ノ慶ニ頼ラムコトヲ期ス、顧ミルニ日進ノ大勢ニ伴ヒ、文明ノ恵澤ヲ共ニセムトスル、固ヨリ内国運ノ發展に須ツ、戦後日尚淺ク庶政益々更張ヲ要ス、宜ク上下心ヲ一ニシ、忠實業ニ服シ、勤倹産ヲ治メ、惟レ信惟レ義、醇厚俗ヲ成シ、華ヲ去リ實ニ就キ、荒怠相誡メ、自彊息マサルヘシ
抑々我カ神聖ナル祖宗ノ遺訓ト我カ光輝アル国史ノ成跡トハ炳トシテ日星ノ如シ、寔ニ克ク恪守シ、淬礪ノ誠ヲ輸サハ、国運發展ノ本、近ク斯ニ在リ、朕ハ方今ノ世局ニ處シ、我カ忠良ナル臣民ノ協翼ニ倚藉シテ、維新ノ星猷ヲ恢弘シ、祖宗ノ威徳を對揚セムコトヲ庶幾フ、爾臣民其レ克ク朕カ旨ヲ體セヨ、

御名　御璽

明治四一年十月十三日

内閣総理大臣　侯爵　桂太郎〈33〉

戊申詔書（以下、引用箇所を除いて本文中は「詔書」と略す）は、一九〇八年一〇月一三日、第二次桂内閣の内務大臣・平田東助と文部大臣・小松原英太郎（一八五二―一九一九）のもとで公布された。詔書は、翌日付の『官報』の冒頭で、内閣総理大臣の副署と共に印刷され、この点において副署のない教育勅語（一八九〇年発布）や軍人勅語（一八八二年発布）と区別される〈34〉。一木によれば副署は次のような法的効力をもつ。

成案の審署とハ、帝国議会の議決により決定したる法律案を清寫し、其の前文に於て、元首の裁可を経たることを宣明し、年月日を記入し、御名を署し、御璽を鈐して、以て、法律案に確定の形を与ふるの行為なり。成案の審署終りたるときハ、元首ハ、既に法律を裁可したるなり。然れとも、元首の裁可にして、国法上効力を有せんとするときハ、国務大臣の副署ハ、裁可をして、国法上元首の行為たらしむるか為に必要なる条件なり〈35〉。

詔書は内務省の地方行政の骨子に据えられ、都市部であれ農村部であれ、すべての臣民が従うべき道徳の標準を天皇の名において明示した。末端の地方自治体では、内務省の要請を受け「戊申詔書奉読式」を開き、各地の報徳会が開催する講演会などでは、会の冒頭で詔書を奉読した。詔書が示す道徳の標準は、社会の発展のために先駆的な秩序再編の役割を担う地方改良運動の指針として集約された。政府は、国力発揚の自覚を民衆の心性に組み込むために、詔書の文言を通じて規範的通俗性に社会的意味を与えようとしたと見ることができる。

詔書と中央報徳会の関係について、当時内務書記官であった中川望は詔書の理念を「全く中央報徳会の精神と同じ〈36〉」であると述べ、次のように回顧する。

当時の地方局の仕事は、単に地方行政ばかりでなく、精神的のこともやり、また青年団のこともやり、すべての人々が中央報徳会の関係で、各省におり、非常に連絡がよくいったと思っております。戊申詔書も、そこから、その精神でできたわけであります〈37〉。

前節で明らかにしたように、中央報徳会設立の主意は、報徳思想の修養による国力発揚にあった。これまでの研究は、旧中間層の再編強化への関心から、詔書が発布される当時の文部大臣・小松原英太郎の文政を青年層の組織化として論じる〈38〉か、あるいは詔書発布の社会的反応を叙述する〈39〉にとどまり、詔書の理念を政策意図に内在して分析することはなかった。しかし、中川が報徳思想と詔書との内的連関について明言するとき、本書の考察に従えば、報徳思想の徳目は天皇の名において詔書に組み込まれ、民衆の具体的生活に対する正統な価値基準として作用することが期待されていたと見ることができる。我々は道徳の標準の問題を、進歩の論理との相克に焦点を当てながら考察したい。

(三) 戊申詔書批判への応答

詔書が発布された翌月の一一月一二日、本郡青年団総会で平田東助は詔書に対する社会的反応を念頭に置きながら、次のように述べた。

世人或は(戊申詔書の——挿入引用者)其一部をあげて、勤倹力行の詔書であるといふものがないでもない。然れども聖旨のある所を拝察するに、唯々勤倹力行の詔書に非ざるは明かである。国家を進歩せしむる方針即国民の依て進む可き方針を、御示しになつたものである〈40〉。

平田にとって、「国運の発展は単り物質上の発展にあるものではない。必ずや道徳の発展を俟つて、始めて其目的が完全に為し得られるもの」だった〈41〉。ここで注意すべきは、教育勅語が臣民の規範意識全般に向けられたのに対して、この詔書は日露戦後の「国民の依て進む可き方針」として生活慣習に焦点を当てた基準であったことである。

平田が「勤倹力行の詔書」との見解を否定するのは、詔書の発布が経済発展を妨げるという実業界の憂慮と誤解を解消するためであった。都市部では、新聞報道が「国民挙つて倹かなければ国内の消費力は減退し、随つて国内の商業は、幾許かの程度に於いて打撃を免れざるの当然〈42〉」と論じ、詔書の勤倹節約の奨励が過度な節倹を勧めることで消費を抑え、むしろ不景気を招く要因になっていると批判した。農村部でも、政府が経営向上のために富の造成と投資を図ろうとするが、村落住民は勤倹貯蓄という日常生活の規律に集中し、積極的な資金運営を怠っていた〈43〉。

こうした詔書への反応は、報徳思想に対する批判、つまり報徳思想は時勢の進歩に適さない旧弊であるという批判と同じ論理構成にある。勤倹力行の実践は、報徳思想を受容した人々が詔書の意味を身近な生活倫理に置き換え、解釈した結果であった。国家の進運という政府が期待する目標にもかかわらず、民衆は、「勤倹力行」による素朴な日常生活に固執し消費をさらに抑え、政府の意図に反して国民経済の活性化を妨げるとみなされた。

一木は内務次官の立場から、戊申詔書の実施督励をめぐる「内務省地甲第五号」(一九〇九年二月訓令)を発し、そのなかで勤倹貯蓄と共同団結の美風の養成を主張する〈44〉。彼は日露戦後の時勢に適応する道徳の標準として、詔書を次のように捉えていた。

戊申詔書を拝読しますれば、世界の文明に伴ふて、列国と共に此文明の恵澤に浴して行かなければならんといふことを第一に仰られて居りまする。今日益々進歩した所の学術を利用して、世界列国は、競ふて其経済上の発展を遂げて居る如く、我邦も其経済上の競争に一歩も譲らん様にして行かなければならんのであります。国家の進運を永遠に維持して行かうといふには益々智識を磨いて、之を利用することに努力せねばならんのであります〈45〉。

さらに彼は詔書が発布されて一年を経た後に、詔書への誤解を次のように回顧した。

不幸にして此詔書の全体の趣旨に関しまして、幾分か誤解を生じ、若くは生せんとした時期があつた。即ち戊申詔書なるものは、倹勤を主とする所の詔書である。消極的の精神を以て御示しになつた詔書であるといふ風に推察し奉つた向きも或はあつたかと思はれる〈46〉。

一木は、この誤解に対し、勤倹の徳目は蓄えるだけが目的ではなく、共同の事業として皆が譲り合い、蓄積した富を生産活動に積極的に運用することが肝要であると述べる。

余の信ずる所に依れば、勤倹といふ思想は消極的で無い、謂うまでも無く、勤と倹とは二つの思想であるが、其中勤勉が積極的であるといふことは、何人も恐らく疑ふ所が有るまいと思ふからして、茲所には暫らく倹の方に就いてのみ説かんに、倹も亦必らずしも消極的では無い、若し善を為さんが為めに、有益なる事業を起さんが為め等の準備として、先ず節倹を為すといふことは、これは明らかに大なる積極的節倹である。試みに史を繙き、或いは今日の実際に就てこれを考ふるに、如何なる国家でも、其隆興の際には、国民は何れも勤倹の美徳に富む〈47〉。

一木は詔書の「勤倹産ヲ治メ」という文言を、報徳思想の徳目にある勤と倹の徳目に分節し、「有益な事業」の基盤の構築を要請する。彼は、消極的と批判される勤倹力行の解釈に対して、「節倹は克己心いふことで、自己の欲に打ち勝ち、冗費を節して貯蓄したものを以て、総ての生産の資本とし、原子とする〈48〉」と論じ、勤倹ほど国家の進運を助けるものはないと、物質上の進歩と精神上の発達を道徳的精神の修養に求めた。そして実業界から国内経済をさらに発展させるべき時勢において不適切な徳目とみなされた詔書にある勤倹の文言を、産業資本の原始的蓄積に貢献する経済倫理として見出している〈49〉。その経済倫理の実践こそが、前節で論じた報徳社の活動であるといえよう。彼は報徳社や産業組合を組織し、一人ひとりの力と資金を結集することの意義を次のようにいう。

共同の働きは、各人が尽くす働きの集まりである。各人にして勤勉であれば、随つて共同の事業も進んで行くのである。共同の事業を進めるところの責任といふものは一人一人にあるということを自覚しなければならぬ。……近頃は産業組合とか、或は報徳社であるとか、いろいろな組織が出来まして、貯蓄したものを死滅せずに、よく活用して、国家産業の資本とする所の方法組織が、段々に備つて来たのである。今日に於きまして、是等の組織方法を利用いたして貯蓄を積んで参りますれば、此貯蓄したものは、直ちに天下の用を為し、天下の生産に資本となつて行くのである。さうして見れば是ほど積極的なものはない、是ほど国家の富を進め、国家の進運を助くる所のものはないといふても宜しい〈50〉。

一木において「共同の働き」への責任は、それぞれが他者に譲るという献身、そして何よりも各人の「克己心」という情操によって隣人への親しみを広げるという人心の問題である。一木は、詔書に表現される一人ひとりの貯蓄の成果が、「直ちに天下の用を為し、天下の生産に資本」に帰着すると述べ、別のところではこの資金運用を「国内に貯蓄してある所の金を集めて、之を資本として、あらゆる公共の事業を起し、農業商業を発達せしめて、而して此美事なる成績を著し、諸般の事業を勃興せしめ、其事業に投じて余る所の金は、悉く外国に出て居る国債を買つて、之を国内に吸収する〈51〉」と補足的に論じた。

積極的な資金運用は、人々の動機づけに主体的な契機がなければ、事業の計画立案もその実行も達成しえない。政府が詔書のなかに報徳思想の徳目を組み込んだことには、報徳思想による主体形成の契機を、互いが相親しみ平安に暮らす秩序の範囲内で巧みに制御し、そして同時に、各人の団体への帰属意識を国民共同体へのそれへと推し及ぼすことで「国家産業」を発展させるねらいがあったということができる。一木は無制限に自己利益を追求する利己的な精神を批判しながら、国家の進運の原動力が克己心と勤倹からなる徳義であるとみなした。

（四）国運の発展における「推譲の精神」

一木は詔書に「惟レ信惟レ義醇厚俗ヲ成シ華ヲ去リ実ニ就キ」とある「醇厚の俗」を、「一国の元気の上に至大の関係を持つもの」と解釈した。彼は、当時の利己心と共同の精神との関係をアダム・スミス（Adam Smith, 1723-1790）を引用して次のように論じる〈52〉。

アダム・スミスという経済学者は斯ういふことを云ふて居る。昔の利己心と今日の利己心とは大いに性格を異にしなければならぬ。今日は却々一個人一個人の力に依て大なる事業を仕遂げることが出来ない。己を利せんとするには先ず人を利しなければならぬ。他人を損して置いて己一人利するといふことは、決して今日の時勢に於ては許さぬ所である〈53〉。

一木の理解によれば、人は時勢に応じてみずからの利欲を社会的進歩と調整する。ここで彼は、「大なる事業」の基底に、一人ひとりが隣人と利益を共有しながら共に達成しようという「共同の力」を位置づけている。「世の中の経済上に就て、種々の階級の衝突が起つて、互いに相奪ひ合うことになれば、単り国家の発達を遂げることが出来ないのみならず、忽ち国家の治安を乱すに至らんともいはれない〈54〉」。ゆえに彼は、社会的協力を可能にし、かつ秩序を保障する最終的な根拠として推譲の徳目に着目する。

斯様な衝突を調和して行きまする所の道徳が、即ち今後国家の発達を遂げて行くに最も必要なる道徳であります。其道徳が即ち推譲であります。世の中は多く持つて居る人は少なく持つている人に譲らうことになれば、其間に衝突はなく、互に相救ふて円満なる発達を遂げて行くことが出来るのであります〈55〉。

一木が生きたのは、産業化の進展にともない新たな経済的不平等が生じていた時代である。階級間の社会的地位の相違を覆い隠すために調和を主張しただけならば、彼は体制的イデオローグに過ぎない。だが彼の共同体論からいえば、人は自身が帰属する団体に自然と一体となっているために、階級の違いにかかわりなく他の成員と密接に結びつく。このことを疑わない一木にとって、社会の基礎にある習俗や慣習、いわば「醇厚の俗」は、共同体の調和、そして共同の事業を支え、歴史的・文化的性格をもつものであった。しかし我々は、国家の論理が個別的利益を国運の発展に凝集させようとする、精神修養の機能を無視すべきではない。

上下心を一にして国家の為に尽すといふことは、実に急務中の急務でありますが、是に就ては協同の精神が欠くべからざるの要件であります。……之を要しまするに、国運発展の実を挙げんとしまするならば、先づ第一に克己心を養成してあらゆる情欲を抑制し、そうして勤倹産を治め、忠実職務に勉励するのが、何より肝要な心得であらうと思ひます〈56〉。

一木において、「上下心を一」にする社会的紐帯は、国民が国家財政の負担に応じるための推譲の徳目を原理にする。彼が国民に要求する道徳精神とは、各人の集団への自発的服従を前提にした国家利益のための合力であり、予定調和的な人間のつながりを想定する共同体の精神であるといえよう。

これまでに一木が主張してきた、道徳と経済が調和するという準拠枠は、産業化の発展過程、歴史的に制約された単線的発展への楽観によるものだったとみることができる。こうした歴史観は、進化論における生存闘争、無数の集積的変異と自然選択、適応の諸命題への諦観に由来し、生物の構造は分化して複雑になり、より洗練されるという生物学的観察を社会現象に転用する〈57〉。一木はこの不可逆的な進化の論理を道徳の進歩に重ね、精神修養の有効性を唱えた。彼が論じる道徳精神は、社会変容の必然性に踏み込んだ考察だったが、その思索は、民衆自治が過去から将来にわたる長い時間性のなかにあり、個別的利益を超えた共同利益との調和を保つために主張される「国家の進歩」と不可分であることを、我々は看過すべきではない。彼は「国家の進歩」を次のような勢力の拡大とみなす。

国家は己れの勢力を強くしなければならぬ。さうして外の侮りを防ぐのみならず、更に進んで世界に於ける優勢なる地位を占めなければ、遂に其国家を維持するとすらも出来ない、進まざれば即ち退くのである。国家の関係は国家の進歩を余儀なくするのである。此進歩を如何にして遂げて行くかということが即ち問題である〈58〉。

生存闘争のアナロジーによるこの社会進歩において、国家間の関係はつねに顕在的あるいは潜在的競争状態にあり、国家存立の根拠は自国の勢力に他ならない。一木がいう「国家の進運」を求め続ければ、統治者は論理的必然的に統治の効率化のためにあらゆる財と力を国家へと集中させるだろう。こうした国家理性の問題は、当時の帝国主義段階において否定しえない事実であった〈59〉。日露戦後に大規模な社会変容が起こり、産業構造が構築、拡大するなかで、一木は日本が国際関係において主権の独立を確保し、国家の拠りどころである道徳精神が時代に応じて進歩すると信じたのである。

注

第一節

〈1〉報徳会とは、（東亜）報徳会およびその支社が西日本を中心に活発に活動した団体である。この報徳会は、花田仲之介を中心にして結社され、報徳社とも中央報徳会とも別の系譜にある。（東亜）報徳会については、花田仲之助『報徳実践修養講話』（洛陽堂、一九一三年）、報徳会総務所編『報徳会三十五年史』（報徳会総務所、一九三六年）、花田仲之助先生伝記刊行会『花田仲之助先生の生涯』（一九五八年）を参照。

〈2〉日本の共同体論の代表的論者として、歴史学には中村吉治『日本の村落共同体』（日本評論社、一九七一年）、社会科学には大塚久雄『共同体の基礎理論』一九五五年（『大塚久雄全集　第七巻』岩波書店、一九六九年）を挙げる。

〈3〉丸山眞男『日本の思想』（岩波新書、一九五七年）四六頁。なお丸山は、封建遺制としての共同体の解体を強調するあまり、多くの社会関係が「感情的・伝統的一体感」と「合理的な動機による利害の均衡や一致」を同時に含んでいるというヴェーバーの考察を看過し、共同社会と利益社会という二元論によって共同体を評価する。Max

Weber, *Économie et société/1 Les catégories de la sociologie*, Paris, Plon, 1995 (1971), pp. 78-82.（清水幾太郎訳『社会学の基本概念』岩波文庫、一九七二年）六六―七〇頁。なお、本書は、筆者の便宜上、原著がドイツ語であってもフランス語版あるいは英語版の原著を扱う。

〈4〉八木繁樹『増補改訂版 報徳運動一〇〇年のあゆみ』（緑蔭書房、一九八〇年）六九五頁。

〈5〉最近の研究では、二宮尊徳の報徳思想と日露戦後に内務省に採用され宣伝された二宮尊徳に起因する報徳思想を、前者を「報徳思想」、後者を「報徳主義思想」と区別する論者がいる（並松信久「報徳主義思想の展開と国家政策の課題――京都における地方改良運動を通して――」『京都産業大学論集 人文科学学系列』第三一号、二〇〇三年）が、本書では、思想が一定の体系をもってその内容を展開し、社会的役割を果たすと捉えるため、二宮尊徳に由来する理念全般を示す場合、表記を「報徳思想」と統一する。

〈6〉二宮尊徳については、奈良本辰也『二宮尊徳』（岩波新書、一九五九年）、児玉幸多『二宮尊徳 日本の名著 二六』（中央公論社、一九七〇年）、奈良本辰也『二宮尊徳・大原幽学 日本思想体系 五二』（岩波書店、一九七三年）、守田志郎『二宮尊徳』（朝日新聞社、一九七五年）を参照。

〈7〉奈良本、前掲書、一三八―一四五頁。

〈8〉福住正兄筆記『二宮翁夜話』（岩波文庫、一九三三年）二〇―二一頁。

〈9〉報徳仕法ついては、佐々井信太郎『二宮尊徳研究』（岩波書店、一九二七年）八一―九三頁、海野福寿「報徳仕法の展開」（中村雄二郎・木村礎編『村落・報徳・地主制――日本近代の基底――』東洋新報社、一九七六年）を参照。

〈10〉岡田洋司・山本悠三「『報徳社』運動の倫理とその展開」（鹿野政直・由井正臣編『近代日本の統合と抵抗 二』日本評論社、一九八二年）一八八頁。

〈11〉原口清「報徳社の人々」（『日本人物史体系 五』朝倉書店、一九六〇年）二五四―二五七頁。岡田佐平治の報徳仕法については、足立洋一郎『報徳運動と近代地域社会』（御茶の水書房、二〇一四年）三五―三八頁。

〈12〉丸山熊男「諸言」（『静岡県報徳社事蹟』報徳学図書館、一九〇六年）。

〈13〉八木、前掲書、七一頁。報徳社運動の傾向には、地域ごとに程度差がある。岡田良一郎系の遠江国報徳社では、大地主が報徳仕法を実施し、福住正兄系の駿河東報徳社では、杉山部落のように中小地主兼自作農が中心となり、小作農を包摂しながら運動を展開した違いがあった。杉山部落については本書補論を参照。

〈14〉松浦鎭次郎『岡田良平先生小伝』（一九三五年）一一頁。

〈15〉前掲『静岡県報徳社事蹟』。明治中期には、遠江国報徳社は、各報徳社の入社により活動を拡大し、一八九八年には社団法人としての設立が遠江国報徳社に許可され、一九一一年一〇月に社名を「遠江国報徳社」から「大日本報徳社」へ改名した。一九二四年、大日本報徳社は全国の報徳社を「大合同」し、名実ともに全国組織の中枢として活動した。

〈16〉佐々木隆爾「報徳社運動の階級的性格――静岡県中遠地方の事例を中心に――上」（『法経研究』第一七巻三号、静岡大学、一九六八年）四七頁。

〈17〉中村雄二郎「岡田良一郎の報徳思想」（中村・木村編、前掲『村落・報徳・地主制』）二八五頁。

〈18〉芳賀登「報徳運動と自力更生――岡田良一郎と片平信明を中心として――」（『歴史研究』第一〇巻、一九七二年）八頁。

〈19〉原口、前掲論文、二八〇―二八一頁。

〈20〉伝田功「国民主義思想の農本主義思想――報徳社運動の歴史的意義――」一九五八年（『近代日本経済の研究』未来社、一九六二年）九一頁。

〈21〉Karl Marx, *« Chapitre LII Les classes » dans Œuvre completes de Karl Marx, Le capital*, Tome XIV, Paris, Alfred Costes, 1946(1867), pp. 219-221.『資本論　九』（向坂逸郎訳、岩波文庫、一九七〇年）一一六―一一七頁。

〈22〉遠江国報徳社の「力農精業善行者」の表彰については、前田寿紀「『遠江国報徳社』の教育活動の実態――『（中央）報徳会』成立以前を中心に――」（『教育学研究集録』第一〇集、一九八六年）四〇―四一頁が詳しい。

〈23〉岡田良一郎「大日本信用組合報徳結社論」一八九二年（佐々井信太郎編纂代表『復刻版　二宮尊徳全集　別輯門人名著集　第三六巻』龍渓書舎、一九七七年）一一九頁。両報徳社の傾向、岡田良一郎と福住正兄の報徳思想には、多くの研究が指摘するように大きな相違があり、両者を比較することは、彼らの報徳思想を受容した活動家や社会階層を特徴づける興味深いテーマである。だが、本書では両者の比較思想史的課題には深く立ち入らず、いくつかの思想的な変遷はあったものの、両者が道徳の修養を民間の自主的な活力に求め、それを報徳社の活動のなかに十分に発揮させようとした共通性を指摘するにとどめたい。

〈24〉岡田、前掲書、一〇七一頁。

〈25〉岡田、同上書、一〇三〇頁。本書が引用する原資料に句読点がない場合、必要に応じて句読点を挿入している。

〈26〉一木喜徳郎「後叙」（岡田良一郎『二宮大先生伝記』大日本報徳社、一九〇八年。佐々井編、前掲『復刻版　二宮尊徳全集　別輯　門人名著集　第三六巻』）一一二〇頁。

〈27〉斉藤高行『報徳外記』一八八五年（佐々井編、前掲『復刻版　二宮尊徳全集　別輯　門人名著集　第三六巻』）三一七頁。

〈28〉松本三之介によれば、伝統的な儒教思想は、「上下の身分的道徳秩序があたかも天地上下の秩序の如く自然化・永遠化されている」（「啓蒙的知識人の役割」『近代日本の政治と人間』創文社、一九六〇年）四三頁）。

〈29〉一木「道徳経済一致の大意」（『斯民』第二編第一〇号、一九〇八年）二二頁。

〈30〉同上。

〈31〉丸山眞男「近世儒教の発展における徂徠学の特質並にその国学との関連」一九四〇年（『日本政治思想史研究』東京大学出版会、一九四二年）一三三頁。

〈32〉一木「町村自治と報徳学」（『報徳の友』大日本報徳学友会、第二〇巻第九号、一九一九年）二頁。

〈33〉孔子『論語』（金谷治訳註、岩波文庫、一九六三年）二〇三頁。

〈34〉冀北学については、堀内良『冀北学』（大日本報徳社、一九九八年）を参照。

〈35〉この広告に示された教則第六条によると、教員の大江孝之のもとで上下二等全一四級に分けられた次の学科が設けられていた（「冀北学舎開校に付生徒募集広告（明治一〇年七月）」『静岡県史　資料編16』静岡県、一九九〇年、七〇八―七〇九頁）。下等第七級、スペリング・単語。下等第六級、スペリング・単語。下等第五級、スペリング・単語。下等第四級、スペリング・リードル・単語。下等第三級、スペリング・リードル・算術・習字。下等第二級、スペリング・リードル・算術・習字・地理書。下等第一級、スペリング・リードル・算術・文典。試験ヲ経テ上等ニ入ヲ許ス。上等第七級、地理書会読・文典。上等第六級、文典会読・万国史。上等第五級、羅馬史・万国史会読。上等第四級、希臘史・修身叢談・米国略史。上等第三級、英国史・羅馬希臘史輪講。上等第二級、仏国史・経済書、上等第一級　近代史・修身論。

〈36〉一木「亡兄を憶ふ」（松浦鎮次郎『岡田良平先生小伝』一九三五年）二三五頁。

〈37〉八木、前掲書、一四頁。

〈38〉河井彌八代表『一木先生回顧録』(一九五四年)四―五頁。

〈39〉一木「国運の発展と勤倹協同の精神」(『斯民』第四編第七号、一九〇九年)二二頁。

〈40〉推譲については、海野福寿「共同体と豪農」(『家と村　日本近代思想大系　二〇』岩波書店、一九八九年)四六三―四六八頁、八木、前掲書、八―一六、三四頁を参照。

〈41〉一木「創刊十五年に際りて」(『斯民』第一五編第四号、一九二〇年)九頁。

〈42〉石田雄『明治政治思想史研究』(未来社、一九五四年)一三、二二一―二三頁。

〈43〉八木、前掲書、一九頁。

〈44〉福住正兄筆記『二宮翁夜話』一八九三年合本(岩波書店、一九三三年)二一二頁。

〈45〉一木、前掲「道徳経済一致の大意」、二二頁。

〈46〉下種勇吉『天道と人道――二宮尊徳の哲学』(岩波書店、一九四二年)一三六―一三八頁。

〈47〉福田アジオ『日本村落の民俗的構造』(弘文堂、一九八二年)。

〈48〉一木、同上「道徳経済一致の大意」、二三頁。

〈49〉藤田省三による国家権力と道徳的な共同体原理の連関についての分析は、示唆に富む問題設定と分析手法から支配原理を究明するが、彼が論じる「郷党社会の道徳的元素」を明らかにするには、報徳思想のような生活規範の観点から考察すべきであろう(藤田省三「天皇制国家の支配原理」一九五六年『天皇制国家の支配原理　藤田省三著作集Ⅰ』一九九八年、二二―二三頁)。

〈50〉通俗道徳ついては、安丸良夫『日本の近代化と民衆思想』一九七四年(平凡社、一九九九年)四―九頁、色川大吉「近代日本の共同体」(鶴見和子・市井三郎編『思想の冒険――社会と変化の新しいパラダイム――』筑摩書房、一九七四年)二五七―二六〇頁、同著『明治の文化』(岩波書店、一九七〇年)一八三―一八四頁を参照。

〈51〉安丸、前掲書、七九頁。なお、安丸良夫「『通俗道徳』のゆくえ」(『歴史科学』第一五五号、一九九九年)は、自己言及的に認識論や歴史理論の問題を主題化するなかで、「通俗道徳」について論じている。

〈52〉安丸、前掲書、八七頁。

〈53〉一木「推譲の精神」(『斯民』第二編第六号、一九〇七年)一二頁。

〈54〉一木、同上論文、一三頁。

〈55〉坂根嘉弘「小作争議」（『日本村落史講座 政治2　近世・近現代　第五巻』雄山閣、一九九〇年）一五七頁。

〈56〉一木、前掲「創刊十五年に際りて」、九頁。

〈57〉一木「序」（碧瑠璃園〔渡辺霞亭〕『二宮尊徳』興風書院、一九〇九年）一―二頁。

〈58〉神島二郎『近代日本の精神構造』（岩波書店、一九六一年）。

〈59〉一木は、後述するように、天地の道理に即し自己に打ちかつ「克己心」によって共同性を確保することを重視し、自己を「忠」と「恕」を一体にした社会的存在に導くのが「仁」の徳であるとみなす。

〈60〉一木「二宮先生五十年祭講演　第三席」（『大日本報徳学友会報』第三六回、一九〇五年）一八頁。

〈61〉一木、同上論文、一九頁。

〈62〉一木、同上論文、二一頁。

第二節

〈1〉一木「自任自重の精神を養成せよ」（『斯民』第七編第六号、中央報徳会、一九一二年）四一―四二頁。

〈2〉設立当初、中央報徳会の名称はたんに「報徳会」だったが、大正元年に「中央報徳会」へと改称した。本書は、中央報徳会と地方の報徳会との混同を避けるために、大正元年以前の「報徳会」を指す場合も表記を統一して「中央報徳会」と表記する。設立の経緯は、酒田正敏「解題」（『雑誌『斯民』目次総覧――一九〇六―一九四四――』内政史研究会／日本近代史研究会、一九七二年）が詳しい。

〈3〉一木「創刊十五年に際りて」（『斯民』第一五編第四号、一九二〇年）八―九頁。

〈4〉一木「道徳経済一致の大意」（『斯民』第二編第一〇号、一九〇八年一〇月）一九頁。

〈5〉酒田、前掲論文、五頁。

〈6〉『帝国青年』（中央報徳会）については、本研究の第三章第二節、一〇四頁を参照。

〈7〉国府種徳「百号に達するまでの多難を回想す」（『斯民』第八編第一〇号、一九一三年）四二―四五頁。

〈8〉留岡は一九〇〇年から一九一四年までの間、内務省事務嘱託、そして地方局嘱託を務め、一九一九年から再び嘱託を務めた。井上友一の支援による彼の報徳主義の宣伝・普及の任務には、一九〇三年の杉山部落への視察があり（江守五夫「明治期の報徳社運動の史的社会的背景　二」『法律論叢』第四〇巻第二・三号、一九六六年、七六頁）、その視察後の彼の報徳主義への思い入れはきわめて強い。田澤薫は地方改良運動、とくに報徳主義とのかかわりから、キリスト教者である留岡の思想形成およびその系譜に焦点を当て、彼の「独立自営」の概念を追求するが、留岡が報徳社運動にはじめて接触した杉山部落についてはまったく触れられていない（田澤薫『留岡幸助と感化教育　思想と実践』勁草書房、一九九九年）八八―一一二頁。

〈9〉牧野虎次編『留岡幸助君古稀記念集　伝記・留岡幸助』（大空社、一九八七年）四頁。模範村については、本書の補論を参照。

〈10〉石田雄『明治政治思想研究』（未来社、一九五四年）一八一頁。

〈11〉岡田洋司・山本悠三「「報徳会」運動の論理とその展開」（鹿野政直・由井正臣編『近代日本の統合と抵抗　二』日本評論社、一九八二年）二〇三頁。

〈12〉一木「安城篤農大会雑話」（『斯民』第二編第九号、一九〇七年）四〇頁。一木は、一九〇七年一一月に開催された、この愛知県安城の篤農大会に金原明善、山崎延吉、井上友一とともに参加した。

〈13〉第一回山口県地方改良事業講演会の題目は左記のとおりである。

自治の要領と自治の訓育	山口県内務部長	小田切磐太郎
地方行政の監督	同	同
地方財政の要項	同	同
教化民育の改良	山口県事務官	日比重雅
地方改良に関する根本要素	山口県山口中学校長	杉田平四郎
農村と農業教育	山口県立農業学校長	橘　彪四郎
農村の急務	山口県農事試験場長	河北一郎
伝染病に就て	山口県病院長	香川久治郎
造林経営	山口県技師	石原留雄
農村改良の事業	山口県技師	河口門助

漁村改良の事業	山口県技手	中島庸三
特殊部落の改善	山口県警部兼山口県属	田子一民
自治と産業組合	山口県技手兼山口県属	藤本忠介
自治と青年団	山口県属	岡村勇二
基本財産の造成及管理	同	同
感化救済の要項	山口県属	伊藤隆祐

『山口県第一回地方改良事業講演集』（山口県内務部、一九一〇年）を参照。

〈14〉同上書、二頁。

〈15〉河北一郎「農村の急務」、同上書、一〇一頁。

〈16〉「三会連合講演会」（『佐賀新聞』、一九一一年五月二二日）。

〈17〉「佐賀県三会の連合講演会」（『斯民』第六編第四号、一九一一年）八六―八七頁、国府種徳「佐賀より」（『斯民』第六編第三号、一九一一年）七三―七六頁、「長崎通信」（『佐賀新聞』、一九一一年五月二〇日）を参照。

〈18〉橋川文三「地方改良運動の政治理念」（児玉幸多・林英夫・芳賀登編『地方史の思想と視点』柏書房、一九七六年）一三一頁。橋川はこの論文と「地方改良運動」（『昭和維新試論』講談社、二〇一三年）のなかで井上友一を他のどの官僚よりも評価する。

〈19〉「篤志家懇談会」（『佐賀新聞』、一九一一年五月二一日）。

〈20〉「一木次官の佐賀土産」（『佐賀新聞』、一九一一年五月二九日）。

〈21〉大石嘉一郎「地方自治制の確立――行政村の定着を中心として――」（『近代日本の地方自治』東京大学出版会、一九九〇年）一六三頁。

〈22〉足立洋一郎は、地方改良運動期の報徳社と報徳会を比較し、両者の並存を指摘する（足立洋一郎『報徳運動と近代地域社会』御茶の水書房、二〇一四年、一四四、一五七頁）。しかし、報徳運動と国家権力の関係を総体として明らかにすることを目的にするのならば、この二重構造における国家の論理を個々の具体的な政策構想に添って解明する必要がある。

〈23〉山路愛山「報徳新論」一九〇九年七月三日（『独立評論　六』みすず書房、一九八八年）八頁。日本の共同体秩序

における キリスト者の存在様式は、他者認識の問題としてきわめて重要だが、本書の主題の射程から外れる。

〈24〉一木「露国の現状に鑑みよ」（『斯民』第八編第一〇号、一九一三年）二九頁。

〈25〉横井時敬「道徳と経済」（留岡幸助編『二宮翁と諸家』人道社、一九〇六年）一三三頁。

〈26〉山路愛山「遠くから見たる二宮翁」（留岡幸助編『二宮翁と諸家』人道社、一九〇六年）一七三頁。

〈27〉報徳社から信用組合への改組についての議論は、岡田良一郎と当時官僚であった柳田国男との論争がこの問題の所在を明白に示している。明治期の報徳社批判とその批判への対応については、堀越芳昭「初期信用組合の設立と報徳社」（『土地制度史学』第六五号、一九七四年）、前田寿紀「明治期における報徳社批判に対する報徳社の人々の反駁」（『淑徳大学研究紀要』第八号、一九九四年）などを参照。

〈28〉一木「戊申の詔書と調和の精神」（『斯民』第三編一一号、一九〇九年）三頁。

〈29〉一木「推譲の精神」（『斯民』第二編第六号、一九〇七年）八―九頁。

〈30〉一木、前掲「戊申の詔書と調和の精神」、六頁。

〈31〉一木「知識と道徳」（『斯民』第五編第三号、一九一〇年）九―一〇頁。同論文は、「知識と道徳」（『大日本報徳学友会報』第九五号、大日本報徳社、一九一〇年）から転載された。

〈32〉一木、同上論文、一〇頁。

〈33〉村上重良編『正文訓読　近代詔勅集』（新人物往来社、一九八三年）二〇〇頁。

〈34〉天皇の法的地位と徳育の指針の問題における教育勅語については、海後宗臣『教育勅語成立史の研究』（一九六五年）、籠谷次郎『近代日本における教育と国家の思想』（一九九四年）を参照。

〈35〉一木『日本法令予算論』（哲学書院、一八九二年）一一三頁。

〈36〉大霞会編『内務省外史』（地方財務協会、一九七七年）六四頁
〈37〉同上。

〈38〉尾崎ムゲン「戊申詔書と教育」（『季刊日本思想史』第七号、一九七八年）。

〈39〉戊申詔書に対する当時の反響を論じる、千田栄美「戊申詔書の発布とその反響」（『日本の教育史』第四四巻、二〇〇一年）は、都市部の時代状況を的確に提供している。その外に、見城悌治『近代報徳思想と日本社会』（ぺりかん社、二〇〇九年）を参照。

〈40〉平田東助「戊申詔書に就いて　上」（『教育時論』第八五八巻、一九〇九年）一九頁。

〈41〉平田「戊申詔書と国運の発展」（『斯民』第三編一二号、一九〇九年）二頁。

〈42〉「勤倹は余程解釈を要す」（『読売新聞』一九〇八年一二月二六日）。この記事は、千田、前掲「戊申詔書の発布とその反響」、四五頁から再引。

〈43〉賀川隆行「地方改良事業の社会的基盤」（『歴史学研究』第四〇八号、一九七四年）二五―二八頁
〈44〉不和和彦「日露戦後の「町村自治」振興策と国民強化――地方改良運動を中心に――」（『村落社会研究』第十八集、御茶ノ水書房、一九八二年）一五五頁。

〈45〉一木、前掲「知識と道徳」、一〇頁。

〈46〉一木「戊申詔書に就きて　上」（『産業組合』第五四号、一九一〇年）一六―一七頁。

〈47〉一木「戊申詔書捧読所感」（『教育時論』第八八六巻、一九〇九年）二五頁。同論文は、「戊申詔書に就きて　上」（『産業組合』第五四号、一九一〇年）、「戊申詔書に就きて　下」（『産業組合』第五四号、一九一〇年）として、字句や表現を平易にし（たとえば「推譲の徳が壊るゝ」を「相互に譲るといふことが無くなつて来る」と修正）、若干の補足を加えて発表された。

〈48〉一木「国運の発展と勤倹協同の精神」（『斯民』第四編第七号、一九〇九年）一〇頁。

〈49〉報徳思想における勤倹の徳目が、資本主義の発展に寄与しうるという論点がここに見出されるが、本書では深く立ち入らない。

〈50〉一木「開国進取と共同力」（『斯民』第三編第一三号、一九〇九年）一三―一四頁。

〈51〉一木、前掲「戊申詔書に就きて　上」、一七頁。

〈52〉アダム・スミスについては、高島善哉『アダム・スミスの市民社会体系』（岩波書店、一九七四年）などを参照。

〈53〉一木、前傾「戊申詔書に就きて　下」、一五―一六頁。

〈54〉一木、前掲「知識と道徳」、一四頁。

〈55〉同上。

〈56〉一木、前掲「国運の発展と勤倹協同の精神」、一一頁。

〈57〉本書では、社会進化を、人的結合関係が集団生活と生産の環境の変異に対して漸進的に適応していく一元的過程

の総称と定義する。社会進化については、とりわけ、鵜浦裕「近代日本における社会ダーウィニズムの受容と展開」（柴谷篤弘他編『講座進化2　進化思想と社会』東京大学出版会、一九九一年）、Yvon Quiniou, «La morale comme fait d'évolution: continuité, émargence, rupture» in Patric Tort (dir.), *Darwinisme et société*, Paris, PUF, 1992、上野成利「群体としての社会——丘浅次郎における「社会」の発見をめぐって」（阪上孝編『変異するダーウィニズム——進化と社会——』京都大学学術出版会、二〇〇三年）を参照。

〈**58**〉一木「地方自治の精神」（『第二回第三回 地方改良講演集　下』内務省地方局編纂、一九一一年二月）、四頁。

〈**59**〉Friedrich Meinecke, *Die Idee der Staatsrason in der neueren Geschichte*, Munchen, Oldenbourg, 1924. 菊盛英夫・生松敬三共訳『近代史における国家理性の理念』（みすず書房、一九七六年）。

第二章　憲政と自治の関係構造——団体の論理

第一節　立憲君主制における社会的紐帯

1　国家機関としての天皇と議会

本章では、一木の国家論の性格を明らかにするために、日本の近代国家の統治回路を性格づけた代表的な研究者である丸山眞男の見解を検討することからはじめたい。この基礎的な作業は、一木における政治的主体性と中間団体の評価を理解し、彼の国家論と国法学理論の体系性を検証するために重要である。一木における政治的主体性の問題は、彼の国法学解釈が天皇の地位と統治行為にいかなる法的性格を与えるのかという問題設定から試みることが肝要であろう。

第一節第一項では、一木が生きた時代のなかで、彼がどのように天皇の法的地位と権限を法制度のもとに規定し、それらを議会と関係づけたのかという統治原理が分析の中心となる。第一節第二項では、一木の国家論における団体の存立を支える構成員の心理的拘束に着眼し、法規範における慣習のなかでもとりわけ推譲の徳目の社会的機能を検討する。次に第二節では、中間団体の問題が、一木が注目する民衆自治の概念と市制町村制における団体の社会的機能にかかわる主題であり、彼の統治構想とその理論的な実効性を判断する重要な論点でもあるため、自治団体の概念とその実際的な展開に焦点を当て論及することになる。

（一）中間団体論から国家論へ

近代日本における農村自治の振興は、しばしば民衆の主体性と結びつけて評価されてきた。これまで多くの論者は民衆の思考様式を、村落共同体に埋没する自我という観点から、「近代」に到達しえない実質的要因として批判した。その典型は丸山眞男による「『仲介勢力』の排除が庶民の能動的参与なしに、まさに『仲介勢力』を構成する分子によつて遂行されたといふところに近代的国民国家の形成のための維新諸変革を決定的に性格づける要因があった〈1〉」という見解である。

この丸山の見解は、近代日本の構造的矛盾が日本のファシズム的状況の本源的な根拠として把握され、村落共同体の残存と権力集中の未完において結晶する。

前期的国民主義思想に於ける「拡大」契機のかうした脆弱性は封建的「中間勢力」の強靱な存続を許すことによつて、また却つてその「集中」の契機をも不徹底ならしめたのである〈2〉。

「仲介勢力」であれ「中間勢力」であれ、丸山が国家と個人の中間にある団体の社会的機能を念頭に置く以上、用字の違いは問題ではない。中間団体論で重要なのは、体系性をもつ統治構造において、政治的主体性がどのように存立するのか、その要因を問う分析の視角であり、政治的参与においで行為者がどの程度の作為を実行しえるのかという問題設定である。

丸山によれば、日本の村落共同体は、早急な近代国家建設を達成するために解体されずに温存され、多元的な様相のままの伝統的な秩序形態が明治政府によって社会の安定のために援用されたという。丸山が封建的残滓として批判した村落共同体は、市制町村制（一八八八年制定）では、「国家ノ統一ヲ失ハスシテ国民皆其部落ニ依テ団結ヲ為スモノナレハ之レヲ統合スル所ノ国家ハ倍々其基礎ヲ固クスルノ理ナリ〈3〉」との根拠から、国家の基礎を強化する社会的紐帯の範型として積極的に捉えられた。しかし丸山においては、この村落共同体の存立が、近代的な国家機構にて到達できない日本の統治回路を性格づけるメルクマールになっている。彼にとって、日本に政治的主体性が顕現するには、たとえ現実の民衆の生活の場が村落共同体にあっても、それを解体しなければならない。それ抜きに、日本において近代を達成することはできない。丸山の立論には、統治の側に立つ者が自然的秩序を管理統制することによって政治的作為の領域を確保し、近代合理主義に基づく統治機構を構築すべきとの理論的傾向がある。

したがって、たとえ国家と共同体の関係が歴史のなかで育まれた文化と精神の内的統一、いわば世界観の問題であっても[4]、丸山の観点からみれば、現実に人々が生活を営む村落共同体の存立は、近代国家の構築期における権力集中にとって大きな障害となる。明治維新を絶対主義の成立の契機とみる講座派の立場からすれば、絶対主義国家が確立してはじめて市民革命が到来する。この視座から、丸山は封建領主から領土や物理的強制力などを国家へと一元的に集中させ、あらゆる多元的な封建的中間勢力を解体する近代国家の確立を主張したのであった[5]。

しかし日本は、丸山がいうように、各藩の権力と権威を主権者たる天皇に一元的に結集させ、この統一された国家権力を通じて旧体制と連続する村落共同体を解体しなければ、近代国家を構築することができなかったのだろうか。丸山や藤田省三がいうように、絶対主義国家の確立が、日本の近代を成熟させるための否定的媒介の役割を果たすべきであったのならば、国家元首としての天皇の権限および地位、つまり天皇の政治的主体性を明らかにする必要があろう。

(二) 天皇と「統治権ノ主体」

本節では、一木喜徳郎の君主論を彼の法理論に遡り検討する。分析は、一木が捉える統治主体の性格を明らかにするために、彼の国法学における天皇の法的地位の問題に限定する。この問題を検討するにあたって、まず冷静かつ聡明なだけではない次のような彼の認識に着目したい。

個人の力に重きを置いて国を治めると云ふことになれば、時としては今日の如く法律づくめの世の中より以上の立派な有様を見てとることが出来るかもしれない、併しながら左様な有様を常に期することは出来ない。伊尹、周公の如きものは何時の世にもあると云ふことにいかない〈6〉。

この見解は、有徳なる為政者個人による統治についての一木の考え方を知るために、我々に興味深い示唆を与える。ここで一木が想念する周公は、西周に安民の原則に則して礼楽を制定した政治家であるといわれる〈7〉。漢学思想の影響を受けた統治原理は、一般に一人の為政者の道徳的修養と統治行為が無媒介に連続する、道徳を統治の基本とする王道の統治である。したがってこの王道の統治原理は、旧来の慣習と為政者の人格に深く依存する。しかし一木の法理論は、統治原理を「人の支配」から「制度の支配」へと着実に転換させようとする、近代国家の構築の必要を論じる。それだけでなく、「明君賢相が常に世にあれば、国民の協翼参賛を俟たずとも、立派に政治が行はれるかも知れぬ。併ながらたとひ如何なる立派な人があつた所で、一人の力は限りあるものである〈8〉」というとき、彼の法理論には、為政者の単独の力は共同の力に及ばず、国民の協賛によって統治が成立するという、絶対君主を避ける統治原理があることを見逃すべきではない。ここで一木は、周公のような卓越した個人が徳に基づいて民を等しく治めるのではなく、実定法に制限される統治者の統治行為を主張する。彼には、いかなる行為主体であっても法の規制を受けるという法理解がある。

一木は、周公が作り上げた道徳的秩序を範型に、天皇が聖人君主として国を治めるような政治的主体性を構想しない。では、一木は近代法の受容において、どのような天皇像を構想し、その地位に法的根拠を与えるのだろうか。大日本帝国憲法がドイツ国法学説を採用している以上、ドイツ国法学の受容という時代的要請との連関のなかで、日本の国法学における政治的主体の概念構成を検討することが重要である。彼は漢学思想の素養とドイツ国法学理論という二つの価値体系を基に政治的主体を構想するのだから、その法理論を看過すれば、国家論も理解しえないだろう。それだけでなく、一見、法理論に基づく合理的な統治理論と矛盾するように見える報徳思想を基底にする、彼の統治構想をも矮小化されてしまうことになるだろう。

ここからは、一木の主著『日本法令予算論』（一八九二年）が刊行され法科大学で国法学を担当した一八九四年頃に遡り、天皇の地位の法的根拠を、国家法人説との関連から検討することにしたい。本書の執筆には、「国家の法制中実際に緊切なること予算法の如きハ少なく政治上の意見と国法上の法理とを混合淆するの恐あること亦た予算法の如く大なるハなし〈9〉」として、立憲政治における「政府権力の濫用」の制限と「議会の予算議決権」の限縮をめぐる国家の進運の問題を扱う意図があった。我々は、法制史における一木の学説の性格それ自体ではなく、政治的主体性に射程を限定し、一木の憲法解釈、とりわけ天皇の法的地位の問題に焦点を当てながら、必要な限りの例証として伊藤博文『憲法義解』（一八八九年）と穂積八束「帝国憲法ノ法理」（一八八九年）の法文解釈を扱う。

一木の国法学の基礎には、イェルネック（Georg Jellinek, 1851-1911）の法学説を受けた国家自己拘束説がある。一木は、末岡精一の後任として一八九四年九月から法科大学で国法学を担当した講義ノート『国法学』のなかで次のように論じる。

> 国家ハ、如何ニシテ国法上ノ人格ヲ得ルモノナルヤ。如何ニシテ一ノ事実タル国家カ、一ノ法人トナルヤ。即チ他ニヨラス。国家カ自己ノ意思ヲ以テ其事実上ノ権力ヲ制限スル結果ナリ。国家ノ権力ハ、一ノ事実トシテハ、本来無制限ノモノナリ。乍然国家自ラ其組織ヲ一定シテ、自ラ其権力ヲ行フノ機関及方法ヲ制限シテ、一定ノ範囲内ニ於テハ、臣民ニ意思ノ自由ヲ与ヘテ、国家自体モ一定ノ方法ニヨルノ外、此範囲ヲ侵スコト能ハスト定ム。於是臣民又国家ニ対シテ、権利ヲ有スルコトヲ得。国家又臣民ニ対シテ、権利ヲ行フコトヲ得。私法上ニ於テハ、国家モ臣民モ等シク同一ノ法規ノ支配ヲ受クルコトアリ〈10〉。

一木が近代法理論を学ぶために留学した一九世紀ドイツの国法学では、国家有機体説が学説上、強い影響力をもち、国家はあくまで自立的な総体として人格を備えた団体であるとされた[11]。一木が法理論として国家機関の法的権限を論じるのは、国家内の統治の回路を制定法によって正統化するためである。

この一木の国法学は、鈴木安蔵によれば日本の憲法学史上もっとも早い体系性をもつが、美濃部達吉などの他の憲法学者と同様に、国家の存在意義やその由来への論及はなく、法理論の形式的解明に主眼が置かれる[12]。一木にとって、国家の成立や発展は社会学が対象にするテーマであり、国法学の対象ではなかった。彼の国法学が論じる国家は、あくまで法的に性格づけられる次のような概念である。

> 人ノ集合体ニ於テハ、其元素ハ、常ニ新陳代謝スルモ、集合体ノ為メニ決シテ消滅スルモノニアラス。君主ノ変更アルモ、集合体ハ、継続ス。政体ノ変更アルモ、集合体ハ、生存ス。此事実ハ、決シテ一片ノ法理論ヲ以テ抹殺スルヲ得ス。……国家ハ、治者ト被治者ト一体ヲ為シ、無数ノ各個人ヨリ成立ス。而カモ各個人ノ生活ト独立シテ、永久ニ生存スルモノナリ。此ノ意味ニ於テハ、国家ハ一ノ有機体ナリト云フモ可ナリ[13]。

一木にとって国家は、「独立ノ意思」をもつ「治者ト被治者ト一体ヲ為シ無数ノ各個人ヨリ成立」する有機的な「人ノ集合体」である。一木の法理論によれば、国法学は、「一ノ事実タル国家」から得られる法規則の学であり、それら多くの規則を整序する目的をもつ。さらに本来、国家は超法的な存在として無限の権力をもつが、法律に自身の意思を従わせることによって法の支配のもとにある。

一木は、『日本法令予算論』のなかで次のように国家と君主を明確に分化し、君主を国家の一機関であると明言した。

> 議会の議決と元首の裁可との間に介在するものハ、唯元首か法律を裁可するの決意のみ。然れとも、此の決意ハ、直に国家の意志を確定するものと認むるを得さるなり。抑も、元首ハ、国家の機関にして、国家自体に非す。是れ学者の意見を同しくする所なり[14]。

この一木の見解は、大日本帝国憲法第一章にある天皇の大権事項についての法解釈である。

> 第一条　大日本帝国ハ万世一系ノ天皇之ヲ統治ス
> 第二条　皇位ハ皇室典範ノ定ムル所ニ依リ皇男子孫之ヲ継承ス
> 第三条　天皇ハ神聖ニシテ侵スヘカラス
> 第四条　天皇ハ国ノ元首ニシテ統治権ヲ総攬シ此ノ憲法ノ条規ニ依リ之ヲ行フ

第五条　天皇ハ帝国議会ノ協賛ヲ以テ立法権ヲ行フ
第六条　天皇ハ法律ヲ裁可シ其ノ公布及執行ヲ命ス
第七条　天皇ハ帝国議会ヲ召集シ其ノ開会閉会停会及衆議院ノ解散ヲ命ス
（以下省略）

この天皇の大権事項を規定した条文から、我々は政治体制を次の二つの性格によって捉えることができる。一つ目は第三条の「神聖ニシテ侵スヘカラス」という天皇の無制限の地位から絶対君主制を、二つ目は第四条の「憲法ノ条規ニ依リ之ヲ行フ」という天皇の制限された権限から立憲君主制を見出すことができるだろう。ここでは、先の引用から一木が第四条の解釈に主眼を置き、政治体制を立憲君主制と規定していることを確認しておきたい。

一木によれば、憲法は「二千五百年来日本人民の頭脳に浸染し万世に亘りて決して摩滅すること能ハさる国法上の一大原則を確認し〈15〉」、その制定以来、天皇と臣民の関係を、実力および信仰上の高貴なる神格的権威の関係から法的関係に変えた。一木がラーバント（Paul Laband, 1838-1918）に依拠しながら「法律とハ一国の法に与ふるに君主に対しても侵すへからざるの効力を以てする所の国家意志の行為なり」というとき、彼はラーバントがいう法の形式的効力によって、天皇と臣民を法律の客体とみなす〈16〉。つまり憲法に基礎づけられる法秩序では、法の承認においてのみ、天皇は公権力を行使する特権をもつと考えているのである。

この一木の憲法解釈は、「天皇ハ即チ国家ナリ〈17〉」という穂積八束の憲法解釈とは明らかに異なる国家論である。

第一章（大日本帝国憲法の第一章――挿入引用者）ニ掲ケタル天皇ノ大権ハ、政府ノ諸機関及臣民ニ対シタル命令ナリ。天皇自ラ働ラキノ区域ヲ定メタル者ニ非ス。是レ白耳義抔ノ憲法ト全然性質ヲ異ニスル所ナリ。人或ハ此憲法ノ条規ニ依リ、之ヲ行フト申ス明文ヲ解シテ、天皇ノ大権ヲ制限シタル者ナリトスル者アリ。然ルニ、我国体ニ於テハ、主権者ハ、即チ天皇ナルカ故ニ、此ノ或者ノ説ヲ以テ推ストキハ、此明文ハ、主権者ヲ制限シタル者ナリト看做サヽルヘカラス。夫レ制限セラレタル主権ハ、即チ主権ニアラス〈18〉。

穂積の君主主権説による「天皇ノ大権ヲ制限シタル者」への批判は、その論理構成からいって、一木が依拠する国家自己拘束説に対する批判である。穂積によれば、天皇は法規に制限されない統治権の主体であるから、憲法第五条にある議会の協賛なくして法律を制定しうるという憲法解釈になろう。しかし一木は、天皇の「統治権ノ総覧者」としての法的権限を国家機関の機能において捉え、統治権の主体は天皇ではなく国家であると論じる。

統治権ノ総覧者トハ、統治権ノ主体ト云フ意味ニアラス。統治権ノ主体ハ、国家ナルコトハ、統治権ノ観念ニヨリ明ナリ。統治権ノ総覧者トハ、統治権ヲ行フ機関ト云フ意味ニアラス。統治権ヲ行フ機関ハ、千差万別ナリ。是等機関ハ、皆統治権ヲ総覧スルモノト云フコトヲ得ス。統治権ノ総覧者トハ、統治権ノ行用ヲ統フル国家機関ノ意味ナリ。

（……）

統治権ノ総覧者ハ、必スシモ常ニ、間断ナキ活動ヲ要セス。必スシモ、間断ナク成立スルヲ要セス。乍併国家ノ生活ハ、一日モ休止スルコトナキモノ故、国家ニハ、外ニ対シテ常ニ間断ナキ生活ヲ代表スル機関ナカルヘカラス。此ノ如キ機関ハ、則国家ノ行政ヲ総括スル機関ニシテ、之ヲ一国ノ元首ト云フ[19]。

穂積とは異なり、一木によれば「統治権ノ総覧者」として憲法第四条に規定される天皇の法的権限は、天皇を「国家ノ行政ヲ総括スル機関」とみなすに過ぎない。一木の法理論で注目すべきは、君主を有機的な国家から離れて存在することのできない国家機関と規定することである。彼は国家に人格を認め、統治者の恣意的な意志に基づく統治行為を国家機関の行為として法的に規制する。彼は国家の外部に絶対者としての君主を想定することを否定し、君主の無制限な統治行為も、国家が君主の所有物になることも、いっさい認めない。

一木の国法学は、こうした国家法人説の提唱によって国家権力の法的性格を明白にしただけでなく、絶対君主制への道程を予防する法的根拠を提示したという点で、立憲君主制の確立に貢献した。形式論理的な憲法解釈によって天皇の統治構造を理論化した一木の学説は、その後の天皇機関説に至る国家法人説として先駆的な立憲思想だった〈20〉。

（三）議会と一般利益

しかし一方で、我々が一木の国家論について注意すべきことがある。それは議会への評価である。彼は統治権の主体の観点から、立憲君主国《konstitutionelle Monarchie》と君民同治国《parlamentarische Monarchie》の区別そのものを否定する。

君民同治国ニ於テハ、統治権ヲ総覧スル者カ君主ト議会ナリ。専制君主国及立憲君主国ニ於テ統治権ヲ総覧スルモノハ、君主ナリ。英国ノ如キ君民同治国ニ於テハ、国家ノ統治権ヲ総覧スル機関ハ、君主ト議会ナリ。所謂、国会ニ於ケル君主ノ権力ハ、広クシテ及ハサル処ナシ。又之君主ハ、数多ノ事項ヲ其大権トシテ掌握スルニ止マリテ、専ラ統治権ヲ総覧スルモノニアラス。法律ハ、君主ト議会ト共ニ定ムル所ノ命令ニシテ、君主ノ専ラ発スル命令ニ非ルナリ〈21〉。

一木にとって、立憲君主制の問題は議会に統治権が分有されるかどうかの政治システムの問題だった。一木は『憲法義解』（一八八九年）の憲法第四条に対する次の解釈を批判する。

統治権ヲ総覧スルハ、主権ノ体ナリ。憲法ノ条規ニ依リ之ヲ行フハ、主権ノ用ナリ。体有リテ用無ケレハ、之ヲ専制ニ失フ。用有リテ体無ケレハ、之ヲ散漫ニ失フ〈22〉。

「統治権ノ主体ハ国家」とみる一木は、「統治権ノ体ハ唯ニ議会ニ属セサルノミナラス又君主ニモ属スルコトナシ〈23〉」として、君主にも議会にも統治権の主体の地位を認めない。だがそれだけではない。一木には議会に対する強い危惧があった。

一木は、一九〇二（明治三五）年に刊行された竹内友二郎『議会革新論』の「序」にあてて、議会の現状を次のように論じる。

代議制度の本邦に行はるゝ日未だ久からずと雖も、百弊既に其間に萌芽し、議会は、動もすれば利を争ひ欲を闘はすの傷《ママ》とならんとするの勢なきに非ず。選挙人も亦往々選挙の権利なるを知て、公職なることを知らず。人を選ふに財を以てして、能を以てせず。利を要し、賄を邀へ、選挙に挑む猶市に賈ふかごとし。蓋し人情の趨き易き所なりと雖ども、抑も又議会の国家機関たるの理、未だ人心に徹せざるの到す所ならずと謂ふべからず。是豈信に代議制度の原理を再思すべきの時に非ずや〈24〉。

こうした議会に対しての現状認識について、我々は、被治者たる臣民が政治に関与すべきではないという観点から一木が代議制自体を否定しているとは、ただちにいうことはできない。ここで注目すべきは、一木が代議制の運用の仕方、いわば一般利益がいかに構成されうるのかという問題から、選挙人が「財を以てして能を以てせず利を要し賄を邀へ選挙に挑む猶市に賈ふかごとし」と捉え、その課題を利欲の膨張に求めていることである。この視角は、報徳思想における利欲の調整という問題系に直接むすびつく社会規範の課題である。さらに彼は政党による恣意的な憲法解釈を次のように懸念し、学術的な憲法解釈の必要を主張した。

憲法の解釈を以て党派の主義に混するの害ハ、今更めて之を言ふを待たさるなり。希望を以て現実と混同し、政治上の意見を以て憲法の意義と錯乱し、牽強附会して以て党派交々相責むるに違憲を以てするに至てハ、国家の綱紀を確定するの憲法は、却て将に秩序を紛擾するの具とならんとす況んや。又た憲法解釈の論争に熱中するの結果は、徒を偏理に走りて国家経綸の大事を謀るに余地なからしむるをや〈25〉。

こうした一木の見解は、第一回帝国議会における憲法解釈の党派問題を背景に、「法律は独冷淡の推理に因て其の正解を求むることを得へし政治の熱情を以て之を解釈するは真正の法理を得る所以に非さるなり〈26〉」という国法学の立場から主張された。だが我々は、岩村等がいうように、

「一木は政党による憲法解釈を認めない〈27〉」とみなし、一木が議会を軽視していると論じることはできない。ここで示される一木の政党への態度は、政党による恣意的な憲法解釈への危惧であり、政党による憲法解釈そのものを否定したのでも、まして議会を軽視したのでもなく、「法律の解釈と政論との錯乱を生したるハ日本国法学の発展せさるか為にして而して日本国法学の発達せさるハ未た時日の足らさる……立憲制度の初期〈28〉」に、「国家の大典」である憲法解釈を論理的に探究すべきことを提唱したとみるべきであろう。さらに岩村は、一木の「法律概念」を法律と命令の効力の相違に注目して論じるが、一木の関心はそもそもドイツ国法学を援用した国家機関の法的性格と権限の論理にあるのだから、一木の法理論に内在した国家概念や法規範の観念を把握せずに、外在的に「ドイツ国法学に対する一木の誤解」や『憲法義解』に対する「一木の的はずれな批判」を指摘したところで、一木の法律概念は理解しえない〈29〉。むしろ我々は、一木のドイツ国法学の理解とその導入を、日本近代における創造的契機として内在的に理解し、彼に固有な法理論の受容、そして報徳思想や漢学思想を基層にした独創的な国家論を究明すべきだろう。

一木は、議会と元首の法的権限に関して、次のように議会の役割を主張する。

元首か帝国議会の協賛を経すして法律を発するときは、是れ固より憲法違反の最も甚だしきものにして、議会ハ、其の憲法上の手段を悉くし、世論ハ、其の全力を集めて国務大臣を糾責せさるへからす〈30〉。

穂積の君主主権説とは対照的に、一木は元首である天皇の立法行為が議会の協賛を経ないとき、元首による恣意的な立法は憲法違反であると明言する。彼は有権者の意志を結集した議会が元首の意志を調整しながら、元首の立法行為に対抗すべきことを論じる。一木は、議会の存在理由を軽視するから「代議制度の原理を再思すべき」としたのではなく、自己の利益ばかりを気にする資本家の台頭が、一般利益に注意を向けることを阻むために、代議制度の現状を憂慮したのであった。

一木が国家を自然に生成した有機的集合体と捉える以上、彼は一人ひとりの心情が互いに自制して協合する団体の原理から、共同の利益を表出する政治的参与を理想にする。この一木の国家論には、天皇や議会の法的権限にかかわる合理的な統治理論だけではない、人心への関心がある。

それでは議会の運営に対する人心のあり様への彼の関心は、どのようにして時勢に対応していくのであろうか。先述したように、一木は一人の絶対的治者が政治的主体性を発揮するという天皇親政を構想しない。我々は、一木が代議政治の現状にみたように、道徳精神が衰退し功利が人々の行動基準になっていることへの彼の強い危惧が導き出した対応策を論じることが重要だろう。一木において、政治的主体の行動基準は法規範としての推譲の徳目に求められる。

2　法規範としての推譲

（一）プロイセンの自治団体論と日本の慣習

一木喜徳郎は「利を争ひ欲を闘はす〈31〉」議会運営の現状を醇厚なる人心の観点から批判した。彼において立憲政治は法に基づく機関の運営にある。一木は旧来の自然な慣習を人為的な法規に基礎づけ、制度に実質を備えることによって現状に対応しうる、もう一つの制度に注目する。それが自治制であった。

直接国家の為に国民が力を致し国事を直接に国民が荷ふといふのには、是亦色々の方面がありまするけれども先ず今日の立憲政治の下に於きましては、第一に議会なる機関を通して国家の政務に参与することと、自治制に依つて国民が国事に参与するといふ此二つが其重なるものである〈32〉。

一木は、「自治制発布五十周年記念会」のために開催された自治講演会（一九三八年四月一五日）の席上で、内務大臣・山県有朋（一八三八―一九二二）の自治制度理解を回顧して次のように述べる。

唯地方の行政の能率を挙げると云ふばかりでなくして、地方の公民をして、地方の公務を担任せしめ、公共心を涵養し、国事の負担に任ずる実力を養ひ、又一面に於ては、他日議会が開設になつて、政党の弊害等が中央に生じて来たやうな場合にも、地方をして、其の禍の波及を免れしむると云ふやうな考も加はつて来て、謂はゞ、自治訓練主義と云ふやうなものに基いて、地方制度を定めようとされた〈33〉。

この認識は、山県の自治制理解の延長線上にある〈34〉。一木はグナイスト（Rudolf von Gneist, 1816-1895）の自治論を援用し、「各階級ヲシテ利己心ヲ棄テ公共事務ノ為共同一致スルノ慣習ヲ養成シ憲法政法ノ基礎タルヘキ政治上ノ教育ヲ与フルノ効用アリ〈35〉」として、国民がみずからの意志によって国運を発展させ、国内の利害を調和させる活動を論じる。一木が自治に関心を向けるのは、共同生活のなかで形成される慣習の実践が、生活規範を、人々を感化し、自治への感受性を育むと同時に、国事をめぐる行動に動機づけを与えるという期待があるからである。一木が学んだドイツ国法学は、ギールケ（Otto Friedrich von Gierke, 1841-1921）の歴史法学理論を基礎にして、民族精神《Volksgeist》の所産である民衆法《Volksrecht》の共同体的な団体原理に則し、団体の歴史的かつ実際的な慣習とその形式と法を結合するものであった〈36〉。我々は、長尾龍一が論じるように、一木の国法学がイェルネックの法理論の影響を強く受けている〈37〉と指摘するだけでなく、一木が日本の歴史的・文化的脈絡のなかで、どのようにドイツ国法学を受容したのかを明らかにする必要がある。

一八九〇年、一木はベルリン大学でのギールケの国法学を聴講した。彼によれば、「独逸では前述したギルケの外に格別感服する様な講義を聴かなかった〈38〉」という。この発言には、国法学について、ラーバントに代表されるようなたんなる法技術的な統治形態の形式論に満足しない学究的な態度がある。

ギールケは団体《Genossenshcaft》の原理から国家や部落《Gemeinde》を含む広義の団体を考察した。彼によれば、団体は団体そのものに意志と法人格がある一方で、国家は他の団体に対する究極的な規制力をもつ〈39〉。彼にとって国家は「一ノ事実トシテ見レハ天然ノ法則ニヨリ支配セラル〈40〉」。この立場は、民衆生活において人々が自然にむすびつく慣習を人々の結集の論理とし、国家を自然な集合体とみなすことを意味する。

我々は、ドイツ国法学において示されるこの「天然ノ法則《natur gesetz》」への一木の理解を検討する際に、彼の報徳思想における天地の観念を想起する必要がある。西洋で nature, natur という場合、日本では自然、天然、本性と訳される。一木は「一体に経書よりも史書に親しんだ方で、それ（漢学思想――挿入引用者）は一面において理論的な思考力を養う上にも益せられ、後年法政的学問をする上にも役立ったかと思っている〈41〉」と論じる。この発言は、一木が漢学思想の着想から西洋の法概念を自覚的に受容する態度を示している。「天然」いう語彙が本来の語源や意味と異なったとしても、一木には、第一章第二節ですでに論じた天地の道理が、ドイツ国法学にある国家をも含む万物に対する根本原理としてあり、いわば彼はドイツにおける「天然ノ法則」を、それまでに学んだ漢学の知識や思想によるイメージを基準にして、国家論に援用にしているということができよう。

一木がサヴィニー（Friedrich Karl von Savigny, 1779-1861）以来の歴史法学説に即して、「現行法ノ根拠ハ凡テ国民ノ中ニ存スル道理ノ観念ニ在リ〈42〉」というとき、彼は法を実際的な慣習と形式の結合とみなしている。それでは一木は、どのような歴史的・文化的準則が国家という集合体を秩序づけると認識するのだろうか。この問題を検討するために、一木が影響を受けたギールケの政治思想と一木の政治思想との関係を、団体理論に焦点を当てながら考察したい。

ギールケは、団体《Verbände》をただ機械的に結集した人の集まりではなく、「個人と同じく心身を備えた統一的な生命体であり、意思をもつと同時に、その意思を活動において発揮しうる〈43〉」と性格づける。一木の国家概念が、統治機構という形式的な制度ではなく「人ノ集合体」と規定されていることからいって、一木が民衆の生活規範に着眼し、社会的紐帯というより広い視野から国家を捉えていることがわかる。

ドイツ国法学における生活習慣への注目は、ローマ法思想に対するゲルマン法思想の復興運動、つまりドイツ・ロマン主義の高揚と無縁ではない。ロマン主義は、カール・シュミット（Carl Schmitt, 1888-1985）が論じたように、人間生来の善への信仰一般を志向し、近代啓蒙主義と合理主義に対抗して、精神的かつ美的なものを、個々の歴史的事象の特殊性から普遍的命題へと還元する〈44〉。こうした態度には、本来的とみなされる過去への歴史的・精神的むすびつきを求める志向があり、独断的な憧憬を実現させようとする傾向がある。ドイツ・ロマン主義は、理性に基づく思考の仕方そのものに異議を唱え、近代啓蒙主義の形式的な思惟様式への反発から、すべての事象を愛や生にかかわる直感的な共同性に融解させる。しかしギールケは、法概念を人間生来の善に媒介させることによって、団体を有機的な連関のうちに性格づけた[45]。

（二）憲政自治と推譲

一木が日本における法の効力の根底に見出すのは道徳精神だった。彼は、一九〇七年七月に中央報徳会の機関紙『斯民』に掲載された「推譲の精神」という論稿のなかで、推譲の徳目を統治の観点から明晰に捉える。

> 推譲の心が地方人民の間に旺盛でなければ自治制度は到底予期の結果を収むることは出来ない。自治制は推譲を基礎とし、更に大に国民の推譲心を長養して、憲政自治の基礎を鞏固にすべき目的を持て居るのである。推譲心の基礎無き自治制は、全く死物である。精神なき制度の残骸である、是の故に自治を美事に完成らしめんと欲せば、少からざる精神の涵養、徳義の完成が必要である。殊に一切の議員一切の名誉職に在る者が、各自の地位を誤解することなく、従来一般に誤認したるが如き利益代表の観念を一掃して、全く私利私益を抛却し、一に公益に竭して、献身の誠意に出づべしとの覚悟ありたき者なり。推譲と

いふは方今の流行語でいへば、献身の誠意を捧ぐるといふと同じい事である。自治制の根本たるべき真精神が尚甚だ不明白なるを惜む〈46〉。

一木によれば、「憲政自治の基礎」には推譲の実践が必要であるという。この推譲の徳目は、すでに論じたように、報徳思想の四大要文の一つであり、日々の生活のなかで分度を定めて余剰を自身と近親の将来のために、あるいは共住者のために譲る生活規範である。一木は、民意を代表すべき議員や村落共同体の自治行政の一端を担う名誉職が、公益のために利欲を自制し、「全く私利私益を抛却」することで全体に奉仕する、特権者の献身を要請している。

このように、一木は現実を照準にした規範意識の通俗性に関心を向ける。これまでの研究は、一木が重んじる推譲の徳目の涵養のなかに支配のイデオロギーを看取し、その恣意的な統治者側の権力の論理を批判した。有泉貞夫は、当時内務大臣であった平田東助と内務次官の一木が「一国一家を前提に推譲の拡大解釈を万能薬のように国民に無造作に押しつけた〈47〉」と論じるが、我々はこうしたイデオロギーを指摘するだけの見解からは距離を置き、「一国」と「一家」という異なる次元において、一木が唱える推譲の徳目がいかに機能し、どのように二つの団体を連関させるのかという、国政と民衆自治との接合のあり方に注目したい。この考察によって、一木において、いかなる規範意識が立憲政治の秩序を支え機能すると認識されたのか、いわば二つの機関――天皇と議会――を支える憲政自治の論理を理解することができるだろう。

一木は「精神の涵養、徳義の完成」を主張し、規範的な共同生活を評価する。その態度には合法性への理解がはっきりと示されている。彼によれば、実定法は現実の共同生活の規律を形象化したにすぎず、報徳思想にあるような固有の道徳的秩序を基調にする。日常の共同生活が有機的な社会関係をしだいに義務づけるようになる慣習において、共同の利益に一致する行為は、形式的に合法なだけでは満足されない。そこでは、行為者は法律の制裁を自覚せずとも、自身の至誠や節度という規範意識に応じて正しく行動する生活が求められる。

共同生活の場の成立は、一人ひとりの行為を相互に規制するようになる。憲政における自治という法的性格が生活規範に付与されるとき、これまで慣習に基づき身分的に序列づけられた生活者の地位は、団体のなかで平準化された自治の主体として再構成される。一木の理解によれば、先に引用した「地方人民」と「一切の議員一切の名誉職」は、共同して「憲政自治の基礎」を担う自治の主体である。したがって団体の規範は、もはや地域ごとの個別的な慣習に従うのではなく、より上位の法である憲法に従って規律づけられる。この憲政自治において、名望家は自身の特殊利益を法の名において犠牲にし、実定法の法規範に服従する。一木がいう憲政自治とは、国家行政は法と命令を通じて自治団体の外部からその活動に介入するが、民衆の独立自営を侵害しないよう、国家の統制力を最小限度にとどめる統治原理である。

彼は、これまで「為政家は一種の職業となつて、治むるものと、治めらるゝ者とは、画然区別があつたのです。即ち被治者は農工商業者であつて、治者は之に関係のない人でありました。今日の制度が昔の制度に異なるのは、治者被治者の同一になつたことでありますの[48]」と論じ、新しい制度の自治の主体にとって、政治家や官吏、地方名望家、そうした地位はもはや重要ではないとする。この見解には、一木の思想に特徴的な主体像、旧来の身分階層とは違い、自治を公平に担う主体、広義の国家という有機的団体のなかで平準化された主体が積極的に見出される。

しかしこの自治の主体性は、自治を担う人々の法的地位、市制町村制で定義された住民規定と公民規定にかかわる重要な問題を我々に提起する[49]。それは、自治団体の各成員の立場が違っていても、すべての人々が互いに献身して各々の義務を果たす正統性の根拠である。一木の主張する徳義の完成を団体の成員の規範意識に確立するためには、彼らの相譲る行為に実態性を与え、その信念を永続させる何ものかが必要だろう。一木が依拠する報徳思想において、それは敬神の念だった。彼が法の効力の根拠を推譲の徳目に求めたことを考えれば、我々は報徳思想にある信仰を慣習とのかかわりから検討する必要がある。これは、一木の国法学理論と伝統的信仰の関係をめぐる重要な主題である。

報徳思想において、福住正兄（一八二四―一九二）は神々の摂理を人心の中核に据えた。二宮尊徳の高弟である福住は、尊徳がいう「天地の徳」への報いを神々の崇高という信念から解釈する。彼は「家業を怠りて、天つ神の発育し給う衣食住になるべき物を漫りに費す時は、自然天助を失い、貧窮に陥るなり。貧窮なるが故に、天恩の辱きを忘れ、道を踏まず、徳を修めず、私を逞しうして、自ら禽獣に等しき行いをなすに至る時は、彌々困窮に陥り、終に善果報を失いて、悪道に堕落すべし」と述べ、万物が生成する恩沢のために天地の崇高さと化育を説いた[50]。

福住は、杉山報徳社の結社に触れながら、神道による報徳思想の解釈を次のように語る。

> 此の誓書（「杉山報徳社社員決心書連名記」――挿入引用者）を永遠に確守し、報徳の教に違ふ事なく、朝夕に心田の荒蕪を去り、天授の徳政善種を培養し、善行の収穫を得て、普く国家に及ぼし、天意を奉じ、天威を恐れ、天に事ふるの道を勤め給はゞ、代々の祖先も此の徳により、昇天して神爵を受け給ふべく、子孫長久家門繁栄は疑ひなきものなり[51]。

福住は、報徳の実践を永遠に確守すれば、民衆の人心荒廃は解消し、村落共同体全体が繁栄するという。さらに彼が主張する徳性の観点からいえば、祖先は子孫たちの「徳に報ゆる」行為によって家の神々に昇華するのであって、子孫の繁栄の根拠はあくまでこの「天地の徳」にある。つまり彼は、祖先から受け継いだ家業の労働を、神々の摂理に恭順し、祖先の積恩に報いる規範的な生活原理に変えようとしたのである[52]。

福住の報徳思想は、祖先の積恩という民衆信仰の準拠枠から「徳に報いる」道徳的品位の修養を要請する。すなわち祖先と神々への信仰は、現世の幸福を超越論的な生活規範に還元すると同時に、信仰者と神々との内的統一を要請する。報徳思想において「神徳皇恩に報いる徳[53]」を力説する福住が、神道の解釈から天皇になんらかの神格を託すことで、祖先への恩沢が崇高な皇恩につながる信仰体系と国家元首としての国事行為がむすびつけば、道徳的品格と政治的主体性は、天皇の存立を媒介にした神政的秩序に結実するということができる。この神政的秩序のもとにあって、臣民は天皇を国家の一部分をなす機関として認識することはできない〈54〉。

こうした福住の報徳思想とは異なり、一木が自治の主体に要請する道徳的品位の修養は、神々への信仰の実践ではなく、あくまで憲政における法の摂理の基底にある義務の実践、いわば共同生活の智恵の問題であった。一木の報徳思想では、実定法と推譲の徳目は「公法全体」を支える自治行為への指令的機能〈55〉として見出される。

私は元来法律の一端を学んだ者で、殊に法律の中で公法を研究致して居る者であります。法律と報徳とは、何等の関係もないやうに思はれるが、決してさうではないのであります。二宮翁の教は矢張り今日の公法に応用することが出来ると思ふ。私は前回の『斯民』（「自治制と報徳」『斯民』第二編第四号――挿入引用者）に於きまして、自治制と報徳との関係に就き意見を書いて置きましたが、此関係は単り自治制と報徳との間にのみ存するのみならず、公法全体と報徳との間にも同じ関係があると考へるのであります。公法と推譲といふこと、は、特別の深い関係があると、私は信ずる。元来推譲といふことは、他人に物を譲るのである。金銭を譲るも推譲である、外交で譲るも亦推譲であります。元来推譲の教えというふものは、推譲をするものに対しての教えであつて、譲られる者に対しての教えではない。譲られる者がそれを権利とし、自分が当然受くべきものとして主張し得べきものではない。推譲は若し之を義務と申しますれば全くの徳義上の義務である、法律上の義務ではない〈56〉。

ここで推譲は、共同生活の一局面において、一人ひとりが為すべき義務を明確にする徳目として見出されている。一木において、立憲君主制はこの推譲という「徳義上の義務」の支えを受けて、はじめて理想的な統治が運営される。この義務は、元首としての天皇の存在を信仰の中心に据える精神によるものではない。それは社会的進化の過程において人が相互の行動基準にすべき道徳法則を、経験によって定式化したものということができる。

(三) 推譲から仁政へ

一木は、信仰の領域と法政の領域を分化することで、報徳思想と実定法の論理を、共同生活から生じる責任と義務を分担する規範精神に接合した。戊申詔書にあるように天皇が国家の一機関として高次の道徳秩序を守るべき使命を負わされたとしても〈57〉、彼の国家法人説では天皇が国家の一機関として規定されることからいって、一木における憲政自治の正統性は、徳治主義における天皇の徳性にも、神政国家における天皇の聖性にもない。その正統性は、自然な共同生活の反復による民衆の慣習にある。一木は報徳思想という民衆の通俗的な生活規範を通じて、立憲君主制を確立しようとした。

実際、一木は地方人民に要請される推譲の精神を、自治制の運営において次のような「共同の精神」と言い換える。

共同の精神が、自治制の上に、最必要であるといふことは申すまでもないことである。縦令如何に立派な市町村長が出ましても、如何に立派な吏員が揃つて居りました所が、人民に共同の精神が発達しなければ、到底自治の実績を挙げることは出来ない。又自治の実蹟の挙つたものは、即ち共同心、公に奉ずるの精神が発達したものであるといふ推断を下しても差支へないであろう〈58〉。

一木において、自治は「共同の精神」による道徳的調和に置き換えられる。ここでは、「公に奉ずるの精神」は国家行政という形式的合理性と矛盾なく機能するだけでなく、国家行政への自発的服従という心理的要因を促すという。しかし、推譲の徳目と「公に奉ずる精神」は、奉仕あるいは献身という互いに類似する規範意識の軌跡を描きながらも、前者が本来、家族や部落（＝自然村）という隣人の集まりを拠点にするのに対して、後者が「公」という想像を媒介しなければ達しえない集合体を拠点にするという違いがある。この次元の異なる二つの社会的紐帯では、その主体性のあり方にも大きな落差があるようにみえる。

一木はこの次元の異なる社会的紐帯を、ドイツ・ロマン主義が民族の統一を人々の集合意識に偏在するゲルマン的精神に求めたのと同様の論理構成から、「家」、「社会」、「国家」という集合的営為が準拠すべき「道」の問題として捉える。

推譲の道は洪大無辺、行ふ所として可ならざるはない。之を一家の経済に行へば貯蓄となり、財産となり、之を社会に行へば慈善事業となり、公益事業となり、之を国家に行へば仁政となり、社会的行政となり、其他斯の道の効益は一々数へ尽す事は出来ない。「推譲は金穀のみにあらず、道も譲らずばあるべからず、畔も譲らずばあるべからず、言も譲らずばあるべからず、功も譲らずばあるべからず」とは二宮翁の教ゆる所である。地方公民が自己の業務に費すべき時間と勤労とを割て、細となく大となく各々其才能に応じて、地方の公務に尽すのは、推譲の最も尊むべきものであつて即ち二宮翁が謂ふ所の「郷里の為に譲り、国家の為に譲る」ものである。選挙人が投票所に赴て投票するのも推譲である。地方公民が名誉職に就て其職責を尽すのも亦勿論推譲である〈59〉。

一木は推譲の徳目を、「仁政」へ至る普遍的な当為としての「道」の規範と捉えた。彼は憲政における自治の観点から推譲の徳目を「仁」の実践倫理として再解釈し、国運の発展のためにそれを普及させようとする。ここで一木は、報徳思想を媒介することにより、もはやドイツ国法学の範疇にとどまらない道徳国家論を表明している。

「仁」とは、五常（仁・義・礼・智・信）のなかの最高徳目とされる、儒教の根本教条である。宋学において思索された「仁」は、天地生成の徳であり、人間存在の根本徳目と考えられた〈60〉。「仁」は、人が心を尽くしえない利己と鋭く対立し、「仁」が政治とむすびつく場合、統治者による民衆への憐憫が政治の動因になる。「仁政」は本来、為政者の統治原理である。しかし、一木が立憲政治の統治原理として推譲の徳目を「仁政」の統治原理から主張するのは、民衆が統治者と共に、天地と自身が合一する理想的な道徳秩序を実現するために、自他を同一する社会規範の基軸を問題にするからである。

一木は、推譲の徳目に含まれる隣人への献身の精神に、民衆が団体として自主自立する観念を見出す。その背景には、近代日本における共同体秩序の弛緩への対応と同時に、もはや民衆が受動的な被治者であることは許されず、共に能動的に、一木がいう国家、つまり総体としての有機的集合体に結集することが必要とされたことを確認しておかなければならない。彼にとって、国家の有機的連関の原理は推譲の徳目であった。

一木において民衆の規範意識は、法律や行政の外に追いやられるのではなく、「全体の村民の精神」として自治制の基層にある。

制度の運用は矢張人に在りて、人其人を得なければ、制度ばかり完備しても、実行を奏する事は難しからうと思ひます。然るに自治制は多数一致して遣る事ですから、村なら村、全体の村民の精神が制度に適応しない時には、到底旨くは参りません〈61〉。

ここで重要なのは、一木がいう「村民の精神」が戊申詔書にある「醇厚の俗」として、各人の自発的協力を掻き立てる源泉とみなされていることである。彼にとって制度の運営とは、国家権力がそれぞれの地域に根ざした村落住民の慣習を自治制にはめ込むことだけではない。彼は制度を原理的に支える法の作用を「機械の力に依り、理学の力に依つて物を生産すると同じように、法に依つて人の規律を立て、収める者も過なく、治められる者も亦過なからしむる〈62〉」と論じる。

一木が提起するこの制度の問題は、その後の合理主義が進展するなかで深刻さを増しつつある物象化の問題といっていい。一木において、「法の立つて来る弊は、其精神を失つて動もすれば形式に流れ、活気を失ふと云ふことにありはせぬかと思ふ。法其自体は死物である、之を活用するのは矢張人にある〈63〉」のであり、社会の営みには人々の精神によって支えられた連帯が必要であった。ここで彼は、法則が実効的制裁をもって人を支配する効力に注目している。法は村民の精神に支えられる必要があり、慣習に対して疎遠な規範であるべきではなかった。

藤田省三は、天皇制における郷党の道徳的・情緒的結合と政治権力の機構が、互いに異質な秩序原理として矛盾しながら並存し制度化されたと分析した〈64〉。しかし我々は、藤田が示す二項対立的な近代性ではなく、西洋に由来する近代化とは別様の近代性を、地方改良運動の自治構想から解明することができるのではないだろうか。

もう一つの近代化の試みへの視角からいえば、一木は推譲の徳目という民衆心性によって基礎づけながら、ヨーロッパの制度の運用や合目的的な技術的方法を、日本の団体自治に導入しようとする。たしかに、一木が「村民の精神」を主張するとき、彼の思想には、「上下心を一つにして国家のために尽す〈65〉」国民の理想がある。しかし、彼にとってこの国民意識は、支配のイデオロギーからではなく、村という特定の集団でも一部の篤志家だけでもない、すべての生活者として平準化された村民が共有する慣習から性格づけられるべきものだった。

一木によれば、推譲の実践は慣習として公的領域における活動に結合する。次の国家と慣習法の関係は、一木の国家論を明瞭に示している。

国家ハ、一国内ノ法規ヲ設ケ、国家内ノ秩序維持権ヲ有スルノミナラス、又其職務ヲ有ス。故ニ、国家ハ、其意思ノ働ニヨリ、全ク慣習法ヲ禁シ、又ハ、之ヲ制限スルコトヲ得。又ハ、現在ノ慣習ヲ廃止変更スルヲ得。然ルニ、国家ハ、或場合ニハ、此権ヲ実行セス、慣習カ国民ノ精神上ニ有スル勢力ニヨリテ、各権利主体ノ間ノ関係ヲ定ムルニ一任スルトキハ、国家ハ、此消極的挙動ニヨリ、慣習法ヲ黙認シタルモノト言ハサル可ラス。慣習ハ、国家ノ此黙認ニヨリ法規タルノ効力ヲ有ス故ニ慣習法ハ国家ノ行為ヲ束縛スルコトアルモ、国家カ任意ニ束縛ヲ加ヘタルニ外ナラス。如斯慣習法ハ、国家ノ黙認ニヨリ、効力ヲ有スルモノニシテ、国家ノ意思ニ反シテ効力ヲ有スルコトヲ得ス〈66〉。

一木の思想について、家永三郎は、一木が「国家権力の権威は無上」とみなす行政官僚の立場と国法学者の立場が混濁した典型として次のように論じた。

法と国民との結びつきをかように消極的にしか評価できず、国家の立法権のみを強調する一木の思想の根底には、人民の意思への配慮を欠いた絶対主義官僚の思考様式が横たわっていたのであり、その結果せっかく比較的広くかつ強い権限を認めた議会の性格・機能についても、最終的にははなはだ消極的な結論に導かれざるを得ないことになってしまう〈67〉。

先述したように、一木がいう統治の主体は国家という集合体であり、天皇ではない。家永は、一木の思想に「絶対主義官僚の思考様式」を看取するが、この見解は、国家機関である天皇に対して国家の意思に反する無制限の政治的作為を認めない一木の国家論を誤解しているのだろう。一木の国家法人説は、君主主権の絶対性を正統化する思想ではなく、むしろ天皇の権限を国家という団体のなかに閉じ込め、国家自体に主権を認めるリベラルな思想として性格づけるべきだろう。なぜなら一木の「国家カ任意ニ束縛ヲ加ヘタル」という国家意志の表現は、法人たる国家が自身の「仁政」を重んじる慈愛によって民衆生活の自由を一定の制限において黙認し、民衆の慣習を法規範として認め、人民の意志を有機的連関のなかに包み込んだものと論じることができるからである。この意味で、家永とは対照的に我々は一木の報徳思想の受容を通じた民衆心性への洞察を評価すべきである。

一木はドイツ国法学の理解によって有機的国家と機関としての天皇とを法理論的に分化し、法に則った統治行為の固有な領域を確立しようとした。また彼は、治国の根本を制度ではなくそれを支える精神に求める、秩序への感性を身につけていた。彼は立憲君主制の構築と正統化を推譲の実践による道徳的結合に求め、有機的集合体である国家の調和の基礎を理論的に捉えた。この意味で一木は、国家理性の基層を政治的主体の道徳的品位から考察したということができる。他方、彼の思想において、日本の伝統的慣習がヨーロッパに由来する自治制に接合するとき、彼の国法学は歴史性を無視した近代合理主義の受容を鋭く批判する。この文脈において、一木の国家論は報徳思想の推譲の徳目に実定法を基礎づける法規範という新しい意味を与え、民衆生活における規範意識を日露戦後の統治構想とむすびつけた、独創的な政治思想であったといえよう。

けれども、一木の憲政自治の論理には、歴史的に形成された生活慣習が国家行政に適合するよう進化するという発想があることは、看過すべきではない。次節で詳述する自治団体の再編問題は、国家による旧慣の承認と国家理性の相克を、部落有財産統一の課題のなかで顕現させるだろう。

第二節　自治団体の概念構成

1　自治構想と団体論

（一）自治の概念――独立自営

一九〇九（明治四二）年七月、第一回地方改良事業講演会が三週間にわたって開催された。その最終日の三一日、一木喜徳郎は、地方改良を提唱するなかで各地方の公官吏や篤志家に自治の概念を講じた。このとき彼は、自治という「言葉の意味がハッキリして居らぬが為に従つて自治制を運用するに就ての思想も、亦或はハッキリして居らぬのではないか〈1〉」と憂慮している。この講演で彼が語るのは、統治の末端にある町村の自治行政を効率化するために、住民に自治の精神を浸透させたいという、彼の構想に絶えず反芻される動機である。彼の講演の主意は、自治活動にできる限り明瞭なかたちを与えようとする試みであり、それ自体一つの探究であろう。

一木は、「自治といふ事に就ては、国により又時代によつて、思想が異つて居る〈2〉」として、自治原理を、フランスに由来する「国に対する独立」と「個々人の自立」の二つに区分する。彼の自治理解において、「国に対する独立」は王の専横に対する自由というフランスの特異な歴史に淵源し、また一方の「個々人の自立」は広範な原理でありすぎる。一木は、フランスでは、君主の存在と国民の観念が同じ国家形態のなかでまったく相容れず、民衆が君主を打倒し、革命を達成することによって国民主権を獲得したとみなした。この経緯から、彼にとって、これらフランスに由来する二つの自治概念は日本に適切ではない。一木がイギリスでもドイツでもなく、フランスの自治原理を主題にした理由は、フランス絶対王政が立憲制に国政運営の主導を譲らざるをえなかった二つの自治原理の史的展開に、個人の自然権という発想を見出し、それらを退けようとしたからだろう。彼のこの発想には、「国に対する独立」と「個々人の自立」という二つの自治原理に共通する思想への警戒、つまり一般利益に対立しうる個人主義的な自由を弾劾する傾向がある。一木の立場は前節で論じたドイツ国法学の有機体説であるから、彼にとって国家の成員は、有機的全体から孤立し奔放な個人であるべきではなかった。

一木は、社会事象に対処する「多数の者は皆それぞれ国民たるの自覚を以て国事を荷つて行くといふ考えを持たなければならぬ」と述べながら、次のように自治の精神を論じる。

> 国事を担任して行くといふ所の趣旨から申しますと、先づ一局部の利益に主として関係する所の事柄は、其利益に向かつて緊切なる関係を持つて居る所のものが之を荷つて行くといふことが最も適当である、又其国事を処理して行く上てに於て最も有効なる方法であると思ふのであります。利害関係の遠い者が総てそれ等のことに至るまで担任することになりますと、矢張り己などの利益に属することを先づ己が担任して行くといふ趣意には遠ざ

かつて来る訳であります。先づこれを砕いて申せば、第一に各自の利益に属することは各自がこれを処理して行くのが当たり前である。若しこれを全体からして助けてやり全体からして個人の利益に属することまでをも干渉するといふことになりましたならば、却つて個人の独立自営の精神は段々沮喪して来るのである。独立の精神が沮喪する結果はどうであるかといへば、即ち国民各個の精神が薄弱になつて来て、国民の元素たる所の国民の意気が消沈してくることになるのである。即ち延いては国家の衰頽を来すことになるのであるから、国民各自の利益に属するものは先づ之を国民各自をして処理せしめて行くことを第一義としなければならぬ〈3〉。

一木は、道路交通や学校の整備には国家の支援が必要であるが、「其各種の設備に対して最も密接なる関係の者をしてこれを共同して運営せしめて行く精神を収めることが必要である〈4〉」という。一木は「独立自営の精神」をフランス法理論にある天賦の普遍性としてではなく、前述の「天然ノ法則」に規定される団体のなかでの「独立自営の精神」として捉え、そこに団体の存在と不可分な各成員の主体性の根拠を見出した。一木が論じる自治の精神は、一定の範囲をもつ団体内において、人々の「独立自営の精神」と「共同して運営せしめていく精神」が相互に補完し合い「国民の意気」を高揚させる作用から特徴づけられる。

一木のこの自治の精神は、団体がたんなる個人の総和とは異なるという認識に立つ。彼は共同一体の事柄に対する「義務を重んずる精神〈5〉」を忘れることはない。この自治認識の基礎には、自然法と鋭く対立する立場、人間集団を生物として捉え、集団内および集団間の有機的なつながりに着目した立場があった。先述したように、一木が法人説をとることを考えれば、団体の生成に集団から離れた個人が自由に団体を選択する意志を想定することはない。この法理論において、団体は、成員の相互行為によって条件づけられ、はじめから道徳的にむすび合わされた共同生活に基礎づけられる。一木にとって、自治の精神は近代における団体と自我の存在様式の問題であり、人が有機的共同社会の一人の成員として懸命に果たすべき役割の問題であった。

（二）自治の制度化——プロイセン法制の受容

日本における自治の制度化は、いくつかの変遷はあったものの、立憲政体の基礎を成す法規として市制町村制（一八八九年に施行）にその端緒をみた。明治中期ごろからの財政基盤の拡大・確保という政府の要請においてもはや小町村は存続しえず、全国的な町村合併によって、自治制施行から半年以内で町村数は施行前の五分の一に激減した〈6〉。その理由は、一つには旧来の村落共同体の諸機能では、産業化に伴う社会構造の急激な変動に対応しきれなかったことが挙げられよう。逆の観点からいえば、資本主義の進展に対して村落共同体が不可逆的に衰退していったことを意味する。

当時の内務大臣・山県有朋のもとで制定されたこの市制町村制は、近代日本における地方自治の原型であるといわれる。藤田省三によれば、この自治制は、「官僚制的支配装置を社会的底辺まで下降させて制度化するとともに……個別村落の日常生活における心情と慣習を中核として国内社会を調和させる〈7〉」政治的機能をもつ。幾度かの改正を経ながらも、ドイツの立憲君主制的な集権体制を模範として、日本の自治制はその基本的性格を戦後の地方自治法の制定まで保持し続けた〈8〉。一木の理解によれば、憲法制定前に自治制を施行した理由は次のようになる。

此自治制といふものが、憲法政治の基礎である。……人民は先づ以て其利害の近い所の自治団体で以て、行政に当り、さうして行政の利害得失といふやうな事に習熟したり、それから行政の難易を能く知つたりして、然る後に国家一般の行政にも、始めて参与することが出来やう〈9〉。

この一木の発言にある自治の実践には、前節で記述した「憲政自治」のように、議会とは別様の仕方で国家行政を存立させる根拠の一つであり、一人ひとりが公共事務に向けた共同一致の慣習を学ぶという、いわば社会化の役割が期待されている。彼が生活慣習を歴史的形成物として法の基底に置いていたことを考えると、一木における「国家一般の行政」の理解を検討するには、一木の自治構想を徴税整理の方針にみられる内務官僚の監督・指導の介在から短絡的に集権的統治の合理的強化として特徴づけるのではなく、自治団体が統治回路のなかでいかなる位置にあるのかを慎重に問うことが重要である。彼は自治制が立憲制と不可分の一体性をもち、その由来に天皇の「共に臣民の協力に依つて、国家の進運を保持する、といふ大御心〈10〉」があったと述べる。この一木の認識においては、「国家の進運」の保持という目標に「臣民の協力」と「大御心」が矛盾することなく等しく包み込まれている。

一木はこの天皇と臣民の関係について、五箇条の誓文にある「広ク会議ヲ起シ万機公論ニ決スヘシ」という文言に基づいて、次のような自治訓練を主張していた。

自治訓練の目的が十分に達せられ『万機公論ニ決スヘシ』と云ふ御趣意に基いて、国民の世論が政治の上に反映すると云ふことは、やはり其の内容を改善することになる訳でありますし、若し公民が悉く行政のことに対して十分なる知識を備へ、公共心を発揮して、さうして各々の責任として地方の仕事を担当して行くと云ふことになれば、能率の方から言うても亦進んだものと言はなければならぬのであります〈11〉。

ここでも一木は、「国家の進運」のために、理想的な議会の協賛が自治の訓練によって達成されるという、彼が立憲政治の運営のなかで繰り返し主張する教育を、十分な行政の知識と公共心、責任感の観点から論じている。

ところで一木の自治制理解は、多くの憲法学者や内務当局者と同様に、ドイツの法学者グナイストの学説に影響を受けている。彼によれば、グナイストがいう自治とは何よりも国家事務の処理であった。

自治は自己の権利を行ふのではなくして、国家の職務を行ふのである。地方の小団体が各自の機関に由り、各自の事務を処理するに非すして、国家の委任を受け、資産教育両ながら之に適したる地方公民が、各地の小区域内に於て、国家の事務を担任するのである[12]。

ドイツ自治制では、公民による名誉職の実務が旧来の大小地方自治体の組織に合わせて配置され、国家の委任を受けた各団体が各々の自営方針によって運営された[13]。日本においては、このプロイセン法制を範型として、内務省を中心とする中央監督機関の命令や指導が確実に村落共同体へと投下される法制度であった特徴を指摘できる。

一木によれば、この市制町村制はドイツの前例を参照し、日本「帝国の歴史的国情に基づき、団体自営の主義と、名誉職をして国家の行政を担任せしむるの主義と、両ツながら之を採用して、此二原則の上に自治制を建設するにいたった[14]」。一木の認識ではそれぞれの主義を日本の自治制の基軸に据えたのだが、この政治制度の受容はあくまで日本「帝国の国情」を標榜するのであって、たんにドイツの自治制を模倣したのではない。一木によれば、日本における自治制は、歴史的、文化的なコードを帯びた仕組みである。

グナイストの自治理論に理解を示しながらも、一木が社会の原基に家族や隣保の団結心を見出すのに対して、グナイストは、社会的結合関係をただ各人の利欲のみによって特徴づける。このことから、一木は、グナイストの社会観を「偏狭に失する」として批判した。それはグナイストが、ヘーゲル国家論の強い影響から国家と社会を質的に区別し、国家をより高度の存在であるとする考えに固執したからであろう[15]。一木によれば「グナイストの説は、社会と国家とは、常に反対の傾向を持た組織であることを以て、（自治制の――挿入引用者）立論の根拠としている[16]」。けれども一木にとって社会内の利益衝突の解消は、何も国家行政だけによるのではない。彼は報徳思想に依拠して利益の抵触を調和する「中間の組織[17]」を評価するのである。

（三）団体自治の原理

本来、行政事務に対応する先に示した二原則（名誉職自治と団体自治）は、自治行政内部における諸活動を区分する実務的な性格規定である[18]。実務の観点からすれば、団体自営の主義とは団体がみずから自己の事柄を処理する自治の理念であり、一木によるとそれは次のようになる。

> 人民は先づ独立自営して行かなければならぬ。そうして人民のやつて行く、独立自営の力が及ばぬ場合に於て、始めて国家がそれを助けて行くのであります。併ながら此大きい国家が、人民に手を付けていくといふやうなことは、なるたけそれを避けたいのであります。

一個人の力に及ばぬことならば、先づ以て隣保の団結や郷党相互の力で、それを助けるといふ主義によつて行きたいものであります。郷党が相互に助けて行つても、尚其力に及ばぬ時には、更に一層大きな団体で、それを助けて行くやうにしたいものであります。さうして其力に及ばぬ時になつて始めて国家が助けるといふやうな工夫に致して行きたいのであります〈19〉。

この一木の発言から、あるいは財政膨張に直面した政府が自己の負担を自治団体に投げ出そうとする姿勢を看取するかもしれない。しかしながら一木は、一方的な中央集権的統治の立場からではなく、自治団体の国家のための自発的な献身を道徳的精神の問題とみなした。彼にとって、基礎的な自治組織の単位である団体の活動は、人々が「団体の自助的精神を助長し、此精神の活動に因て、行政の実効を収めんことを図る〈20〉」実践だからである。

一木は疲弊した村落共同体の救済をめざす「団体の自助的精神」の発想から、団体の外部に管理者なき自治団体を構想する。彼の認識では、個々人は生まれ育った家族の複合から構成される村落共同体において連帯することで各自の独立自営の能力を高め、この地縁集団の連合的活動でも力が及ばないときに、より大きな団体、つまり市町村の成員として活動すべきであった。この意味で、村治は憲政自治の補完というよりも、むしろ統合機能という積極的な意義が与えられている。一木において、個々の団体の自制と相互の信頼が欠如すれば、けっして満足な自治は望めず、国家行政の基盤も揺らぐことになる。

一木は地方の自治団体の自然な団結に注目して、明治以前の自治を次のように論じた。

人が同じ地域に集つて居りますれば自ら共同の利害が生ずる。共同の利害が生ずれば隣保団結と云ふことは、必要上どうしても生じて来る。地方団体と云ふものは自然に生れて来るものであらうと思ふ。既に其のやうに地方の団結が生じて来ますれば、時の為政者は必ず之を利用しようとするのである。即ち徳川時代に於きましても、名主だとか庄屋だとか云ふものがあつて、之が上意を下に達する、或は又租税を徴収する、それ等の中央政権の目的を達する機関として、必ず利用せられるやうになつて来る〈21〉。

彼にとって、団体とは人々が同一の生活をなす自然に生成した団体であり、人の集合体という包括的性格から捉えられる。その団体のなかでも、旧村・部落・大字と称されるいわゆる村落共同体は、自治制における社会生活の原型であり、集団にかかわる感受性の源泉である。この村落共同体はただ地縁から特徴づけられるよりも、むしろ個々の家族から構成され、成員一人ひとりが各々の祖先の意志を受け継ぎ、自身も将来その土地で祖先になる空間と時間性において捉えられる〈22〉。第一章で明らかにしたように、村落共同体の道徳的秩序に依拠する一木は、「独立自営の力が及ばぬ場合に於て、始めて国家がそれを助けて行く」として、人心の自然な思慮を尊重しながら、自治制における社会編制を家族―部落―市町村―国家という階梯的構造として捉え、自治団体の秩序原理を類的自律性に立脚して示した。この一木の観点においては、国家が自治団体を監督する場合、「自治体の人格を尊重するの精神が、監督者に必要である。監督の先務とする所は、団体の自助的精神を助長し、此精神の活動に因て、行政の實效を収めんことを図ること〈23〉」が重要であった。一木は、「国家の進運」という目標を前にして社会進化の必然を確信するが、その一般法則に解消しきれない日本の歴史的固有性を村落共同体における人的結合関係の慣習から捉え、自治団体に人格を認める。彼は一般理論からではなく、ギールケが個人と団体をゲルマン精神に淵源した道徳的な根本価値のもとに置くように、「歴史的国情」という固有な規範意識から自治原理を認めたということができる。

市制町村制の制定に関わった大森鐘一（一八五六―一九二七）は、人と金銭の中央への集中を「文化ノ集合ノ義《centralisation morale》」という観点から認識し、さらにアレクシ・ド・トクヴィル(Alexis de Tocqueville, 1805-1859)に依拠しながら「治務の集権《centralisation gouvernementale》」が「一国自主自治ノ精神、または自ラ郷土ヲ愛護スルノ心《esprit de cité》」を衰退させるだけでなく、国力をも麻痺させると論じる〈24〉。一木も、市町村における団体の活動を「人民の間に、独立自営の精神を益々旺盛にして行くに就ても、地方に於ける此小さなる団体（隣保・郷党の地縁集団、産業組合や共同組合、水利組合などの結社、青年団などの年齢階梯集団――引用者挿入）が、益々多く活動していかなければならぬ〈25〉」として、民衆生活に身近な団体という観点から繰り返し評価する。大森と一木は、自治と分権を想起しながら、固有の歴史をもつ団体の自律性と、国政におけるその尊重について思索したといえよう。しかしながら現実には、自治における団体は市制町村制による町村合併後に地方自治体として成立し、旧村・部落の区画を超えた結合体として、自治政策に対応しながら自治体内部を包摂していく。こうした町村（＝行政村）を新たに設立する一方で、部落・旧村（＝自然村）を温存したがゆえに、各成員の帰属心と社会的役割は地方自治体のなかで十分な統合にまで至らず、郷党間の対立、町村と部落・旧村との矛盾をもたらした〈26〉。

郷党間の対立が典型的に現われるのが、住民の共同所有に基づく部落有財産の問題であった。一木が内務次官として対応した部落有財産統一の検討は後述することにして、ここでは一木がどのように部落という団体を捉えるのかという問いと共に、彼の自治団体の概念を把握したい。

（四）自治団体の概念

一木はドイツ行政学を通じたフランス行政法とギールケの団体論を踏まえながら、次のようにいう。

今日ノ自治団体ハ決シテ無能力者ニ非ス……自治体ニ対スル政府ノ事務ハ、積極ニ自己ノ意志ヲ以テ団体ノ意志ニ代フルニ在ルニ非スシテ、消極ニ自治ニ由リテ、一般ノ法ト利益トヲ侵害スルコトヲ防クニ在リ。前者ハ、自治ヲ破壊スルモノニシテ、後者ハ、結局自治ノ観念トモ相容ルヘカラサル変態ヲ除クニ過キサルナリ[27]。

一木は、自治団体に対する政府の過度な干渉が団体に固有な自治を侵害することを明確に認識し、自治団体が政府に対して従属的な立場にある存在様式を否定する。ここで注目すべきは、一木が、団体を意志する主体として性格づけていることである。法理論において、サヴィニーが権利義務の主体を自然人に限定し、団体を擬制的な財産権の法人とみなした[28]のに対して、一木の団体概念はギールケに依拠した実在論の立場にあった。一木は大森との編著のなかで、地方の共同団体を、法理論によって擬制される団体ではなく実在する法人と理解する。

此二原則《自治 selbstverwaltung と分権 dezentralisation》ヲ実行セントスルニハ、則地方ノ共同団体ナルモノハ、国家ノ分子ニシテ、而シテ、自ラ特別ノ組織ヲ有シ、定限ノ職権ヲ有シ、一個人ト同一ノ権利即法人タルノ権ヲ有シ、且之カ理事者タル機関ヲ存スルモノタラサルヘカラス。其機関ハ、共同団体ノ組織ヲ整理スル所ノ法律ニ依テ生シ、其共同団体ハ、此機関ニヨリテ団体自己ノ意思ヲ発表シ、且施行シ得ルモノナリ。故ニ、財産ヲ所有シ、之レヲ授受売買シ、他人ト契約シテ権利ヲ領得シ、義務ヲ負担シ又其区域内ニ於テハ、主裁権ヲ以テ自ラ之ヲ統轄スルニ、共同団体ナルモノハ、行政上便宜ノ為メニ設ケタル区画ニ非スシテ、国家ト雖モ之ヲ侵シ能ハサル所ノ権力ヲ有スルモノトス[29]。

この自治制理解において、国家は団体を法によって規律する超越的存在である。ここで論じられる共同団体は、旧村・部落とは異なり、政府が区画して新たに設けた市町村と把握されるべきだが、我々は一木が「古来共同の生活」を営む団体に着目し、相互扶助と自然的調和の自治を主張することに注意しなければならない。では一木はどのように自治団体の能力と意志を論じるのだろうか。

先に見たように、一木はドイツやフランスへの歴史的洞察から自治の精神を見定めようとした。この歴史的・文化的文脈によってその国固有の自治のあり方を探求する立場から、彼は日本における「公同心」の歴史を看取し次のように述べる。

団体は歴史的に発達して来て居るものもある。人情風俗古来相同じであつて、古来共同の生活を営み共同の利益を以て来たものであるという場合に於きましては、其団結の基礎は甚だ堅い、堅いが故に其団体を愛するの精神が深い、団体を愛するの精神が深いが故に公同心が旺盛となる。故に公同心と此団結の堅いといふこととは原因となり結果となり互いに相関係することが深いものであると云はなければならぬのである。で内務省が此団体の配分合とかいふやうなことに頗る重きを置きまして、敢て軽々しく斯様なことをしないといふ方針を執つて居りまするのは畢竟此の趣旨に基いて居るのであります。団体は単純なる行政区画の如きものでない一の生命を持つて居るものである。又国と同じく歴史もあるものである〈30〉。

彼は公同心を団結と言い換えながら、組織編制の変化によっても同一性を失わない団体の精神を主張する。一木は自治行政に伴う統制の論理の過剰を暗に批判し、生活慣習の観点から団体の「生命」を尊重しようとする。さらに互いが扶け合う隣人のための義務から次のような団体への犠牲を見出し、それを団体の基礎を確立する「公共心」あるいは「共同心」であると論じる。

納税の義務といひ、又名誉職を担任するの義務といひ、名誉職を選挙するの義務といひ、何れも皆己れ自らが団体の一員として団体のことを担当して行かなければならぬという精神に基くものであつて、即ち己れの幾分を犠牲に供するといふ精神に出て居るものである。これを他の言葉を以て云へば、即ち推譲の精神に出て居るものであると考へられる。それで団体の基礎を固くするといふことに就きましては、どうしても此団体の為に己れの幾分を犠牲にするといふ精神がなければ出来ないことは申すまでもないのである。即ち公共心とか共同心とかいふことは是を意味するのである〈31〉。

ここで一木は、納税や名誉職の義務を公共心の問題と論じる。それは報徳思想における善種金の推譲と同じ論理構成をもつ自治の原像である。納税や名誉職という私的利益を犠牲にして団体に奉仕するには、集団規律に従ったりその団体に愛着をもつだけでは十分ではなく、成員同士が共有する規則をそれぞれが尊重し、同時に自己の為した行為の理由に明白な自覚をもたなければならないであろう。一木において、団体の成員には、団体の基礎づけのために公共心という行為の準則が必要であった。

一木が村落共同体の団結を主張するにもかかわらず、これまでの地方改良運動の研究は、宮地正人の考察に代表されるように、当時の統治者による村落共同体への評価に対して、いわゆる行政村への一元的組織化に固執するあまり、住民の秩序および連帯という共同性への分析視角を欠いていた〈32〉。この研究傾向は村落共同体を封建遺制とみなし、村落共同体だけでなく、若衆組や五人組などに代表される社会的紐帯が解体されなければ、日本は近代に到達しえないと論じる。

たしかに一木が「自治行政といつても、畢竟国家の事務を行ふの外ならぬ、国家の行政に外ならぬのであるが、其行政を行つてゆく所の手段方法が違ふといふに過ぎない〈33〉」というとき、一見この見解には自治即国家行政という等式が自治運営に打ち出されているかのようにみえる。当然、彼は内務次官という立場から、国家理性と国富の繁栄に強い関心を向ける。

しかしながら国家理性の観点から、一木の思想を短絡的に国家主義者の範疇で評価するのは性急すぎる。一木の場合にも、後述する基本財産の造成への指導にみられるように、たしかに国家の役割は重視される。だがそれさえも、あくまで団体の独立自営を主眼にした自治の内在的論理に即して導き出されるべきであった。すでに示した「大きい国家が、人民に手を付けていくといふやうなことは、なるたけそれを避けたい[34]」という彼の統治構想において、国家行政は法と命令を通じて最終審級として自治団体の活動に介入するのであって、そのため一木は人民の独立自営を侵害しないよう、人民に対する国家行政の統制力を最小限度にとどめようとするのである。

一木の憲政自治はドイツの自治理論をはじめとしたヨーロッパの自治制度を受容し、二宮尊徳の報徳社運動の伝統を接合したものであった。自治の仕組みを築くために、彼は法の強制が自治行政に決定的な成果を望めないと指摘しただけでなく、官僚政治の弊害を「人を支配することを以て、己れの職務として居るものには、時とするとそれを自己の権利であるやうに思ふといふ弊を免かれぬ」として権力の腐敗をも見抜いた[35]。この意味で彼にとっての団体自治とは、市町村（＝行政村）が国家行政によって団体の外部から統括されるのではなく、有機集合体としての国家とその構成員の個人を媒介させ、官僚的な地方統治と地域住民の統合をめざしていたといえよう。

2　納税という公共心の尺度

一木喜徳郎の国家法人説には推譲の徳目が基礎づけられていた。彼はこの規範意識が生成し実践される共同生活の場をどのように認識したのだろうか。こうした一木の共同体認識への接近は、彼の規範的価値の基準を社会的事実から理解しうるだけでなく、彼が構想する国家の目標と方向をも明らかにするだろう。そこで本節では、一木における農村自治の再編構想を検討する[36]。まず一木の発言から日露戦後の経営に関する彼の現状認識を跡づけ、彼が注目する自治団体を特徴づける。そして自治原理のなかでも団体自治に焦点を当て、基本財産の造成という具体的政策の側面から、彼の国家論を自治団体の社会編制の問題として論じる。そこでは「農村の美風」を強調する一木が部落有財産の統一を要請するとき、前節で論じた彼の憲政自治の論理が明瞭に現われるだろう。

（一）自治団体の財政的自立

一木喜徳郎は地方改良運動において、内務次官の立場から農村の疲弊を追跡した。彼は農村を、人々の道徳的結合の原型であり、国家においては財政基盤とみなす。一木は国家運営の負担増を焦燥と共に次のように論じる。

この費用の増加の趨勢は近き将来に於ては決して已まないのであります。若し已む時があつたならば、そは《ママ》国家発展休止の時であります。されば一面に於ては益々経費節約に努め、納税の成績を挙げ、同時に基本財産増殖の道を講じ、以て会計の整理を図り、而して有益なる事業を充つることが必要であります[37]。

ここで一木がいう「国家発展」とは、国内経済の繁栄と、国際関係のなかで日本帝国がみずからの威信を確保することを意味する。

日露戦後の地方改良事業は、多くの行政事務が国費から地方費に転換され教育費も増大するなど、地方の自治団体の財政的負担を著しく増加させた。全国町村総歳出における一九一一（明治四四）年の教育費の割合は、土木費や社会事業費に比べて増しただけでなく、日露戦争開戦の一九〇四年の教育費歳出と比べて約二倍になった。日露戦後の市町村財政膨張の大きな要因の一つは、一九〇七年の小学校令改正によって、これまでの義務教育年限が四ヵ年から六ヵ年へと延長されたことにある。これが必然的に教員数の増加と校舎・教室施設の拡張を促し、従来の学費無料の原則（一九〇〇年の改正以来）と相まって町村財政を窮迫に陥らせた〈38〉。市町村の予算の圧迫は、林業などの造成によって産業資本の蓄積を達成しようとする性急な要請へと指導者層を動かす。一木の認識において、国家の再構築は「自治団体の事業が漸々複雑になるに連れて、……費用の増すのは已むを得ざる事でありますから各自が費用を出して之を支弁しなくてはならぬ〈39〉」のであり、市町村からなる自治団体における校舎の建築、道路の整備、橋梁の修理・建築などは、住民の生活に直接かかわる郷土の具体的問題として、住民がみずからの裁量で負担すべきであった。

こうした自治団体の問題は、町村税増額への対応として顕現する。一木は講演先の佐賀県を例にして、市町村税の増額が一九〇六年は一〇〇万円であったが、一九一〇年には一七〇万円に増したと述べる〈40〉。日露戦争に際して支出された経費の総額は約一七億円であり、これは戦前の一九〇三年度の歳出総額の約六・五倍である。一木によれば、おもな歳出増加は自治行政に関する市町村の負債によるものであった。他方、戦時中に限られていた非常特別税は、一九〇六年の法改正以後、大衆課税の間接税を主にして戦後も引き続き賦課され、人民の租税負担は常時化し、累積した巨額の公債未償還はさらなる租税負担の重圧を人民に課した。この公債の利子支払いは年間一億円に達する[41]。

日露戦後の政府にとって、人民の負担増加は「致方なきことで、我国が世界の三四等国に下つて構はなければいざ知らず、一等国の地位を保たんには、実に已むを得ざること[42]」であった。したがって徴税の末端である地方団体の自治行政は、地方改良運動期の内務官僚にとって重要な課題である。一木が「就中最も重きを置くべきは会計である。殊に納税の成績如何は、至大の影響を及ぼすものでありますから、最も重きを置かなくてはなりませぬ[43]」というとき、彼の発言には、日露戦後経営の動機が切迫感と共に明白に打ち出されていた。会計改善の要請は、外的条件としては、帝国主義国家という日本の国際的地位と国内の疲弊という内外における実態の断絶が顕著であり、あらためて財政基盤を原理的に捉え返す必要に迫られたことから生じた。そして内的条件としては、人民と自治制度との親和性を着実に確保し、また人々がより密接な自治活動のもとで生産力を向上するために、自治精神の養成が迫られたことにあった。

先の一木の言説にある「已むを得ざる」という語りには一種の諦念が含まれる。もはや公債発行などあらゆる手段を尽くし軍費を調達し尽くした後の「国家発展」の頼みは、民衆の生産力の向上、その潜在的エネルギーに頼る徴税しかない。後述するように、統治の側からいえば、いまだ人々が納税に向けた率先した意志をもたず、資本の本源的蓄積も十分に果たしていない状況であるにもかかわらず、日露戦争後の膨張した財政整理と産業資本の造成という二重の課題を前にした内務次官の一木に、深刻な秩序の崩壊感覚を想念させたとしても無理な推論ではないだろう。

地方改良運動でもっとも重点が置かれた徴税は、一九〇八年から一九一四年にかけて実行された相次ぐ税制改正、とりわけ一九一一年の国税徴収法の改正に基づく町村住民に対する催促強化、滞納処分によって制度化された。本書では税制の記述に深く立ち入らないが、徴税は市制町村制が制定された翌年の一八八九年三月一三日に制定された国税徴収法に則り、市に対しては府県知事が、町村に対しては郡長が国税徴収事務の指揮監督を行った〈44〉。徴税事務は大蔵省の管轄による徴税機構が確立されるまで、地方行政機構に依存した。また一九一一年の改正では、手数料を含めた催促状の発布、延滞全徴収制度による強制徴収の効率化、町村に対する徴収費用交付範囲の拡大による徴税奨励の代償措置強化など、徴税の確保と効率化が図られた〈45〉。一木は徴税の意義を次のように理解する。

租税を徴収して国家の資財を備ふるも其の終局の結果に於ては皆臣民の幸福を増進するに帰着せざるものなし此の意義に於ては公共の安寧秩序を保持するは即ち臣民の幸福を増進する所以に外ならず〈46〉。

前節で一木の国家法人説を検討したように、彼がいう国家が集合体を指しているからには、集団の一部だけの幸福は臣民の幸福ではない。だができる限りの多数の臣民の幸福を増進させるには、自治団体の生産力の向上だけでなく、効率的な徴税をめざす自治行政の合理化に帰着せざるをえない。カール・マルクス（Karl Marx, 1818-1883）がいうように「租税は国家の存在の経済的表現である〈47〉」とみれば、徴税の制度化は財政危機を解決する国家保全の試みにとどまらず、国家の性格そのものを変容させる契機でもあろう。

（二）自治精神への視座

山口県内務部は、一九一〇年一〇月一〇日から一週間、第二回地方改良事業講習会を開催した。この講習会は内務省主催の第一回地方改良事業講習会の内容を受けたものであり、各県レベルにおける監督官庁の方針の様相を如実に示す事例の一つである〈48〉。このことから、我々が山口県政の動向を把握することは、内務省の政策がどのように地方行政に展開されていたのかを知る一つの例証として位置づけることができる。

この講習会は山口県会議事堂で行われ一四二名が参加した。山口県事務官が「地方財政の要項」の冒頭で述べたのは、「国家財政の膨張するときには地方団体は其財源を国家に譲らなければなりません」という地方財政に対する国家財政の優位であった〈49〉。この国家財政の論理では、住民への徴税の多くは彼らの生活に親密な市町村の予算としてではなく、国家予算——軍事費、植民地経営費、重要産業振興費など——のために配分される。

市町村の自治行政はその大半が徴税にかかわる行政事務であり、住民の税負担は、その増大に比例して滞納を招いていた。地方自治団体の納税形態についていえば、多くの町村税は、戸数割を採用していた。戸数割とは町村の戸数による制限のない賦課税であり、その基準については各府県の議定に一任される。たとえば山口県内務部では、「平素に於ける町民生計の情態を知り、戸数割の賦課標準を定むるにも、十分適当の資料を得ることが出来、徴税の上に便利を得ることが少からぬ〈50〉」という認識がある。だが実際には、戸数割は封建的遺風を継承した富限税であり、全国を通じて統一された課税標準も課税限度もないという強い批判があり、住民の不満は多数の請願運動にまで発展した。戸数割の実施においては、町村会を構成する有力地主が課税標準の算出の際に著しく不均等に課税していたために中下層民の負担は増し、小作争議、農民運動などの人民の不満と抵抗が顕わになっていた〈51〉。

一木によれば、「納税の成績面白からずして、其ため予期の収入なく、会計の紊乱を来たす」町村自治行政の状況は、「已むを得ず多額の借入金をなし、遂には負債積んで山の如く、年々其利払に汲々として他の事業に手を出す能はざるやうなことが往々にしてある〈52〉」。それゆえに地方改良運動は、滞納の矯正のために、多大な努力を伴う行政的手段によって即刻かつ急務に行われなければならないが、彼の自治構想においてこの行政事務は、法の強制力だけに任せることはできない。

内務省地方局は、一九〇九年五月七日の「平田内務大臣訓示」における「詔書の煥発ありし以来、一同互に相戒め、先ず納税組合を設けて公租滞納の弊を一掃し、吏員は日夜特に勉励して渋滞せる事務の整理を遂げたるあり」という主意に従い、各町村に行政補助組織を設置することを積極的に奨励し、滞税対策を実施した〈53〉。内務省による指導の意図には、住民の率先した納税行動だけではなく、納税意識を向上させる方針があった。たとえば納税の優良村に山口県厚狭郡玉喜村がある〈54〉。この村では町村制実施以来、国税、県税、村税について一人の滞納者もなかった。この成果の要因は、『地方改良参考資料』（福岡県浮羽郡役所、一九一三年）によると村長やその他の篤志家の熱心な活動と、「脚夫日傭稼等に従事スルモノ、為メニ使役ロヲ索メテ之ヲ与ヘ其労銀ノ内ヨリ納付セシムル方法〈55〉」を実施したことにあった。

こうした県庁内務部の方針を特徴づけるのは、菅野正がいうような上からの行政指導に対する自発的同調性や先取り性という自治団体の意欲的実務〈56〉ではない。むしろそれは、市町村にとってきわめて切実な自治行政運営の自立性を確保するために、会計を成り行きに任せる非合理的態度を戒め、地方改良をめざすよう地方公官吏と住民の意識に自治精神を浸透させようとした点にあるのではないだろうか。佐賀県内務部は自治体の自立のために、財源確保の急務を次のように捉えている。

（町村役場の――挿入引用者）事務増加スレハ、従テ経費ノ増加トナリ、年々ノ歳入ハ、益々増加スルコトトナルヘキモ、町村ノ課税ニハ制限アリ……政府ニ於テハ、地方税ノ軽減ヲ企図セルニ依リ、制限外ノ課税又ハ、起債等ハ容易ニ許可セラレサルヲ以テ、町村ノ財政ハ、愈々困難トナルヘキナリ……課税外ニ年々一定ノ収入ヲ得ヘキ方法……唯基本財産造成ノ一途アルノミ〈57〉。

こうした基本財産造成の試みには、民衆の将来への希望と自治精神に根ざした地方改良の契機が見出される。各自治団体は日露戦後から強く要請された財政的自立を果たすべく、各成員の社会生活が充足するよう努め、基本財産を蓄積しようとしたといえよう。自発的に財源を開発する自治団体はもはや官僚的統制に服し、政府との垂直的関係のみでは把握されえない。

一木は「納税の成績は、公住民の公共心の尺度なりといふことが出来る〈58〉」と論じる。彼は「公共心」の養成が自治精神として自治体運営改良の道を開くと考えた。市制町村制（「明治四十四年四月七日法律第六十八号」および「同第六十九号」によって全文改正）においては、住民とは市町村内に住所を有し、法律・命令に従って市町村の費用を負担する義務および市町村有財産の使用と収益の権利をもつ人々の総称である。他方の公民とは、満二〇歳以上の男子にして、土地を有するか一戸を構え、市町村の公務を分任する権利と義務をもち、「地租ヲ納メ若ハ直接国税年額二円以上ヲ納ムル」（市制第九条第一項および町村制第七条第一項）者を指す。この公民だけが公務の辞退に制裁のある名誉職に就くことができる。その後の衆議院特別委員会での一木の説明によれば、市制町村制の全文改正理由は、規定の不備と法文の不明瞭を修正することにあった。多くは字句の修正であったが、なかでも明記すべきは公民の納税要件の修正と被選挙権の欠格条件の緩和である〈59〉。

一木にとって納税は、人民に自治の経験を与えると同時に社会生活との接点を自覚させる契機である。町村では、公民であれ住民であれ、およそ財政政策において利他主義によらない事業はない。まして納税は公住民にとって町村の暮らしを保障する重要な財源である。彼は推譲の精神と同じ論理構成を取りながら、公住民が、個々の私的な利益よりも各々が等しく属する自治団体の公的な利益に、そして最終的に公住民の奉仕は国家の利益に寄与するという義務感を、納税の実践を通じて内面化するよう期待した。彼の認識において公民と住民が共同の利益を媒介にして平準化されていると指摘することは不可能ではないだろう。

この平準化の論理は、一木が主張する「公共心」という、人々が共同の利益に協力する意欲や支持、人心の去同という心的傾向から理解することができる。越智昇は、一木の名誉職への注目から彼の自治制理解の明快さを指摘し、一木の論旨を次のように論じる。

地方自治体はあくまで国家政治の下位組織体であることを一層きびしく再確認して、地方自治体がその基準に最も忠実に機能するようにきびしく矯正監督することが宣言される。

これこそ新しい地方制度がねらった支配原理の貫徹である。しかも前述のように、そのように地方自治体を機能させるための下位組織体の指導は、いかにも脱権力支配をにおわせるように帰嚮原理的な名誉職支配をうたいあげた。一木の論旨はこのように、本質的には支配原理の確立であるが、地域の帰嚮原理と連動させることによって実に巧妙に構成されている(60)。

この越智の考察は、一木が官僚から「地域生活者のうちの篤志家や有志」に地域支配を担当させ、責任者を慕う伝統的な帰嚮原理の確立をめざすと論じる。この見解は、民衆心性の観点から名誉職の評価と地方行政改革の接合点を的確に指摘するが、地方自治における社会的結合を検討する場合、いわゆる名望家への住民の尊敬や愛着と、自治団体に帰属する意識を分けて考察することが必要である。自治団体にむすびつく人々の意識を理解する際に注意を要するのは、特定の人物に注がれる情緒が一種の強制的な拘束力をもち、団体を専制的状態に陥らせることがあるからである。我々が自治精神という内発的な意志を考察するときは、自治の主体の無制限な感情がどのように規制され、いかに公共心が形成されるのか、こうした理性的な意志の働きをみきわめることが重要であろう。

地方改良運動における町村の多額な借金を生み出した要因は、一木によれば納税負担額でも税制度の仕組みでもなく、次のような「公共心」の問題、いわば人々の自治行政に対する義務にある。

納税の義務は、自治体の柱となるべき大事な義務であります。然るに其実如何をみますれば、各地方共頗る遺憾な状態に在るといはなければならないのです。……是は其自治団体の住民が、公共の為に尽すや否やを見る第一の試金石です〈61〉。

一木は納税を、公共を自覚する一つの基準とみなす。彼にとって滞納の事実は、そのおもな社会的要因が地主と小作人との間の境遇の不平等にあっても、納税者が公共のために奉仕しない誤った生活態度の問題に収斂される。この意味で納税は、実際に生産する小農小作人を恒常的な貧困に陥らせる。一木によれば、「自治制に在ては、義務は主であつて権利は従である。義務あつて之に伴ふ権利があるので、権利があつて義務が之に伴ふのではない〈62〉」。この自治制の権利義務関係において、納税のために通俗道徳の勤労と節約が為されれば、それらは公共心の実践を表わす徳目へと転回するのであった。

一木と共に地方改良運動の中心で活動する内務官僚・井上友一（一八七一―一九一九）は農村振興を論じるとき、「公共心といふ偉大なる道義心をして国の富、地方の富を増殖する時は其進歩発達は速である。又一人で富を作るのと其差非常なるものである〈63〉」として、道徳の実践を「富」が拡充する契機とみなす。彼もまた一木と同様に、民衆心性の奥底にある規範意識に協働生産を支える主体性の拠り所を求めている。さらに井上は西洋列強との競争に触れながら、「農村の進歩改善を図るには、先ず其精神から改めなければならぬ〈64〉」と論じる。この井上の発言は、農村社会における精神修養という内務省の共通課題を示す。

それでは、一木の自治の構想にはどのような独自性があるのだろうか。一木は他の内務官僚と同様に農村の過酷な状況に対処しようとするが、その焦点は他の論者とは違って、農村が国家経済の基盤であるという前提からだけではなく、独立自営する自治団体からなる社会編制に対応する自治の精神を見定めようとしたことにあるのではないか。

公共のために拠出される生産の余剰は、一木において、比較的狭い親密な生活空間に限られれば自身から隣人へと循環しうるが、それが部落→市町村→国家へと渡り、国家から住民へと反転するとき、その余剰の恩恵は福利向上の欲求と共に住民に共有されることが理想とされる。しかしその反面、「生活事実」が彼らにとってどんなに住民の境遇を改善しうる公共的なものであっても、それが国家的利益に適さなければ、私的利益として劣位に置かれることは見過ごすべきではない〈65〉。

実際、一木は「国家は大に茲（経済の発展――挿入引用者）に力を尽して往かなければ、国と国との間の競争に於いて国家の進運を維持して往くことは到底できないのであります。随て今日の道徳は、経済界の発展と衝突することなく、相容るべきものでなければならぬ」と論じる〈66〉。しかし同時に一木は、農村の住民が道徳を基準にして、みずからの生活の足場から主体性を押し出す契機を模索する。

一九一一年五月、一木は当時「産業進歩の程度に於て屈指の先進県」であった福岡を視察した。その際、彼は少年期に読んだ宮崎安貞『農業全書』（一六九七年）[67]に触れながら、福岡には農事の指導的責任があると次のように論じる。

> 私は未だ当県農村の実況を観ませんから、能く其の状況を知りませんが、由来工業の発達は往々農村の発達と相伴は無い事が多いので、工業発達の為に、各地から各種の人が入込んで来る為め、動もすれば、農村の素撲《ママ》の美風を破壊すね様な事があり勝ちです。乃で産業の発達と共に、精神上の修養に勤めて、其欠陥を補ふ心掛を要することだと考えます[68]。

一木は生産の営みが絶えず繰り返され社会的分業が発展しても、人は自身の道徳精神を卑しくしてはならないと主張する。「産業の発達」は内務官僚の希望だが、その一方で産業化に伴う利欲を肯定し、農村の「醇風美俗」を衰退させる矛盾をもつ。自治制における旧村・部落の温存は、初期的な地方経済の増強を期待しえても、もはや産業化が高度化する段階では経済振興のための十分な社会的機能を認めにくい。一木にとってこの二つの局面に引き裂かれた事態を調整するのが「精神上の修養」であった。

一木は農村の美風のなかに、過去から将来に連続する世代間の違いに耐え、個人および各部落の個別的な利益を克服する公共性の基盤を見出そうとしている。それは、一木にとって、産業社会への転換を方向づけ新しい秩序を構築するための指針であった。

3　自治団体の関係構造――基本財産造成の課題

（一）基本財産造成と入会慣行

一木喜徳郎は地方改良運動の自治構想において、団体に自律性という積極的な意味を与え、同時にその自律性を保障するために、法理論によって国家権力を制限しようとした。彼は「自治といふものは……民をしてそれを知らしめて、さうして事の挙るやうにし、仕事の誤りがないやうに勉めて行くことが必要である。単に命令や訓令とかいふやうな権力を以て、これに臨むといふだけが、監督権の趣旨ではあるまい〈69〉」として、人々の自治活動、たとえば納税の実践について内発的な意志が喚起されるよう、国家の強制的な力をできる限り抑制しようと思索した。この意味で、彼は国家権力が及ぶ射程に一定の余白を設けるよう構想したといえる。こうした彼の国家論は、国家行政の膨張への警戒という観点から十分に評価されていい。

しかしながら我々は、近代日本の歴史性に即応する彼の限界もまた同時に指摘すべきだろう。なぜなら一木の自治構想には、社会編制の基調である共同性について以下のような基本的な矛盾があるように思えるからである。

郷党＝旧村・大字は、前述したように、市制町村制に則り国家行政の介入によって五分の一の自治団体へと統合され、その町村の区画は、旧来の部落の生活圏とは疎遠な抽象的空間を定式化した。つまり統治者が共同体の相互扶助を自治の範型にしたにもかかわらず、一八八八年以来の町村合併は、住民の生活圏においてすでに結集の論理を弱め、彼らの地域的な愛着を郷党から引き離した。

こうした市町村合併による旧来の生活圏の解体は、民衆の生活規範を政治制度の基礎に据えた一木の道義的共同体論を検討するための重要な問題を提起する。すなわちそれは、「人情風俗古来相同じであつて、古来共同の生活を営み共同の利益を以て来た〈70〉」醇風美俗と、「歴史的因襲」として排除される入会慣行に由来する部落割拠という、二つの生活慣習に対する一木の準拠枠の問題である。近隣住民が分け合い互いに譲る入会慣行が部落有財産の統一によって喪失することは、住民が交わる生活の拠点の崩壊を意味し、生活慣習に本来的に要請される相助の実感を住民から奪うことを意味する。

郷党のような自然に生成した団体の場合、その団体は成員らが長期的な歴史のなかで少しずつ共有してきた習俗や生活空間から構成されているといっていい。一木はこうした団体の歴史性を道徳精神から理解し、実際的な実定法の効力と遵守義務の根拠を生活慣習に求めた。習俗や生活慣習はいったん共有されると、人々の感情と信念を持続的に強く拘束する性向がある。たとえ一木が構想する社会編制が重層的な空間をもたらすとしても、市町村（＝行政村）のための徴税やその他の財産の拠出が国家行政の命令において全面的に要請される場合、郷党（＝自然村あるいは村落共同体）に生きる者の帰属意識は、行政団体と郷党との間で引き裂かれざるをえない。国家権力が個々の自己同一性に圧しかかるのである。そこには、民衆が市町村、そして国民共同体という抽象的空間に違和を感じながら、その信念の奥底では郷党にむすびつくという錯綜した帰属意識を見出すことができる。では一木はこの異なる二つの中間団体、すなわち行政村と自然村の関係をいかに認識し、それに対応しようとするのだろうか。この問いへの応答のために、ここからは自治団体の動向に注目しながら、基本財産の造成の社会的課題について検討したい。

一九一〇年一〇月、一木は内務次官として内務・農商務（押川則吉）両次官連名による各府県知事宛の依命通牒「公有林野整理開発ニ関スル件」（林第四九二七号）を発布した。この次官通達のねらいは、各自治団体の財産収入を効率的に増大させることであった。一木は、「基本財産を蓄積する事……は単り監督官庁が奨励して居るのみならず、自治体の当局者も皆此覚悟がある事とは信じまするが、今後益々此所に力を尽さなくてはならぬ〈71〉」と論じる。一二項目にわたる内容によれば、「部落有財産ノ主要部分タル林野ヲ市町村ニ統一帰属セシムルコト整理開発ノ一捷徑トシテ之カ遂行ヲ図ルハ最モ必要ノ事ト存候」として、「部落割拠ノ観念ヲ芟徐セシムヘク」、自治団体内の円満と財産の安固を図り、林野を効率的に整理すべきことが通達された〈72〉。

部落有財産統一の目標は、政策の性格上、内務省と農商務省の内政管轄にまたがる実務事項である。この政策は、治水事業を含意するが、実際には治水に適する樹種よりも、むしろ杉、檜などの商品価値のある植樹が目立った〈73〉。

一九〇九年の農商務省山林局の調査によれば、部落有林野は公有林野台帳面積の二九七万町歩のうちの二二八万町歩であり、公有林野全体の七七％を占める。しかも当時、もっとも荒廃した林野が部落有林野であった。公有地とは、地租改正以来の多岐にわたる法改正ゆえに定義が容易でないが、入会慣行の有無にかかわらず私有に属しない土地であり、一村または数村など共同所有の確認のある土地を指す〈74〉。一方の部落有林野とは、私的所有に属する土地ではなく、市町村制実施までに公有地に統一できなかった部落有の土地全般である。たとえば佐賀県内務部が発行した『林業講習録』（一九一二年）の見解では、公有林野の状況はこれまで「使用収益ニ関シ何等ノ制限」がなかったことを主要因として、「薪炭材ヲ伐採シ、下草其他ノ副産物ヲ採取シ、収穫競争ノ結果濫伐ニ暴採ニ余ス所ナキノミナラス……殆ト荒廃ニ任セテ顧ミサルノ結果遂ニ今日ノ如ク荒廃其極ニ達」していた〈75〉。この佐賀県内務部発行の『林業講習録』は、当時の公有林野の造林および個人経営の計画監督において、林業一般の性質と知識を普及する目的から関係者に配布された。

地方改良運動において一木が「基本財産の第一は森林〈76〉」であると規定するとき、公有林野の整理は、民衆の信条と感情に深くかかわる生活慣習と自治団体の問題を鮮明にする。なぜなら農村生活における山野は、家畜の飼料や農地の肥料としての下草落葉、さらに防寒や炊事のための薪、山菜や雑穀など副食物を供給するからである〈77〉。そのため部落有林野の状態は、名義が個人所有であっても実質的に共同所有である場合が少なくなく、所有関係が複雑に錯綜し、入会慣行も日常生活に根強く残っていた。入会慣行とは、個々の部落構成員が山野に立ち入り薪や副食品などを収集することにかかわる生活慣習であり、その林野利用と管理の権利は「実在的総合人」としての部落が総有すると理解される〈78〉。林野は本来まったくの自由財であって、各人が自由に利用していた共同利用地であり、とりわけ日本においては個人性の発展とその浸透の困難さから、永い間、所有の帰属が明白に判明されず、容易に個人所有として登記されなかった〈79〉。先祖から引き継いだ部落有林野は、その土地の住民の心性を育む社会的機能だけでなく、共同所有の生活慣習を固定化する象徴的な意味をも有していたというべきであろう。

(二) 自力救済の理想

林業を中心にする基本財産の造成は、土地の性質や区画の軽量、入念な計画、防火線や苗の購入、そして労働者への賃金などの費用を要する、国土のなかで果てしなく繰り返される開発である。一木が、「我々が良き林、良き田を見ました時に、どうか天下の林や田を、皆此通り良きものにしたい」というとき、彼は各町村の再建に国民的な規模の広範な発展を期待していた〈80〉。この事業においては、植林のための新たな費用拠出が、すでに財政破綻に直面した市町村に要請される。一木によれば、「今日に於て此（基本財産の造成――挿入引用者）に意を注ぎましたならば、十年、数十年の後には、団体各自の費用を弁ずるに租税を要しない」し、「それまでに至らずとも、今後益々増加して行く費用に応ずる事は、十分に出来る〈81〉」という楽観的な展望から、町村に林業振興を強く奨励した。彼は、自治団体の独立自営が現在と将来の治国安民にとって大きな意義をもつことから、部落有財産の統一に財政再建を期待した。

実際、山口県内務部では、「造林経営の如きは確固安全にして而も之を運転利用すること難しく其の管理又簡便にして年々一定の収入を挙け得る等其の性質上基本財産として最も適当して居る」と判断された〈82〉。また井上友一はまだ植樹の利益が認識されていないころに、山口県美彌郡伊佐村の杉唯一という篤志家が桐の木を五万本植樹したことを基本財産造成の模範例として紹介した〈83〉。

一木は自治団体に独立の法人格を認めるだけでなく、部落有財産の統一を通じた自己管理と自立を要請する。この法理論の観点からいえば、旧村・部落住民は、団体の成員として自律的かつ直接的に事態を判断し共同生活を管理運営するのだから、一木は、国家の後見から離れた団体の自立を重視しているといえなくもない。この意味で、自治団体が内務省の監督・指導を尊重し、徴税事務を怠らずに国家行政とつながりさえすれば、旧村・部落住民の自由は保障されるであろう。

では一木は自治運営において旧村・部落をいかに把握するのだろうか。彼は部落有林野の処理が直接に旧慣の問題にむすびついており、基本財産の造成にとって旧村・部落住民の情動が最大の政策課題である主意を次のように述べる。

基本財産に関連して考えるべきことは、部落有財産の統一であります。これは歴史的因襲の久しきため、人情忍び難きことがあらうけれども、この統一よりして、部落割拠の精神を一掃しても共同精神涵養には良策であります。部落有財産は、恰も一家内に於て、各人各自に懐金を有するに似て、相互の感情面白くないから、之を統一するは町村の財産を増し、共同的利益を受けんがためであります。現時全国林野の中に、この部落有林野が最も荒廃せりといふことがあります。斯くの如きは、独り町村の団結を害するのみならず、国の富源を捨てる所以であります[84]。

一木にとって、住民が自身の旧村・部落の個別的利益を断念し自治区画の町村に結集するには、権力によって部落有財産を「国の富源」に接合するだけでは十分ではない。なぜなら彼においては、「共同精神」が住民の意識におのずから形成されなければ、自治団体の基本財産の造成にとってなんの役にも立たないからである。いわば部落有財産の統一は、林野という祖先から継承した土地を旧村・部落から引き離し、町村に帰属させることで、住民の心性に深く堆積した旧来の集合意識を「町村の団結」に向かわせようとする試みといえる。

一木は、個別的な利益を包摂するという、より一般的な共同利益の観点から、旧村・部落から町村へと地方住民の帰属意識を重層化させながら、一人ひとりの努力を国力発展へと方向づける。

地方の人民が、自ら地方の行政を担任して其責任を担ふて行くのが、自治制の本旨であるといふことは、是亦言ふまでもないことである。即ち国民が一段として政治を行ひ、国民が一団として産業を発展せしめ、外国に向つて其地位を墜さないやうに、地位を益々進めて行くには、一致共同して力を尽しますのが、即ち今日文明の特色であらうと思ふのであります。随つて今日産業に従事する者も、行政を担当する者も、教育に従事する者も、其働きは一として国家の運命に関係を持たないものはない。今日如何なる職業を有つて居る者でも、如何なる業務に従事する者でも自分達の働きが、直ちに国家の盛衰に関係するものであるといふ精神を以て、之に当つていかなければならぬ〈85〉。

一木によれば、文明の特色はすべての者が自身の国家のために一致共同することである。彼の国家法人説の立場によれば、「国家の運命」においては君主も人民も等しく、産業、行政、教育などのあらゆる活動が国家という全体性に包摂される。一木において、すべての者が国力発展に向かって献身さえすれば、もはや共同生活における分離・対立はなく、自治団体の資本蓄積と協同事業を通じた国家財政の再建さえも予定される。彼が主張する自治団体の独立自営や自己管理には、個々人の生活と国家の運命を不可分にむすびつけ運動を活性化させる、政策意図があったといえよう。

一木の部落有財産の造成という構想は、団体の自立という目標から出発し、自力救済の原理によって国家財源を確保しながら、農村の解体を回避しようとするものであった。しかし我々が、統治の側の構想から在地の現状へと視角を向けると、部落有財産の統一作業には、たとえば佐賀県西松浦郡南波多村にあるような、郷党＝旧村・部落の住民とそれを包摂する自治団体との矛盾が現われる。

南波多村は現在の佐賀県伊万里市南波多に位置する面積二一五一町歩の一三ヵ大字から成る山村である。当時この村は佐賀県下でもっとも交通が困難な僻地にあり、「弊風として酒量一般に多きに失し吉凶人事多費、旧習脱せず権利観念最も乏し」とみなされていた[86]。当初、同村での部落有財産の統一は、村長の意向によって、明治天皇御即位五〇年祝典記念事業として実施を予定していた。しかし、村会議員、区長、有志を集めた数回の村会でも統一の達成について「円満解決」せず、村内の状況は混乱をきわめたことから、村長が監督官庁から官吏の派遣を依頼し、官吏が同席する村民会と講話会を経て、無償無条件でほとんどの部落有財産を統一した。一九一五年二月の佐賀県の報告によれば、この部落有財産の統一議案についての協議は、「各部落所有財産ニ著シキ懸隔アルコト及久シキニ亘ル使用上ノ慣習等ニ依リ議論叢出シ輒ク事件ノ解決ヲ見得ヘクモアラス……徒ラニ秣場不足ノ苦情ヲ唱ヘ喧々囂々殆ント拾収《ママ》スヘカラサル」様子であった。その後同村では、部落有財産統一後の一九一三（大正二）年には杉と柏を造林、村内で五日間の林業講習会と部落夜間講話会を開催し、林業への啓発を試みた[87]。部落有財産統一に対する南波多村民の反応は山村の典型的状況を示しており、郷党の混乱と抵抗という一定の一般性が推測されうる。次に我々は、こうした在地への分析視角から、部落有財産統一に対する自治団体の対応を考察したい。

（三）優良村脊振村の協同事業と名望家

部落有財産統一の重要な争点は、町村内の部落割拠を解消し団体への同質的な帰属意識の浸透を促すことにあった。公有林野の整理と開発は、部落の個別的な利益に優位するより一般的な共同的利害のために、住民に町村への結集を要請する。佐賀県内務部は同県神埼郡脊振村について次のように把握している。

神埼郡脊振村ハ、村基本財産トシテ、五十ヶ年ノ計画ヲ以テ、三千町歩ノ造林ヲ計画シ、目下已ニ約六百町歩ヲ完成ス。勿論部落有財産ハ統一シ、神社ノ合祀ヲ行ヒ、原野ノ入会ヲ整理シ、火入ヲ止メ凡テノ点ニ於テ合理的ニ進歩シツヽアリ〈88〉。

脊振村の基本財産統一は、後に模範村長として勲七等を受ける徳川権七（一八五五—一九二三）が岡山、愛媛、三重、静岡の林業視察（一九〇二年一〇月）から当時の村長を説得し、郡長の臨席の下、村内の六〇〇余名からなる戸主会の決定から始まる。背振村は佐賀県でもっとも小さな村の一つである。一八八九年二月の町村制施行によって、広滝村、鹿路山村、服巻山村の三つの旧村を合併し、脊振村を新たな行政区画にした。一九一六年の戸数は五六〇戸であり、人口は二八〇〇人から構成され、水田面積は三三二町歩、畑が一〇六町歩、林野が四三七八町歩である〈89〉。脊振村の造林計画は、村が国有林の特別払下げによって毎年六〇町歩の造林を五〇年間継続し、まずは天皇御即位五〇年記念を祝うために明治五〇年までに一〇〇〇町歩を、そして最終的には三〇〇〇町歩の造林地を造成することであった〈90〉。この林業経営から生じる成果のうち、そのほとんどの財はいま生きる者の手には入らず子孫に譲られ役立てられる。基本財産の造成において、自治精神は子供の永安が親の人生の希望であるという信条に由来しているといえよう。造林計画の目標は、村に大学を設立し、滞納なき日本一の村を村民の力だけで建設することであった。

大多数の脊振村村民は、共有林から草を刈り田畑の肥料や家畜の飼料にしていたため、造林計画の賛成を得るのは容易ではなかった。だが計画は戸主会の多数決によって強引に決定された。地方改良運動の自治構想では、部落有財産は町村内の特定集団にのみ属すべきではなく、町村の財政的基礎を確立・強化するために統一され、その団体の成員に均しく利用されることが要請される。部落有財産の統一は、部落住民のために自由収益として放任されるべきではなく、林産業増殖として制度的に管理されるべく転換し、町村における各部落間の融和統一を図るのである。造林には、たとえば杉、松の場合では一町歩に五〇〇〇本の苗を配布し、標串を挿し、山の上部から男子の夫役が穴を掘り女子が苗を植える。毎日午前七時に志波六郎助（一八四八―一九三〇）

が脊振村村民に合図の法螺貝を吹き、現場に集まり作業した〈91〉。さらにこの統一事業の一環として、一九〇八年には、脊振村内の各集落に祭祀された無格社の小祀は、内務省の推奨により主要神社に合祀され、神社資産が背振村へと整理された。「脊振村神社合祀明細書」によれば、一九〇八年九月八日から一三日の間に、全体で四三社の無格社が、郷社背振神社（二三社）、村社倉岡神社（五社）、村社鹿路神社（一〇社）、村社後鳥羽神社（五社）にそれぞれ合祀された〈92〉。

この脊振村の部落有財産と人心の統一事業は、各部落の不十分な管理から生じた部落有林野の荒廃を、町村長の管理下で一括して造林しようとした優良村の典型例である。中央報徳会の機関紙『斯民』では、脊振村村民の勤勉さが強調され、「村民が一致共同して、植林をしようといふ……美わしい村柄」と紹介される〈93〉。内務省が優良村を信頼するのは、財源においても人心においても、安定的かつ永続的な村民間の利害の調停が可能であり、部落間にも利益の均衡をもたらすことができる自治団体とみなされるからである。

これら一連の事業は、一見すると財政の効率と合理性を基調にした自治団体の整理のようにみえるが、村住民が率先して造林する協同事業を地域行政から独立して営むには、相互扶助に象徴されるより身近な間柄で互いに信頼を高め、互いを喚起し、これまでの生活規範と心情が新たな事業方針のなかに再編される必要がある。一木は「己の村の為に尽さうと云う決心」をもつ人間の例証として、徳川による脊振村の造林計画に協力した志波六郎助を「村の成績の良い、他の模範とすべきやうな所には大抵村長なり、或は学校長なり、其他誠に熱心に世話をする人がある、己れ欲徳とか、何とか云ふことは全く離れて、真に其土地を愛すると云ふ念からして、又人の為に図る念からして世話する人がある」と述べながら、次のように論じた〈94〉。

先頃内務省に於て色々参考になる資料を集めたことがあつたが、其席に於て甚だ不似合なものが一つ出て居る、それは何かと云ふと法螺貝である、是は如何なるものであるかと云うて尋ねた所が、佐賀県神埼郡脊振村の志波六郎助の用ひたものである。此志波六郎助は最も世話の好きな人であつて、学校令の施行に当つて学校の為に非常に心配して、学校建設の為に寄付金を募り、それから就学児童の奨励をし、其外自費を投じて各地方を視察して歩いて、産業の上に、又製茶とか、或は養蠶とか云ふ方に向つて、終始村の人を奨励指導し、それから又常に山野を廻つて林相を見て歩き、村に植林する時になれば、自分が真先に出て行つて世話をすると云うやうな人がある。是が春の彼岸から秋の彼岸迄は、毎朝早く起きて其村の小高い山に登つて、此法螺貝を用いて村の者を呼起すのである。それだから村の者は此法螺貝の音を聞くと直ぐ起きると云ふことで、十年間少しも欠かしたことがないと云うやうな人である、此所の者は志波六郎助と呼ばずして、世話御苦労助と云ふことである。是は其事其れ自信が皆真似て宜いと云ふ訳ではない、皆法螺貝を吹いて居れば宜いわけではないけれども、併しながら其志は誰れが学んでも差支えないことゝ思うのである〈95〉。

ここには地域のために尽力する篤志家の活動への着目がある。一木は志波に、自治団体へと住民を結集させうる次のような優れた名望家像をみた。彼にとって団体の人と人をつなげ、社会的紐帯を確保する役割を担うのが名望家であり、この名望家が村落住民の共同心を感化する。

今日の町村で模範的と称されて居る所は、町村長、校長、富豪などに立派な人が有て、此等が指導して居る所が最も完全である、要するに人物次第である。茲に於て注意すべきは人才の分配に注意して人才集中を避けなければならならぬ事である、人才を適当に地方に分配して、地方自治の基礎を固めなければならぬ。立憲政治は地方の選良を以て組織せられる政治である、地方自治の経験を以て国の政治に貢献するので有て、最も人才の配分に適して居る制度で有る。……地方分権の今日に於ては先ず地方自治を完全にし、国家の基本たる地方の基礎を固めて、立派なる事業を後世に残されたい〈96〉。

この発言のなかで地方分権を主張する一木は、立憲政治の観点から町村の中心に名望家の役割を想定し、彼らがみずからの意志で自身の団体に貢献し、他の成員を指導する地方自治を構想している。一木によれば、基本財産を造成する理想的な自治団体は、団体のなかで名望家と共に住民が独立自営し、相互に助け合い、それぞれの生活の場から調和的な社会秩序をめざす。町村自治の整備は、地方公官吏と官治によって表彰される篤志家との共同統治がその本質であった。公住民はそれぞれの生活の場から町村の自治を通じて国家に組み込まれていく。

だが一方で、実際に地方自治を担う名望家はこれまでのように他の成員と共に先祖の生活圏を受け継ぎ、名声や人望、尊敬などの各成員との心的つながりを守りながら、協働生産活動を営む名望家としてとどまるだけでは、もはや財政再建の要請にも社会進化にも適応しえない。いまや名望家は、祖先の土地から林野を商品として切り離し、町村が自立するための利益を追求する実業家であろうとする。名望家層が国運の発展に順応し理想の村をめざすには、一木が奨励する規範意識の修養ではもはや対応しきれない。彼らはできるだけ多くの利潤を得ようとする実業思想から、効率的な町村経営の役割を担わなければならないだろう。

（四）優良村の実態

脊振村は優良村として顕彰された。その判断基準は報徳主義に通じる外部からの受益と内部の倹約とみることができる。しかしながら、先に示した佐賀県内務部の「合理的ニ進歩シツ、アリ」という現状認識には、脊振村の実態について重大な齟齬があった。脊振村の造林事業は、原野における苗の植付けを植林経験のない村民の夫役に頼るだけでなく、苗購入や林野の払下げへの支払いを強制的な郵便貯金や国債の村への寄付行為で賄うなど、村民の労苦は絶大であった。ここに地域住民の受益の展望なき負担を読み込むことができる。規律的な協同事業に受動的に即応する生活は、団体自治に集団の一人として過不足なく一致すべきであり、一人ひとりの自律的主体性を主張するにはいたらない。それゆえに村民のなかには、日々の禁欲的な節制への不平不満が溜まるだけでなく、年々夜逃げが増え、離村民が福岡の炭鉱労働者として産業発展の一端を受けもつことも少なくなかった。実際、脊振村の戸数は一九〇四年には六二〇戸だったのが、一九一六年に五六〇戸へと減少する〈97〉。佐賀県下の村落住民は福岡県に各種労働者として移る傾向があるが、とくに背振村の離村傾向は突出していた。まして部落有林の統一や伐採によって住民の幼い頃からの生活習慣や情景が無残に変貌すれば、無産者は離村労働者として都市に留まることもあろう。

さらに造林事業を進めるなかで、脊振村民の間では、苗木注文への疑惑や石炭肥料代の横領事件、干害による枯死が造林計画に対する不満を増大させた。造林に従事する脊振村村民の多数は、村の繁栄に希望をもてず、村で生きることに徐々に不安を抱いてゆく。これが、一木ら統治の側に立つ者の理想と大きく異なる、優良村の現実である。こうした村民の不満は、一九一六年九月一日の役場襲撃事件で一挙に爆発した。

本県下の模範的自治村、植林事業に於ては県下第一等と称されたる神埼郡脊振村が、而もその裡面が一度暴露すれば自治の紊乱その極度に達し、植林事業を為すことのその裡面に如何に醜悪なる事実が潜まれたるかは、本村民挙つて村長の下に大挙して深刻なる生活苦を而して惨憺たる村治とを悲痛な声を以て村長に訴へ同時に村長の一日就職すれば一日就職する丈け愈々益々村治を破壊し、村民を塗炭に導くものなるを説き、而してその結果は今回の大事件を惹起した〈98〉。

この事件は、身近な生活を守ろうとする住民の抵抗の結果であり、人々の生活を幾重にもとり囲む「国運の発展」が、規範的精神の絶えざる修養だけではもはや期待しえない社会進歩の矛盾を照らし出している。脊振村村長・徳川権七は、模範村長としてこれまで数回表彰された人物だが、彼の理想が託された林野事業は村民の生活には「村民の村利民福を図ると称して着手せる事業が却つて村利民福を破壊せる〈99〉」という理由から、村長を排斥する騒動にまで発達した。徳川の村長四選を契機にしたこの事件は、村民一七名が騒擾罪で罰金あるいは禁固に処される一方、徳川村長も停職を命じられる。

自治団体の活動は、一人ひとりが自立するという自力救済の理想において、国家と個人を媒介しながら、穏やかで調和のとれた人間関係を達成する試みであった。その具体化の試みの一つが、林野事業による基本財産の造成だった。脊振村の場合、部落有財産の統一と植林事業の完成が民力に均衡せず、村民に現実的な利益を実感させることができなかったために、団体の根底にある調和的秩序が崩れるという限界を示した。

脊振村においては、住民間の責任の共有とリスクの分担の欠如が重要な課題であった。一木がこの脊振村の事例に見られる基本財産の造成に配慮した理由は、零落した農村を再建に向かわせる現実的な方針を示すことで村民全体の意欲を向上させ、自治団体の振興を図ろうとしたことにある。彼の構想では、自治団体が基本財産を造成し、国家から自立した独自の活動領域を確立することで、空想的な道徳修養論に陥ることを避けることができた。しかしながら、一木が優良村として評価した脊振村の事例は、資本主義が浸透し、地方農村が漸次的に解体するなかで住民を村落共同体につなぎとめるには、もはや林野事業の理想だけでは不十分であるという歴史的事実を我々に示している。では、一木はいかなる他の方策を構想したのだろうか。

次章では、自治団体とは別の局面である公民教育と青年団運動から、一木の憲政自治論を検討したい。一木が共同性を評価し、村民の規範意識を「国運の進展」のために鼓舞、鼓吹したからには、自治の担い手の素養をいかに育成しようとしたのかという問題を論じる必要があろう。このテーマは、団体の自治が人々に共同一致の精神を習熟させうることから、一木にとって近代日本における立憲政治を支える重大な問題であるばかりでなく、本書の主題である一木の道義的共同体論の性格規定に深くかかわるものである。

注

第一節

〈1〉丸山眞男「国民主義の『前期的』形成」一九四四年（『日本政治思想史研究』東京大学出版会、一九五二年）三六二頁。

〈2〉丸山、同上論文、三六〇頁。

〈3〉大森鐘一・一木喜徳郎共編「市町村制史稿」一九〇七年（『明治史料　第三集』明治史料研究連絡会、一九五七年）二二頁。一木の団体概念は、本章第二節第二項で詳述するが、ここでは市制町村制によって新設される市町村と区別される団体が、Gemeindeを「部落」と訳したことを付記したい（大森・一木共編、前掲「市町村制史稿」、一四頁）。福田アジオによれば、「部落」という言葉の普及は、地方改良運動のなかでの官僚による影響が強く、藩政村をさす用語や各地の民俗語彙としても使われるが、定義においてその範域は明確でない（福田アジオ『日本村落の民俗的構造』弘文堂、一九八二年、一六―一九、三三一頁）。

〈4〉南原繁『国家と宗教――ヨーロッパ精神史の研究』（岩波書店、一九四二年）序六頁。

〈5〉丸山への批判については、色川大吉『明治の文化』（岩波書店、一九七〇年）二八七―三〇〇頁、池田元『丸山思想史学の位相――「日本近代」と民衆心性』（論創社、二〇〇四年）、大石嘉一郎・西田美照編『近代日本の行政村』（日本経済評論社、一九九一年）四―一〇頁、吉本隆明「丸山眞男論」一九六三年（『柳田國男論・丸山眞男論』ちくま学芸文庫、二〇〇一年）二四六、二九八頁を参照。

〈6〉一木喜徳郎「公民教育」（大隈家編修局編纂『国民教育　東京講演』丁未出版社、一九一一年）三八八頁。

〈7〉津田左右吉によれば、この周公礼楽制作説とは漢代が礼楽を制定するために儒家思想を修正した説話である。周公と礼楽については、津田左右吉『儒教の研究　一』一九五〇年（『津田左右吉全集　第一六巻』岩波書店、一九六五年）二五六―二五七頁、戸川芳郎・蜂屋邦夫・溝口雄三『儒教史』（山川出版社、一九八七年）二九―三五頁を参照。

〈8〉一木「自治の本義」（内務省地方局編纂『地方改良事業講演集　上巻』一九〇八年）一七頁。

〈9〉一木『日本法令予算論』（哲学書院、一八九二年）二二四頁。

〈10〉一木『国法学』（一八九九年度講義録の筆写）四頁。

〈11〉ドイツ国法学における国家有機体説と国家法人説の関係については、栗城壽夫「一九世紀ドイツにおけるラーバント憲法学の社会的・政治的機能」一九七三年（『一九世紀ドイツ憲法理論の研究』信山社、一九九七年）四八四―四八五頁を参照。この国家有機体説は、国家を単に道具的機構とみなす立場を明確に否定する。国家概念に関しては、「諸個人の擬似有機体的な統一体」と財産侵害に対する保護・防衛機構という、廣松渉による国家総体説と国家機関説の二類型が、国家有機体説の理解にとって示唆に富む。廣松渉『唯物史観と国家論』一九八二年（講談社、一九八九年）一七〇―一八五頁。

〈12〉鈴木安蔵『日本国憲法学史研究』（勁草書房、一九七五年）一一五、一二二頁。

〈13〉一木、同上書、六頁。

〈14〉一木、前掲『日本法令予算論』、一一〇頁。

〈15〉一木、同上書、三〇頁。

〈16〉ラーバント憲法学における法律の形式的合理性と行政に対する優位については、栗城、前掲「一九世紀ドイツにおけるラーバント憲法学の社会的・政治的機能」、四八八―四八九頁を参照。

〈17〉穂積八束「帝国憲法ノ法理」一八八九年（穂積重威編纂『増補改訂版　穂積八束博士論文集』有斐閣、一九四三年）一七頁。

〈18〉穂積、同上書、二六頁。

〈19〉一木、前掲『国法学』、三一―三二頁。

〈20〉中村哲は、美濃部達吉門下として直接教育を受けた実感から、美濃部の憲法学がイェリネックと同様に指導層の官僚養成を主眼とする憲法理論を、「議会政治のイデオローグである美濃部が大正デモクラシー以後の政党内閣の理論的支柱として支持されているところがあった」と論じる（中村哲「美濃部達吉に関する最近の研究」『法学志林』第六五巻第四号、一九六八年、一二六頁）。

〈21〉一木、前掲『国法学』、五一頁。

〈22〉伊藤博文『帝国憲法義解』（国家学会、一八八九年）五頁。

〈23〉一木、前掲『国法学』、五二頁。

〈24〉一木「序」（竹内友二郎『議会革新論』日東館、一九〇二年）四―五頁。

〈25〉一木、前掲『日本法令予算論』、八頁。

〈26〉一木、前掲『日本法令予算論』、一〇頁。

〈27〉岩村等「一木喜徳郎の法律概念――『日本法令予算論』の検討」（山中永之佑『日本近代国家の法構造』木鐸社、一九八三年）四一〇頁。

〈28〉一木、前掲『日本法令予算論』、一一頁。

〈29〉岩村、同上論文、四一六、四二〇頁。頼松瑞生は、一木が論じる「議会の協賛を経ていない法規命令」に着目し、岩村の考察を批判的に論じながら、国家行政の権限の範囲、および議会との関係を検討する（頼松瑞生「一木喜徳郎の命令理論」（『東京電機大学総合文化研究』第九号、二〇一一年）九七頁、および「一木喜徳郎の緊急勅命論」（『東京電機大学総合文化研究』第六号、二〇〇八年）四三頁）。

〈30〉一木、前掲『日本法令予算論』、一九三頁。

〈31〉一木、前掲「序」、四頁。

〈32〉一木「地方自治の精神」（内務省地方局編纂『第二回第三回　地方改良講演集　下巻』一九一一年）七頁。

〈33〉自治制発布五十周年記念会編『自治座談　回顧篇』（選挙粛正中央連盟、一九三八年）一五頁。この座談会は丸の内の日本倶楽部で開催され、司会が掘切善次郎、出席者は一木喜徳郎の他、水野錬太郎、中川望、湯浅倉平、小橋一太、清水澄、前田多門、伊澤多喜男、池田宏、塚本清治、潮恵之輔であった。

〈34〉山県有朋と地方制度体系化の関係については、松沢裕作『明治地方自治体制の起源――近世社会の危機と制度変容』東京大学出版会、二〇〇九年、三〇一―三〇九頁を参照。

〈35〉一木「講演　自治論　一」（『国家学会雑誌』第七九号、一八九三年）一三五一頁。

〈36〉江守五夫は、ギールケと共同体的規範秩序の構造を検討し、慣習法と連帯意識の理論的考察について示唆に富む分析視角を提示する。江守五夫「共同体の法構造――法社会学的視角からの一試論――」一九五九年（『法社会学方法論序説』法律文化社、一九六二年）。なお、ギールケに関する先行研究は多いが、本書は、石田文次郎『ギールケの団体法論』（ロゴス書院、一九二九年）、遠藤泰弘「オットー・フォン・ギールケの政治共同体像――団体人格論と自然法論の内在的理解を中心として　一、二・完」（『北大法学論集』第五三巻第六号、同上、第五三巻第五号、二〇〇三年）を参照した。

〈37〉長尾龍一『日本法思想史研究』（創文社、一九八一年）九六頁。

〈38〉一木先生追悼会『一木先生回顧録』（一九五四年）一六頁。

〈39〉ギールケの法理論について、カール・シュミットは次のように論じる。「ギールケの有機体的国家論の信奉者と継承者の中に、君主主義者、ビスマルク主義者、自由主義者、民主主義者など、右から左までのありとあらゆる政治的傾向が見出されることとなる。国家の統一性とか優越的な全体とかをそもそも否定し、労働組合社会主義を助長するラスキの多元的国家論もまた、広範囲にわたってギールケを引き合いに出すことができるのである」（Carl Schmitt, *Hugo Preuss : sein Staatsbegriff und seine Stellung in der deutschen Staatslehre*, Tubingen, J.C.B. Mohr, 1930. 上原行雄訳「フーゴー・プロイス（一九三〇年）――その国家概念およびドイツ国家学上の地位」『危機の政治理論　現代思想　第一巻』ダイヤモンド社、一九七三年、一五八頁）。

〈40〉一木、前掲『国法学』、一三頁。

〈41〉一木先生追悼会、前掲『一木先生回顧録』、四―五頁。本章本節の註１０を参照。

〈42〉一木「慣習法の性質」（『法政新誌』第一七号、一八九八年）二一頁。

〈43〉Otto Friedrich von Gierke, *Das Wesen der menschlichen Verbände : Rede, bei Antritt des Rektorats am 15. Oktober 1902*, Leipzig, Duncker & Humblot, 1902, p.12. この「人間的結合体の本質」は、ギールケがベルリン大学総長就任講演を公刊した小冊子であり、彼のドイツ団体法の歴史法学説の中でも、ドイツ法における団体生活の多様な法形態の研究から団体法理（Genossenschaftstheorie）が論じられている。久保正幡「ギールケ」（木村亀二編『近代法思想史の人々』一九六八年）六二頁。本文の訳には、松山得四郎「最近に於ける「ギルケー」氏の団体本質論」（『法学協会雑誌』第二三巻二号、一九〇五年）二三五頁、曾田厚訳「人間団体の本質」（『成蹊法学』第二四号、一九八四年）二四頁を参照した。

〈44〉Carl Schmitt, *Politische romantic*, Berlin, Duncker & Humblot, 1925. 大久保和郎訳『政治的ロマン主義』（みすず書房、一九七〇年）六六―八五頁。

〈45〉ドイツ政治思想史は本書の主題から離れるが、キリスト教が移入する以前の土着的な習俗（Sitte）から法規範が形成されるとするドイツ固有法への自覚は、ゲルマン的精神のなかに継承される生活規範を慣習法として導き出す。

〈46〉森林の共同所有や入会慣行から歴史的に生成したゲルマン法思想は、人々の定住による自然との結合とそのなかで育まれた慣習に由来する。ゲルマン的精神の基点は実際の生活意識にあり、それは協同生産を目指すと性格づけられる。ゲルマン法思想およびゲルマン的精神については、平野義太郎『増補新版　民法に於けるローマ思想とゲルマン思想』一九二四年（有斐閣、一九七〇年）九〇―九三頁、村上淳一『ゲルマン法史における自由と誠実』（東京大学出版会、一九八〇年）一四―三〇頁を参照。

〈47〉一木「自治制と報徳」（『斯民』第二編第四号、中央報徳会、一九〇七年）三八頁。

〈48〉有泉貞夫「明治国家と民衆統合」（『岩波講座日本歴史　一七』岩波書店、一九七六年）二四五頁。

〈49〉一木「地方民政の要綱」（『斯民』第六編第五号、一九一一年）四五頁。

〈50〉市制町村制における「住民」と「公民」との違いについては、本書の第二章第二節を参照。

〈51〉福住正兄「日本信用組合報徳結社問答」一八九二年（『協働組合の名著　第二巻』家の光協会、一九七一年）三三二頁。

〈52〉福住正兄「片平氏決心誓書の末に添ふる一言」一八八五年一月一日（中上信英『報徳教と片平信明翁　全　一名杉山報徳社事蹟』報徳学図書館、一九一四年、六―八頁）。

〈53〉一木は神々の摂理ではなく、実益をもたらす協同一致の精神を強調する。報徳思想における祖先観については本書の第一章を参照。また、一木が地方産業の振興のなかで「父祖の業」を継承する重要性を地方青年に強く主張したことについては、本書第三章で論じる。

〈54〉福住正兄「富国捷径　初編法方概略」一八七三年（佐々井信太郎編纂代表『復刻版　二宮尊徳全集　別輯　門人名著集　第三六巻』龍渓書舎、一九七七年）四九三―四九四頁。福住は二宮尊徳の高弟であるだけでなく、一八六四年には平田国学の門人として鈴木重胤の教えを受け、明治政府に皇学の採用を建白した。

〈55〉こうした国家形態は近代法とは相容れない立場である、超越的権威による国家外的統治形態、いわば神政的君主制とみることができる（Georg Jellinek, *Ibid.* 蘆部他訳、同上書、五四二頁）。見城悌治は、「近代報徳思想の最大の特徴が、天皇制思想との融和であった」と論じ、明治後期には平田篤胤と福住正兄の系譜と岡田良一郎とその子息、良平と一木を大日本報徳社を媒介にして結ぶ（見城悌治『近代報徳思想と日本社会』（ぺりかん社、二〇〇九年）三四五頁）。しかし、本書が関心を向ける一木の内務政策構想と近代法理解、そして天皇機関説を考察すると、一木を平田門下の国学に結びつけることはできない。一木の報徳思想はむしろ儒教的な「為政者の徳」を展開させた思想として理解すべきではないだろうか。この問題は日本政治思想史のテーマであり、本書の主題から離れる。国学における天皇の性格については、松本三之介『国学政治思想の研究』（初出は有斐閣、一九五七年。未来社、一九七二年）を参照。

〈55〉恒藤恭は法と道徳の本質的性格を検討するにあたって、法の機能を、評価基準、指令、授権、制度形成、強制という五つの機能に分類する（恒藤恭「法と道徳の問題について」一九五八年『法と道徳』岩波書店、一九六九年、一二四頁）。

〈56〉一木「推譲の精神」（『斯民』第二編第六号、一九〇七年）一一－一二頁。

〈57〉戊申詔書については本書の第一章第二節を参照。

〈58〉一木「開国進取と共同力」（『斯民』第三編第一三号、一九〇九年）一五頁。

〈59〉一木、前掲「自治制と報徳」、三七頁。

〈60〉島田虔次「中国近世の主観唯心論について――万物一体の仁の思想」一九五八年（『中国思想史の研究』京都大学出版会、二〇〇二年）二二頁。

〈61〉一木「市町村制の改正と社会教育」（『斯民』第六編第三号、一九一一年）三頁。この村民とは、郷党社会の居住者を指すのではなく、後述する山口県の玉喜村や伊佐村、佐賀県の南波多村や脊振村のような行政区画としての村の住民を意味する。

〈62〉一木、前掲「公民教育」、三八八頁。

〈63〉一木、同上論文、三八九頁。

〈64〉藤田省三「天皇制国家の支配原理」一九五六年（『天皇制国家の支配原理　藤田省三著作集Ⅰ』みすず書房、一九九八年）。

〈65〉一木「国運の発展と勤倹協同の精神」（『斯民』第四編第七号、一九〇九年）一一頁。

〈66〉一木、前掲「慣習法の性質」、二二頁。

〈67〉家永三郎『日本近代憲法思想史研究』（岩波書店、一九六七年）一四八頁。

第二節

〈1〉一木「自治の本義」（内務省地方局編纂『地方改良事業講演集　上巻』、一九〇八年）二頁。

〈2〉一木、同上論文、三―四頁。

〈3〉一木「地方自治の精神」（内務省地方局編纂『第二回第三回　地方改良講演集　下巻』一九一一年）八―九頁。

〈4〉一木、同上論文、九頁。

〈5〉一木、同上論文、一一頁。

〈6〉亀掛川浩『明治地方制度成立史』（柏書房、一九六七年）八―一一頁。

〈7〉藤田省三「天皇制国家の支配原理」一九五六年（『天皇制国家の支配原理　藤田省三著作集Ⅰ』みすず書房、一九九八年）二八頁。

〈8〉辻清明『日本の地方自治』（岩波新書、一九七六年）一六九頁。

〈9〉一木、前掲「自治の本義」、一―二頁。

〈10〉一木、同上論文、八頁。

〈11〉自治制発布五十周年記念会編『自治座談　回顧篇』（選挙粛正中央連盟、一九三八年）一八頁。

〈12〉一木「自治制と報徳」（『斯民』第二編第四号、一九〇七年七月）、三一頁。

〈13〉ドイツ自治制とその関連については、北住炯一『近代ドイツ官僚国家と自治――社会国家への道――』（成文堂、一九九〇年）、三成賢次「近代プロイセンの名望家自治――その法構造と日本への継受――」（『阪大法学』第四一号、一九九一年）を参照。

〈14〉一木、前掲「自治制と報徳」、三一―三二頁。

〈15〉Carl Schmitt, *Der Begriff des Polotischen*, München, Duncker & Humblot, 1933. 田中浩・原田武雄訳『政治的なものの概念』（未来社、一九七〇年）一二頁。

〈16〉一木、前掲「自治制と報徳」、三一頁。

〈17〉一木、同上論文、三三頁。

〈18〉公民と名誉職については、石川一三夫『近代日本の名望家と自治――名誉職制度の法社会史的研究――』（木鐸社、一九八七年）を参照。

〈19〉一木、前掲「自治の本義」、一九—二〇頁。

〈20〉一木、前掲「自治制と報徳」、三一頁。

〈21〉自治制発布五十周年記念会編、前掲『自治座談　回顧篇』、一一頁。

〈22〉天皇制と精神の共同体を基礎づける祖先観については、橘川俊忠「柳田國男におけるイエ・国・国家——家族国家観の再検討」（『近代批判の思想』論創社、一九八〇年）を参照。

〈23〉一木、前掲「自治制と報徳」、三二頁。

〈24〉大森鐘一「総論」（『仏国地方分権法　完』博聞社、一八七八年）一七—一九頁、Alexis de Tocqueville, *De la démocratie en Amérique*, Paris, Gallimard, 1961(1848), p.150. 松本礼二訳『アメリカのデモクラシー　第一巻（上）』岩波書店、二〇一三（二〇〇五）年、一三八—一三九頁。大森については、橋川文三「地方改良運動」（『昭和維新試論』講談社、二〇一三年）一三九—一四五頁を参照。

〈25〉一木、前掲「自治の本義」、一九—二〇頁。

〈26〉筒井正夫「近代国家成立期における『名望家層』の役割」（『歴史学研究』第五九九号、一九八九年）一三一頁。

〈27〉一木「監督ノ範囲」（『国家学会雑誌』第一三五号、一八九八年）五〇一頁。

〈28〉サヴィニーの擬制説については、村上淳一「団体と団体法の歴史」（『団体　岩波講座　基本法学2』岩波書店、一九八三年）一八頁、福地俊雄「サヴィニーの法人理論について」一九五四年（『法人法の理論』信山社、一九九八年）七九—八八頁を参照。

〈29〉大森・一木共編、前掲「市町村制史稿」、二一一—二二二頁。

〈30〉一木、前掲「地方自治の精神」、一三—一四頁。

〈31〉一木、同上論文、一三頁。

〈32〉遠藤俊六は、帝国主義を支える町村を再編強化するために、日露戦後の模範村政策が部落を町村統合への障害として積極的に解体し、切り捨てる制度的傾向を強調する（遠藤俊六「『模範村』の成立と構造——明治後期民衆統合政策研究の一視点」『日本史研究』第一八五巻、一九七八年）。

〈33〉一木、前掲「自治の本義」、四頁。

〈34〉一木、同上論文、一九頁。

〈35〉一木、同上論文、三〇頁。

〈36〉しかし本書は、民衆を一義的に農村民と捉えない。おもに都市住民については、本書第三章で社会教育への一木の関心から論じる。

〈37〉一木「地方民政の要綱」(『斯民』第六編第五号、中央報徳会、一九一一年)五〇―五一頁。

〈38〉教育行政については、大石嘉一郎「地方自治制の確立――行政村の定着を中心として」(『近代日本の地方自治』東京大学出版会、一九九〇年)一五一―一五五頁を参照。

〈39〉一木「自治体の整善と地方人士の覚醒」(『斯民』第五編第五号、一九一〇年)三三頁。この論文は一木が逓信省において秋田県の官公吏を前に行った講演をもとに筆記された。

〈40〉一木、前掲「地方民政の要綱」五〇頁。佐賀県斯民会における一木の講演については、本書第二章一節を参照。

〈41〉地方財政については、大島美津子「資本主義確立期における地方制度の展開」一九五九年(『明治国家と地域社会』岩波書店、一九九四年)、中野敏充「一九〇二(明治三十五)年税務監督局・税務署管制の意義」(『阪大法学』第四二号、一九九二年)などを参照。

〈42〉一木、前掲「地方民政の要綱」五〇頁。

〈43〉一木、同上論文、四九頁。

〈44〉中野、前掲論文、五六八頁。

〈45〉大島美津子「地方財政と地方改良運動」(『明治大正郷土史研究法』朝倉書店、一九七〇年)七二頁。

〈46〉一木『日本法令予算論』(哲学書院、一八九二年)六二頁。

〈47〉Karl Marx, « La critique moralisante ou la morale critique », in *Œuvres philosophiques*, Paris, A. Costes, 1947 (1847), p. 146. 大内兵衛・細川嘉六監訳「道徳的批判と批判的道徳」(『マルクス・エンゲルス全集　第四巻』大月書店、一九六〇年)三六五頁。なお本文中の引用は訳書によらない。

〈48〉第二回山口県地方改良事業講演会の題目は以下のようになる。

地方当局の心得　山口県内務部　小田切磐太郎
地方財政の要綱　山口県事務官　武部欽一

自治の本義	山口県属兼警部	田中省吾
農村改良の事業	山口県事務官補	河口門助
衛生に関する事項	山口県技師	戸川　博
町村の土木事業に就て	山口県技師	熊谷頼三
町村林の造成に就て	山口県技師	平田民舎
畜産奨励に就て	山口県農業技師	白石寛吾
水産業改良の要項	山口県技手	中島傭三
蚕糸奨励の要項	山口県技手兼属	藤本忠介
地方改良と教化事業	山口県視学	米原鶴太
財政整理と基本財産の造成	山口県属	岡村勇二
青年団体の監督指導	同	同
地方改良と篤志家	山口県属	林　勇輔
事務処理の要項	山口県属	下瀬保太郎
《臨時講演》		
善政	山口県高等商業学校長	坪野平太郎
欧米に於ける社会改良制度の概観	山口県高等商業学校教授	山本美越乃
如何にせは地方改良をして一層有効ならしむることを得るか	山口県立山口中学校	杉田平四郎
忠正公御事蹟の大要	毛利家編纂主任	中原邦平

『山口県第二回地方改良事業講演集』（山口県内務部、一九一一年）を参照。

〈49〉武部欽一「地方財政の要項」、同上書、三〇頁。

〈50〉田村勇二「財政整理と基本財産の造成」、同上書、二六一頁。

〈51〉岡山と山口県下町村の請願事例については、坂本忠次「第四章第一節　明治末・大正初期町村財政における戸数割課税の展開」一九七五年（『日本における地方行財政の展開』御茶の水書房、一九八九年）がある。

〈52〉一木、前掲「地方民政の要綱」四九―五〇頁。

〈53〉大霞会編『内務省史　第四巻』（地方財務協会、一九七一年）三六〇頁。

〈54〉一九一六年の調べでは、吉田川の東部沿岸に位置する玉喜村は、面積〇・六四万里、戸数四〇三戸、人口二三七五名である。同村は大区小区制以来、宇津井と松屋の二つの旧村から成る（『厚狭郡史　全』厚狭郡教育会、一九二六年、七九、四三八頁）。

〈55〉『地方改良参考資料』（福岡県浮羽郡役所、一九一三年）四頁。この資料は、一九一三年一〇月一三日と一四日の福岡県浮羽郡で開催された地方改良講習会で配布された。それは各県下の地方改良の成果を紹介すると共に、浮羽郡の各町村の公官吏・篤志家がただちに活用できる基本財産蓄積条例のモデルを掲載する。

〈56〉菅野正『近代日本における農民支配の史的構造』（御茶の水書房、一九七五年）二七四頁。

〈57〉『林業講習録』（佐賀県内務部、一九一二年）一〇頁。

〈58〉一木、前掲「地方民政の要綱」四九―五〇頁。

〈59〉東京市政調査会（亀掛川浩執筆）『自治五十年史　制度篇』（良書普及会、一九四〇年）四五四―四九〇頁を参照。

〈60〉越智昇「日本近代化と地域支配」（神島二郎編『近代化の精神構造』評論社、一九七四年）九八―九九頁。

〈61〉一木、前掲「自治体の整善と地方人士の覚醒」、三三頁。

〈62〉一木「自治制と報徳」（『斯民』第二編第四号、一九〇七年）三六頁。

〈63〉井上友一「農村振興策」（林忠太郎編『農村振興策』愛知県農会、一九一二年）一三七頁。

〈64〉井上友一「地方人心の一新」（『斯民』第二編第五号、一九〇七年）二九頁。

〈65〉社会進化論と「生活事実」との関連については、池田元「第三章　如是閑『国家論』の基底――進化論的思考と『行動』」（『長谷川如是閑「国家思想」の研究――「自然」と理性批判』雄山閣、一九八一年）を参照。

〈66〉一木「知識と道徳」（『斯民』第五編第三号、一九一〇年）九、一三頁。

〈67〉『農業全書』は、福岡県黒田氏の家臣・宮崎安貞が明の徐光啓の『農政全書』（一六三九年）に依拠し、日本各地の農耕方法を編纂したものである。その目的は統治者が農業の知識を繁栄した政策を立案し、農業生産力を向上するためであった。『農業全書』については、宮崎安貞『農業全書　抄』一六九七年（古島敏雄・安芸皎一編『近世科学思想　上　日本思想大系　六二』岩波書店、一九七二年）、古島敏雄「『農業全書』出現前後の農業知識」

（古島・安芸編、同上）を参照。

〈68〉一木「市町村制の改正と社会教育」（『斯民』第六編第三号、一九一一年）五頁。

〈69〉一木、前掲「自治の本義」、二九頁。

〈70〉一木、前掲「地方自治の精神」、一三頁。

〈71〉一木、前掲「自治体の整善と地方人士の覚醒」、三三頁。

〈72〉「公有林野整理開発ニ関スル件」（一九一〇年）。遠藤治一郎『公有林野整理史』（日本治山治水協会、一九四七年）一七頁から再引。

〈73〉一九一〇年からの部落有林野の統一について農商務省側の治水事業の観点から検討した研究に、西尾隆「公有林野問題と組織的協調――組織外部への制度化――」（『日本森林行政史の研究――環境保全の源流』東京大学出版会、一九八八年）がある。

〈74〉遠藤、前掲書、三―八頁。

〈75〉前掲『林業講習録』、三七頁。

〈76〉一木、前掲「自治体の整善と地方人士の覚醒」、三四頁。基本財産は、不動産、動産、証券、預金などの収益財産を含む。

〈77〉橋浦泰雄「協同労働と相互扶助」一九三八年（柳田國男編『山村生活の研究』国書刊行会、一九七五年）一一三―一一四、一一七―一一八頁、最上孝敬「土地共有」一九三八年（同上書）一三〇―一三二頁を参照。

〈78〉入会慣行については、中田薫『村及び入会の研究』（岩波書店、一九五九年）、川島武宜「入会権の基礎理論」一九六七年（『川島武宜著作集　第八巻』岩波書店、一九八三年）を参照。

〈79〉部落有林野の統一については、古島敏雄編『日本林野制度の研究』（東京大学出版会、一九五五年）、山口立「町村の基本財産と町村有林」（『林野時報』第四巻第七号、一九五六年）、渡辺敬司「町村合併と公有林野」（『町村合併と農村の変貌』有斐閣、一九五八年）、石田雄「附論　部落有林野の政治的機能」（『近代日本政治構造の研究』未来社、一九五六年、一九九六年再編）を参照。

〈80〉一木、前掲「自治体の整善と地方人士の覚醒」、三二頁。

〈81〉一木、同上論文、三四頁。

〈82〉平田民舎「町村林の造成に就て」（前掲『山口県第二回地方改良事業講演集』）一二六頁。

〈83〉井上友一「地方篤志家の美はしき事業」（『斯民』第四編第六号、一九一一年）四二頁。

〈84〉一木、前掲「地方民政の要綱」、五二一―五三頁。

〈85〉一木「開国進取と共同力」（『斯民』第三編第一三号、一九〇九年）一二頁。

〈86〉『西松浦郡誌　全』（西松浦郡役所、一九二一年）六六一頁。

〈87〉農商務省農林局「部落有林野統一事例」（『山林公報』第六号付録、一九一六年）二〇三―二〇六頁。

〈88〉前掲『林業講習録』、三八頁。

〈89〉村有林の形成については、『脊振村史』（脊振村史編纂委員会、一九九四年）六〇四―六一六頁を参照。

〈90〉我々は前述した南波多村と同様に、天皇即位記念のための基本財産の造成事業に、公の観念と私の観念の対立や緊張関係を見出し難い。

〈91〉牧瀬苔花『脊振村更生記　附徳川権七翁・志波六郎助翁』（大政翼賛会佐賀県支部、一九四二年）一六―一七頁。志波六郎助は青年教育への関心が強く、村民に勤倹力行を鼓吹するために一八七五年ごろに青年矯風会を組織する。その後、各地域で講演活動を行い、社会事業功労者（一九二四年一月に宮内省から）や社会教育功労者（一九二八年一一月に文部省から）として表彰された。

〈92〉『改訂　村誌　背振路』（佐賀県神埼郡脊振村公民館、一九六五年）一五八―一五九頁。同書には記載上の数値の算出に不備があり訂正した。なお管見の限り、一木の言説では彼が部落有財産の統一と神社合祀の政策的連関をいかに捉えたのか判然としない。

〈93〉脊振村を優良村とする評価については、前田秀実「背振の山彦」（『斯民』第二編第三号、一九〇七年）七三頁、石田伝吉「優良町村及優良諸団体視察案内記」（『優良町村の新研究』大倉書店、一九一六年）七一七頁を参照。

〈94〉一木「公民教育」（大隈家編修局編纂『国民教育　東京講演』丁未出版社、一九一一年）三九八―三九九頁。

〈95〉一木、同上論文、三九八―三九九頁。

〈96〉一木「地方の発展」（『国家学会雑誌』第二五巻第一二号、一九一一年）一八九九頁。

〈97〉宮地米蔵『村有林と地方自治――脊振村長徳川権七論（山村行政史の一断面）』（弘文社、一九六六年）二七頁。

〈98〉「脊振村の大紛擾　三」（『佐賀新聞』、一九一六年九月五日）。『佐賀新聞』はこの騒擾事件の記事を九月三日から一〇日にわたって掲載した。なお、騒擾事件については、宮地米蔵、前掲書、脊振村史編纂委員会『脊振村史』を参照。

〈99〉「脊振村の大紛擾　四」（『佐賀新聞』、一九一六年九月六日）。

第三章 「立憲国民」の育成——主体形成の原理

第一節 地方農村の課題

一木喜徳郎の憲政自治論は、報徳思想とドイツ国法学の団体論の接合からなる理論的な到達点にあり、国家の有機的秩序の原型を生活慣習、とりわけ村落共同体における社会的紐帯に求める統治理論と定義することができる。彼は国家法人説を根拠にすることで、君主と議会の多数派による専制を注意深く避け、立憲政治を自治団体の運動によって補完することを提起した。その憲政自治の主体形成論が民衆道徳に基礎づけられるのならば、我々は、一木がどのような具体的政策を構想しているのかを問う必要があろう。そこで本章では、一木が提起する公民教育と青年の役割を考察する。

これまでの公民教育に関する研究は、ヨーロッパに由来する市民概念を援用し、大正期以来の労働者に対する「イデオロギー政策の任務」を論じる〈1〉か、学制が実施される明治期に遡り、公教育における国定修身教科書の性格を解明しようとしてきた〈2〉。しかし先行研究は公民教育がめざす社会規範の意味内容だけでなく、公民の概念も秩序像も十分に明らかにしていない。公民教育を検討するには、人民の政治的参与と市民性の性格およびその発展過程に焦点を当て、普通選挙の実施が必至となる統治の論理を踏まえて論じる必要があろう。本節では、一木が論じる公共の精神を社会化の問題として捉え直し、立憲政体の基礎づけの試みとして検討したい。

1　公民教育の意義

(一) 社会教育による自治の啓発

一木にとって法と制度は次のような彼の人間観から把握され、「法律制度の力」と「多数協同の力」が同じ位相で捉えられる。

法それ自身は死物である、之を活用するのは矢張人にある、唯法律制度の力に依て、一人の非常人の世に出るのを俟たずとも、多数協同の力に依つて、国の発展を図つて行くと云ふことが、即ち制度の利益である〈3〉。

この見解は、前章で論じたように、法が日常の思考と行動、すなわち生活慣習と適応してはじめて成立するという彼の法理論を示すだけではない。制度の機能からいえば、この生活慣習と合致した「法律制度」の効用には、突出した有能な人物（有徳な君主）、あるいは特定集団（国家エリートの集合）に他の人々が依存せずとも、日常人が協同して「国の発展」に寄与しうるという一木の人間観が示されている。さらに彼は人と制度の関係を次のように述べる。

今日に於て最も必要とする所は、制度の改正と云ふよりは、此制度を運用し制度の支配を受ける人の思想を進めて行くと云ふことにあるであらう〈4〉。

一木にとって制度の円滑な運営には「人の思想」が必要であった。彼は「国の発展」を積極的に担う一人ひとりが国家の秩序全体への責任を自覚し、国内の安寧秩序を保つ「知恵」に注目する。

昔の世の中の如く唯だ官民の懸隔を甚だしくして、最も知恵のある者が治者の地位に立ち知恵の無い者は野に居る、即ち野に遺賢なしといふ有様になつて来れば国は自ら治まる。

総ての賢者を朝に網羅して人民は悉く愚者のみである。治者は悉く賢にして被治者は悉く愚であつたならば国は治まる。此見地から致しますれば人民を成るだけ愚にする方が国家の秩序を保つには都合が宜しいかも知れないのである。併しながら茲に国際の競争なるものがあつて、国家は己れの進歩発達を図らなければ、遂に其国運を維持して行くことが出来ない〈5〉。

ここで一木は国家の進歩と国運の維持の関連において、被治者に対する積極的な啓蒙が必要であることを主張する。この彼の発言で注目すべきは、第一章で論じたように、国家の進歩を基礎づける「治」は被治者の「智恵」を必要とするという見解である。彼は為政者が権利能力でも行為能力でも被治者を無能力にさせるという支配の要諦を明らかに否定する。彼が「自治制なるものは、其公民たり、住民たるものが、協力一致することが必要であります。而して自治者が各自共同事業の実績を挙げんには、之に適合せる精神を涵養することが第一であります〈6〉」と述べるとき、「多数協同の力」と「智恵」をめぐる彼の発想は、公民と住民が「自治者」という人間類型として概念化され、それは後述する地方青年に対する公民教育の構想と密接に連関していた。

この「自治者」という人間類型から我々が印象づけられるのは、時代の転換期において治者や被治者、公民や住民の違いを乗り超えて協同する有機的連帯が、農村の再建という重要な政策的努力と重ねられていることである。一木は人民による内発的な参与と規律の内面化こそが自治政策の基調になるとの一貫した立場にあった。

我々は一木が提唱する公民教育の意味内容を考察する前に、一木の教育への動機づけを検討したい。なぜなら彼が「精神上の開発を計るには、教育に俟つべきことは論を俟たない〈7〉」というとき、彼の教育観は道徳精神の善導に力点が置かれるからである。彼の立場は歴史的・文化的な背景を尊重した規範的性格をもつ国家論を公民教育論のなかで展開しているといえよう。

公民教育において一木が指摘する教育とは、たんに規格化され画一化された学校教育ではなく、日常生活の実践的反復によって、「各地に青年団を組織して風紀を改め、勤勉の習慣を養わせ、或は図書館、巡回文庫等を設置して、県民の趣味を向上せしめる〈8〉」感化として把握される〈9〉。彼は一人ひとりの精神や感受性、そして共同性を満たす文化の創造力に注目し、住民生活の内実が実際的で豊かになる教育をめざす。一木にとって、団体の自治を確立するには、青年に対する「教育の力」が必要であった。

愛郷の精神とか、公共の精神、自営の精神とか云ふ様なものを養成するには、一には教育の力に依らなければならぬ、学校教育の力に依らなければならぬであらうと思ふ。又一には是は社会教育の力に依らなければならぬ、学校教育に於て斯の如きを達することは頗るむづかしいであらう〈10〉。

一木は行動意欲を喚起する役割をいわゆる社会教育に求め、「郷里を愛するの念を一の本能として養ふと云ふことが、公民教育に就ては最も必要であらう」とする。彼において、歴史的事項と「土地を愛するの念」は青年に対する精神感化の手段として「自治制の効果」に接合される。一木は社会教育によって村落住民の智恵と行為がむすびつき、共同生活における自発的な意志と智恵の応用力が育まれることを期待した。

（二）愛郷の精神から公共の精神へ

一木によれば、国民を根本において支えるのは、生活慣習の源泉である村落共同体への帰属意識、いわば「愛郷土心」であり、この感情を喚起するには次のような公民教育の普及が肝要である。

> 公民教育とは、地方自治制の効果を挙げる教育を謂ふのであります。此公民教育は、学校に於てのみでなく、社会にも之を要求したい。而して公民教育の第一要求は、愛郷土心の養成であります。郷里に対して、地理或は歴史上平素見聞せる中に就きて、自己の郷里を愛する念を養ふことが大事であります。就中歴史的事項は愛郷土心を養ふ上に最も有力であります。新開の土地は歴史なき為め随つて生活上の連鎖は歴史的ならずして、利益的であります。然るに古き歴史を有する町村は、有利の地位にありて、共同一致の精神を涵養

するには好都合であります。永い歴史には、遺伝と同時に歴史上の記念とすべきものがありまする故に、近来史蹟に留意するに至つたやうであります。……殊に今日の治者被治者が一致すると同時に、実業と行政とが一致する以上は、市町村の公住民の思想は常に実業と離るべからざるものであります〈11〉。

一木において、公住民が土地に愛着をもち、互いの共同性を育むには、土地に刻まれた歴史が重要である。彼は公民教育の内容は、それを受容する者の「歴史上の記念」や「遺伝」による集合的記憶と結びつけられてこそ充分に精神が涵養されるとみなした。彼によれば、「児童の脳裏に印象せしむる」史蹟保存は、同郷者が愛郷土心を共有し互いを信頼するように導くという。そして「共同一致の精神」は、彼の認識においてそれぞれが歴史的に同様な境遇であるという信念——あるいはイメージ——と固有の歴史を媒介にして「自治者」の思考様式に作用すると把握される。

このように一木が着目する郷土の歴史性は、住民の間で当然のものとして主観的に共有される、人心という厚い民衆心性に働きかける。公民教育によるこの「愛郷土心」の涵養は、困窮した農村の現状への無関心を克服するだけでなく、農村の改良を「自治者」自身が積極的に担うという主体性をも喚起し、それと同時にあらゆる不和を包摂する村内融和を実現する狙いがある。一木が「最もむずかしいのは一新したる人心を新しい儘で維持する事〈12〉」というとき、新たなる人心には、一方で民衆が従来慣れ親しんだ習俗と連続し、他方で部落（＝旧村・郷党）から上位の自治団体（＝町村）に帰属するという自己革新の試みが期待されている。この集団意識への彼の観点がとりわけ明白に示されるのが、一九一一年五月一九日に福岡で行われた福岡県斯民会での講演である。

福岡県斯民会は一九一〇年五月一日に結社され、各郡市に部会および支会を設立し、全管内での統一的連絡を計画した〈13〉。同日の福岡県斯民会第一回総会に出席した当時内務省神社局長の井上友一は、希望演説のなかで「地方の自治に努めて地方を改良し且つ農村を改良するが如き目的のものは此の斯民会を以て初めとすべし」と述べた〈14〉。福岡県斯民会が結社された翌年の五月一九日、一木は福岡県会議事堂で地方改良事業に関する講話を、県庁員、市内諸官署長、県内各郡市町村長、各名誉職など約五〇〇名の聴衆を前にして行った〈15〉。この講演は「市町村制の改正と社会教育」という論題で『斯民』（第六編第三号、一九一一年）に発表される。そのなかで一木は歴史的事項と「県民の精神的修養」について次のように論じた。

思ふに当県（福岡県——挿入引用者）のごときは、至る処の山川悉く歴史上の記念の種と成つて居るので、県民の愛国心を鼓舞養成するの資料となり、敬神の念を起さしむるの資料となる者が多い様に考へます。或は民政上に尽力せるの故人の跡や、産業に模範たる故人の跡、或は元寇の際我等の祖先が数十年間苦心の跡など、見るもの聞くもの、一として社会教育の好き資料たらざるものはありませんが、是等を保存すべきは勿論のこと、進んで之を利用活用して、大いに県民の精神的修養を資せられたいと思います〈16〉。

こうして普及される「村」や「郷土」のイメージは、集合的記憶を通じて愛郷土心を高揚させ、公共精神の涵養に効果的に作用するとみなされた。この講演の後に一木は福岡市内の東公園の日蓮銅像と元寇記念館を視察し、県民に愛国心を感化するには「今少し整頓をなし常に説明者を附し置きては如何〈17〉」と資料の陳列について注意を促す。展示資料や図版などの視覚教材は、閲覧者の審美的感受性を刺激し県民の精神的修養を促す試みといえる。こうした社会教育を通じた愛郷土心から愛国心への精神の転回に着目すれば、一木は「団体自治」という西洋に由来する自治制度を咀嚼、受容しながらも、先の引用にある「敬神の念」の把握から日本の風土の跡を追っているように思える。一木は、「歴史的事項」を材料にする公民教育は、自身が属する団体への自覚、いわば「我々」という集合意識を、連帯の理念として一人ひとりの生活感情のなかに積極的にもち込もうとしたといえよう。一木が各地方の不均等な経済発展の実情を文化の質的相違から看取し、歴史的・文化的固有性こそが地方農村の発展を支える自治精神を育むと認識したことは見過ごすべきではない。

一木が「一身の利益と公益とを調和せしめ、或る程度までは、一身の利益、それ以上は公益の為にする。或は慈善の事業に之を用ゐるとか、其用途は多岐多端でありますけれども、要するに己の余れる所のものを以て人に及ぼすという精神は、国家の健全なる経済の発展に欠くべからざる精神〈18〉」であると論じるとき、郷土への彼の関心には、分度を前提にした推譲の徳目が公益において実現されることで国家の進歩が達成されるという思想がある。彼は教育者に対して、公共の精神を発達させる「町を愛するという念」を感化するよう期待する。

其地方々々の史蹟を調べて、之を児童に教へ、其児童が郷里を愛すると同時に、又古人の徳を慕つて、之に模倣しやうと云うやうな考を自然々々の間に養ふことが最も必要ではなからうかと考える〈19〉。

しかしながら、先に示した福岡地方の山川や故人の苦心の跡などは、郷里への思いをかき立てるとしても、いかなる必然性においても愛国心や敬神の念へと直接結合するものではない。福岡の個々の場所や人物はそれぞれ固有の生活領域に属する。しかし生活者の記憶は本来私的領域の範囲にとどまるにもかかわらず、公教育や博物館が、国家行政の方針に従いながら、それらを歴史的に注目すべきとされる重要な出来事にむすびつけ顕彰することによって、私的現象を公的現象に変容させる。他方、史蹟には刻まれない権力への壮絶な抵抗を考慮すれば、政府の方針による史蹟の保存は、国家権力の動作によって語られることのない歴史の負の部分を一切捨象して、権力の側から輝かしくみえる文化の断片を、「愛国心を鼓舞養成」し「敬神の念を起さしむる」

ために都合良く、表面的につなぐ試みといえよう。ここには内務省の主導によって、地方の「愛郷土心」がひとつ上位の歴史的価値へと接合される方針が示されている。つまり一木にとって、史蹟は祖国のために民衆が自発的に生命を注ぎ尽くす国民的功績であり、公民教育は社会に蔓延する風紀を改善すると同時に、歴史と文化に基づく国民的なものに結合する人民の品性を陶治する役割を果たすべきものであった。この方針において、自治団体の活動は各成員の利己心を乗り越えた公共心を涵養する基準によるべきである一方で、個別的な部落・旧村の規則や制裁に含まれる生活慣習をも援用する。ここでは、文化財の整備が私的領域（＝旧村・郷党）と公的領域（＝町村・国家）の統合に有効に作用することが期待されている。

一木の考察からいえることは、道徳的秩序に根ざすべき現実の生活が、民衆自治とは疎遠な産業構造の発展過程のなかで衰弱し、もはや生き生きとしておらず、生活の足場には住民間で社会的結合関係を維持していくだけの求心力が欠如している。だから国家行政は、かつて現実にあったとされる活力を表象する跡を文化財として象徴的に利用するのである。一木にとって、祖国の原像を支える「愛郷土心」は、彼が理想とする規範的な団体生活の源泉であり、「団体における個人」による新しい自治精神の基点であるということができる。

2 小農保護の着想

(一) デンマーク農業経営の関心

一木は地方農村の存立が「国家の進運」の基盤であり、公民教育による「愛郷土心」の感化と地方青年における「父祖の業」の自覚によって理想な秩序が確立すると論じる。彼は現実の社会問題を、「日本は人口の多き割合に、総て社会上の組織の不完全な為め、消費高と生産高との間に非常な差があるから、自然物の値が高く、従つて生活も容易でない〈20〉」という構造的要因から捉え、内務官僚の立場から具体的な政策目標によって国益の増進を達成するようめざした。それでは、一木は、どのように国家を支えるべき農村に実益を生み出す現実的な具体策を考察したのだろうか。ここからは、農村における人心の感化とは別の側面から、一木が青年を農村の支柱に据えるために、彼らを農村につなぎとめようとした具体策を考察したい。その焦点になるのは、当時国際的に注目されていたデンマーク農業経営への一木の関心である。この分析の試みには、彼の構想において青年の精神を修養するだけでは解決しえない経済構造の要因と、農村を担う主体像の一端を示す意義があろう〈21〉。

一木は、ライダー・ハガード(Rider Haggard, 1856-1925)によるデンマークの視察報告について、中央報徳会の機関紙『斯民』の三つの論文(一九一二年)〈22〉のなかで紹介している。一木はそのなかで書名を示していないが、後述する彼の論旨とハガードの論旨とを対比すると、彼が参照したハガードの文献は、*Rural Denmark and its lessons*（London, Longmans, Green and Co, 1911.）であると特定できる。同書はハガードがイギリス政府の委嘱を受け、小地主推進政策の資料として作成した、デンマーク農業経営の視察概要である〈23〉。内務省地方局はハガードのこの著書を『丁抹の田園生活』（一九一三年）という邦名で翻訳、「今や欧州各国は齋しく農村住民の減退を憂へ住宅問題、救貧問題、浮浪者問題、労働問題も生活問題等に関し、其心を悩ましつつ間に独り丁抹に在りてき農村の繁栄年と共に著しきを加へ路に乞丐浮浪の徒なく最下級の労働者に至まで何れも将来に希望を嘱し以て其堵に安んじつゝあり」というデンマークの事例を、日本が学ぶべき教訓として出版した。一木が三回にわたって発表した論文や原著が出版された二年後にその翻訳が内務省地方局から出版された事実からいって、内務官僚のデンマーク農業経営に対する関心の高さは明らかである。

一木によれば、デンマークの牛乳供給会社が余分な利益を「建物を広げるとか、或は貧困な子供に廉く供給してやるとか、或は無代で供給〈24〉」する資本運営や小農への補習学校の施設は、日本における地方農村の振興の今後にとって有益であるという。彼は農村の「健全なる住民は、国家の発展に取ては最も大切なるものであるから将来は益々奨励して増して行かなければならない〈25〉」と主張し、小農の保護と発展を考察した。一木がこのデンマーク農業経営を紹介した理由には、牛乳供給会社の事例から静岡の積志銀行が配当を教育に使う仕組みを、補習学校の実例からは報徳会による農閑期の実業学校を構想することで、日本において破綻しつつある農業経営の保護・振興策について広く意見を交わそうとする意図があった。第一次世界大戦後から小作争議が激増し、農村問題の解決が内務省にとって重大な懸案になることを考えれば、戦前の一九一二年におけるデンマークの農業経営への内務官僚の着眼は達見であるということができる。

一木が記すところによれば、当時のデンマークの人口は二六〇万人であり、「土地は極めて瘠せて気候は極めて悪い。面積からいへば僅かに四百万町歩位である[26]」。一木は「丁抹で小地主制度がよく成立つて行くのは総ての事を共同でやつて行くからである[27]」として、たとえば鶏卵の輸出組合であっても「『コーオペレーション』でやるから、小地主の経済が立つて行く」と指摘した。デンマーク農業生産形態に日本の地方農村が進むべき将来像をみる一木は、資本主義の発展によって徐々に拡大していく村落共同体秩序の解体を危惧し、地方農村が共同組合の設立と自主運営という農村改良の施策によって「社会進歩」に適応すべきことを主張する。

ところで、デンマーク農業経営は、大正末期から日本の農村に模範的農業経営の一つとして広範な影響を与えた。デンマークについては、内村鑑三（一八六一―一九三〇）の講演「デンマルク国の話」（一九一一年）から一般に関心が高まり、旧愛知県碧海郡（現在の愛知県安城市）一帯がデンマーク農法と類似していたために、「日本デンマーク」と全国的に呼ばれるようになって以来、広く知られるようになった[28]。この講演のなかで、内村は荒漠たる土地で発展したデンマークの植林事業が、「民の平素の修養」と「天然の無限的生産力」、「信仰の力」が「国の改造」を導くと論じる[29]。内村によれば、信仰に基づく「国民の精神」こそが、資源に乏しい小国の荒地を沃地にし、緑林を再生すると共に気候を一変させ、穀類や野菜までをも国民にもたらす「富の源」であるという[30]。

一方、「信仰の力」を強調する内村とは違って、一木が牛乳供給会社の相互扶助的行為に貧窮者への慈愛を看取するだけでなく、より現実的かつ具体的な方法からデンマーク農業経営の繁栄に着目することを、我々は見逃すべきではない。彼によれば、資本が土地しかないデンマーク産業が発展したのは、牛乳やバター、ベーコンやハムといった多角型生産様式が優れていたと同時に、鶏卵の輸出などの種々労力と費用を、共同組合を通じた人々の協同活動によって節約し、品質を改良したことが余剰を増やし、多方面に運用することができたからである。多角型農業経営は複数の生産物を組み合わせることで一つの商品作物に依存する経営形態よりも価格変動の影響を避けることができ、さらに労働力を分散することでより効率的な生産を達成することができるといわれた。

（二）デンマーク共同組合と小地主制

しかし一木はデンマークの成功に、農村住民が共同組合を通じて協同一致し連帯して生産を向上させるだけでは充分でない社会的条件を看取する。彼によれば、農業経営を発展させる最も根底的な条件とは、生産手段である土地をみずから所有することだった。

「コーオペレーション」は地主であるから出来るのであつて、若し借地人のみであつたら到底是は出来ない。といふのは、組合へ這入つて居れば、其人の財産の状況がスツカリ分つて仕舞ふ。若し繁栄の状況であると地主が忽ち地代を上げることになつて溜らぬ。それで地主でなかつたら、此組合の制度も成立たぬであらう。要するに小地主の制と組合の制と互いに相扶け合つて、鶏卵の会社にしても、現に繁栄して来たのである〈31〉。

ここでは地方農村における生産様式の転換をうながす共同組合という新しい企図が、村落住民の土地所有形態の転換と結合すべき課題として主題化されている。つまり一木において、共同組合は生産者がみずからの生活の基礎である土地を私的に所有し、彼らが団結してはじめて成立するとみなされているのである。一木は、地代の価値が土地それ自体ではなく、土地への追加投資による生産高の差から生じる超過利潤によって決まり、借地人が地主から利潤を奪われることを明晰に認識していた〈32〉。彼が捉えた土地所有とは、生産様式をめぐる農業経営の停滞という社会構造の問題から把握されるべき主体形成の条件であり、地方農村における協同生産を具体化する手段であったことは無視すべきではない。

地方農村の共同利益を強調する一木にとって、「地方の利益のみを図り、国家全体の利益や他の地方の其を顧みぬとか、……地主は地主のみの利益を図り、小作人の利益を度外におくとか、小作人は小作人のみの利益を図り、地主を眼中に置かない」という個と共同性の関係は、物質的豊かさの志向という日常意識の倒錯が利己心を拡大させる問題として捉えられている。明治前期の地主は、みずからも生産者であると同時に農村の経営者であり、村落共同体秩序の存立に対しても関心を向け、村落住民の永安に責任を感じることもあった。しかし明治後期から地方農村には小作料の収得と米価の相場に関心を集中させる不在地主、いわゆる寄生地主が増加しはじめ、村落共同体における秩序構造は漸進的に変容していく。

一木において、地方農村の産業を活性化させるには、生産者の余剰生産物が高率の地代に転化し個別的な地主に集中するのではなく、共同組合を媒介して地方農村全般に富が蓄積されていくことが重要であった。生産高の上昇によって生まれた新たな利潤は農業経営の将来に対する生産者の意欲を喚起するだけでなく、彼らが協同して生きる農村生活への関心をも高める。一木は自身の農村を離れ都市労働者になる村落住民のなかでも、とりわけ小農を救済することが政治家の使命であると力説する。

今日の文明国に於て必要とするものは、都会の住民にあらずして村落の住民である。国家は国防の為にも村落の人民を要するのである。国民の健康の為にも村落の住民を要するのである。又今日の極めて不完全なる思想の世の中に立つて確かに地歩を占めて行くには、どうしても村落の住民が殖へて行かなければならぬ。都会の人口を補給する村落の住民がなくては、国民は段々堕落して、遂には滅亡するに至ることは免かるべからざる結果である。故に政治家たる者は、如何なる犠牲を払つても、如何なる労費を掛けても、此小農保護には全力を尽さなければならぬ。それを妄想などといふのは甚だ怪しからぬ〈33〉。

一木がいう「小農保護」という政治目標は、日露戦後には中小自作農が土地を失い小作貧農に没落する社会現象への対応として、地租軽減と米穀保護関税が懸案であった〈34〉。この目標は、なかでも平田東助によって積極的に主張された産業組合の育成・強化が産業組合法として制定（一九〇〇年）されたことで顕現した。農業が国家財政の最大の給源である限り、農業生産力を高めることは最優先事項であった。さらに一木が発言するように、「国防」と「国民の健康」の本源に村落住民を置き、「都会の人口を補給する村落の住民」として都市と農村を連続して捉えるのは、村落住民のなかでもとりわけ小農が有機的集合体の根本要素であるとみなされているからといえる。

このように一木が小農を強調するとき、もはや彼は農村経営の主体を名望家だけに求めてはいない。一木が論じた団体自治の観点から地方農村の経営をみるとき、彼は小農がみずからの農村を振興するために、共同組合の活動を通じて名望家と共に連帯する村落共同体秩序の再編を構想していたということができる。ここで保護の対象になる小農とは、帝国農会（一九〇八年に設立）によれば、一町以下を耕作する者（中農は一町から五町歩、大農は五町歩以上）として、耕作面積を基準に定義づけられる〈35〉。デンマーク農業経営を支える小地主制への一木の関心は、地方青年の生活拠点を確保すると同時に、日露戦後から徐々に増加していく小作争議への対応策の一つとして位置づけられ、大正後期の「自作農創設維持補助規則」（一九二六年）を典型とする農村救済策の文脈にある。

小農主義の立場に立つ一木にとって、共同組合と小地主制の複合から成るデンマーク農業経営は、衰退する地方農村の生産力の発展を促す範型であった。彼は小農保護が国家の防衛や「国民の健康」の基本であることを、次のようなデンマークの小農保護の成果から論じる〈36〉。

> 小農の耕して居る所は、初めは荒蕪地で、甚だ悪い土地であつたのが、小農の手に移つてから段々回復されて居るのである。又其土地の上に養う家畜なども段々殖へて行く。此の如く土地は改良された所が増して行き、而して其所には愉快に住む立派な人民が出来る。一面に於ては今まで貧民救助とか、或いは養老年金などの為に費した費用は追々是が為に減つて行くであらうし、又之が為に小農が繁栄すると同時に、租税の負担力も増して行き、又国の所得も増して行く。尚ほ一層大切なる事は、是から生じた子孫は、土地の無い労働者の子孫に比較すれば、其体力に於ても、亦其精神に於ても著しい差が出来て来るといふやうな議論をして、極力是に賛成して居る人もある〈37〉。

このように一木が、小農の生産活動に「国の所得」の源泉を見出すのは、小農がみずからの土地を耕し生産する生活の充実と喜びによって、地方農村のなかで生産者が自己を変革しながら自力更生することを期待すると同時に、健康な「体力」と「精神」を併せもつ彼らが、一木が想念する健全な有機的集合体の分子と合致するからである。しかも一木には報徳思想に由来する独立自営と協同一致の精神が共同体秩序の要点にあり、この報徳思想によって小農の保護が思索されていることに、我々は注意すべきである。一木のデンマーク農業経営への関心には、すでに第一章で論じた農事改良と農業生産者の育成を目的として展開されてきた報徳社運動の理念をさらに発展させることで、生産者層の没落を防止するために農村社会の改良を実現しようとした構想があったということができる〈38〉。

3　地方青年の進路

(一)　離村と立身出世

一木喜徳郎による公民教育論の主眼は、青年に愛郷土心を養成することで、彼らが自身の郷里にとどまり、事態の改善を図る自治の主体として育成することにあった。その立論の背景には、次のような都市人口の非常な増加と農村解体への憂慮があった。

凡ての改良、凡ての改革は根本に突き入つて計画しなければ、千百の彌縫も何等の功を奏せぬ。其処で都市農村改善問題の根底は何処にあるかといふと、是は地方農村にある。乃ち改善は地方農村から始めなければならぬ事となる。農村が改められなければ、幾度都市を改善しても、元の状態に帰つて仕舞ふ[39]。

ここで一木は農村経営の危機と都市問題を関連させている。彼は農村をモデルにし地方青年が熱意をもって自治団体の独立自営に貢献していくべき道を探った。一木によれば、農村で中堅となるべき青年が都市で零落するのは、次のような地位向上の欲求によって都市に駆り立てられることに由来する。

都会に人が集注《ママ》するといふことは、近頃の弊でありますが、就中立派な人間が段々中央に集まるといふ傾きがある。併し集まって為す所の仕事は何であるかといふと、大抵は打ち毀しをやって居るのである。若し斯ういふ人達が地方に居つて、各々地方改良の事業に骨を折ったならば、其功を奏することは著しいことであろうと思ふ。己の地位を余り低きに見るといふ事が、各地の発展が出来ぬ原因であらうと私は密に憂ふる。又兎角地方の青年や何かが己の職業を離れるといふ傾向がある。中学校でも卒業すると、天秤を肩にすることが詰らぬと思ふやうな者がある。斯ういふ者は己れの職業を軽く見るからではないかと思ふ[40]。

一木によれば、都市では地方の発展を支えるべき青年の創意や個性を発揮するような職業に就く機会はきわめて乏しい。このことから彼は、地方青年が「貧困無頼の徒」に陥るその進路を憂慮した。都市のなかで原子的かつ画一的な個人へと還元され都市青年が孤独にある状況〈41〉は、後に論じる「過激思想」が青年に浸透する基盤でもあるからである。

しかし、たとえ一木の目には青年の多くが都市の単純労務者に成り下がっていると映っていたとしても、青年の離村には地方農村に自身の将来を捧げることへの不安と上昇意欲が潜在しており、現状よりもより多くの富の獲得やよりよい地位に就きたいという欲求に、さまざまな新たな人生の夢と自由が託されていることは見過ごすべきではない〈42〉。産業化がもたらす農村秩序の弛緩と地方青年の都市志向は、青年に村落共同体秩序からの離脱の契機、いわば自己の生に関する切実な欠如感と将来の不確定性によって生じる不安からの自由を意味した。それでは一木はどのように地方青年の意欲を地方農村の復興へと方向づけようとしたのだろうか。ここからは、まず彼の青年教育の観点から「立身出世」の概念を考察し、そして青年と父祖との関係に焦点を当てた農村における習俗の「文明化」の問題を検討したい。

地方農村に公民教育を普及しようとする一木の主張は、地方改良の観点から、もう一度人間生活に根本的に必要な共同性を構築し、都市と地方農村の問題を考え直すことを提唱する。彼によれば、地方青年は学問によって知識を向上させるだけでなく、勤勉努力の習慣を身に着けることで地方農村の発展に寄与する。一木は次のように地方における勉学を奨励する。

少なくも中学までは田舎に於いて充分なので、其の辺の小都会になれば、それ以上の専門的学校の設が大抵備つて居るのであるから、其処で勉強する方が一は経済的でもあり、一は中央よりも精神が落ち着いて居て、勉学上非常に都合がよい〈43〉。

こうした一木の地方青年への期待に、学問によって身を立て、中央で国家に貢献するという、いわゆる「立身出世」の発想を見出すことは困難である〈44〉。たしかに彼は、青年がみずからの人生の理想として「現状に甘ずることなく、立身出世を希ふことは万人変らぬ処」であると述べ、「成功の秘訣は、自ら其本分を能く守つて、時の至るを待つにある」と論じる〈45〉。しかしすでに述べたように、彼は中央に優秀な地方の人材が集中することが農村の発展過程を遅らせることを懸念し、各地の実業教育や青年団活動によって青年を地方農村にとどめ育成することが、中央と地方の偏在を解決する良法であるという。

「立身出世」は日露戦後に「成功」という言葉と共に流行し、青年層の間で名士の「成功」に憧れる風潮のなかでその意味内容を変えていく〈46〉。おもに没落した士族の子弟が抱く「立身出世」の一つの典型は実業家である。国内経済が発展し続け、法律に基づいて人々の権利能力とその結果の契約が保障される限り、人々は富と名誉を得る「成功」の機会を公平にもつという楽観的な社会通念がその基底にある〈47〉。一方、二宮尊徳の生涯をモデルにした「立身出世」は、勤勉力行による生活態度の改善を通じた地方青年のもう一つの範型であり、その典型は「二宮先生がいやしき一農夫よりおこりて、終に、名高き人となられしが如きは、全く、先生の忍耐と勤勉との力なり。志あるものは、事ついに成る〈48〉」という、高等小学校の修身科を通じて形成される地方名望家である。

しかしながら、それまで身を立て世に出でる地方青年の離郷は、自身の家名を挙げ「郷里の誉れを飾る」という欲求から発した行動だったが、日露戦後の「立身出世」は次第に郷里に還元されることのない利己心の充足、とりわけ富の獲得を意味するように変化してゆく。こうした「立身出世」を求める地方青年の離村現象を、一木は次のような地方農村の経済問題から論じる。

地方農村の人口が益々減少して、都会にのみ集中するのは地方農村が不景気だからである。農産業が振はない、金融が悪い、村に居ても面白くないから、町に出て仕事を見つけよう、面白い事にあり就かうとする〈49〉。

一木にとって、地方青年の離村は、みずからの欲望の充足のために富に心を奪われ、自身が拠って立つべき生の基盤である地方農村への無関心をもたらす。彼は、新しく充足した都市生活を志向する利己心が少しずつ村落共同体の団結を解体させ、集合意識を衰退させるとみなした。また実業家をめざす「立身出世」には他人と自己の地位に差をつけたいという欲求があり、それは村落共同体の相互扶助的な共同生活に根底から対立する競争原理を共同体秩序にもち込み、「協同一致の精神」の涵養を阻む〈50〉。

一木において、地方青年に自治精神を喚起することは、国家の存立を安定、発展させる動因を地方農村から引き出すための基礎的作業であった。そこには、青年が自身の郷里に根ざした生活基盤への回帰を要請し、農村の生産力を向上させ秩序を建て直すべく方向づけられた主体を形成する意図がある。一木は、都市で地方青年が自身を侮辱してまで実業家をめざすのではなく、名利や出世なしに生きられる地方農村を築く名望家の育成に努力する。

(二) 実業思想における「父祖の業」と「相恕」の観念

だが一木は地方青年たちが「なる丈実業と離れぬ様に、実業思想を絶えず(中等教育の――挿入引用者)生徒の頭に注入することとしてもらいたい」と述べ、「今日は経済社会の発達に伴ふ所の道徳の一つの原則として、先ず第一に自己の職業を尊とび、職業に忠実にすることがなければならぬ」と主張する〈51〉。では彼は地方青年の将来をどのように考察しているのだろうか。

一木の念頭には道徳と経済の調和という報徳思想に由来する原則が貫徹している。彼が注目する実業思想はただ経済発展を期待するのではない。彼は実業思想における青年の職業教育を指摘しながら、次のような「父祖の業」に関心を向け、「相恕」という協同一致の精神を力説する。

> 学校に於て実業思想の養成は、地方自治民政の発達を図る基礎を与ふれば足るのであつて、必ずしも職業教育となさねばならぬことはあるまい。要は常に父祖の業を尊び之を重んずる念を涵養すればよいのでありまして、直ちに之を応用して物を生産することにならずとも、多大の効果があることと思ふ。又実業教育を施すに当つても先刻公民教育につき希望をのべましたように、実業と公共的事業とは一致せねばならぬ。即ち公共的精神と実業的事業とは互いに関連せねばならぬ。公共的精神を養成することにつき希望することは相恕することと是であります[52]。

こうした実業教育における地方青年の修養は、一木が地方農村の名望家の育成を重要な課題としていることを我々に示している。彼は「公共的精神」の養成のなかで「相恕」の観点から秩序を支える精神を捉え、協同する人間形成に着眼し、「孔子の所謂忠恕のみとは、公民教育に大切なことである[53]」として、孔子が『論語』で「夫子之道、忠恕而已矣[54]」（里仁　一五）という「忠恕」の観念が公民教育に必要だという。一木はこの「恕」という儒教の概念を、第二章で論じたような彼特有の法理論を通じた西洋的近代像を媒介させ、論理的な思考から新しい文脈のなかで用い表現する。一木がいう「恕」とは「自己の地位を離れて、仮りに他の地位に移りて考えること[55]」であり、具体的には次のような「協同一致の精神」として性格づけられる。

総て人は他の境遇がよく見ゆる者でありますから、治者は被治者の地位に於て考へ、被治者は治者の地位に身をおいて考えたならば、其間に互に鬩ぐことはあるまいと思ふ。要するに協同一致の精神は、此恕の一字であります。是等の事は学校教育社会教育及び日常交際に於ても此辺に注意すれば、協同の精神は油然として起り来ることゝ思ふ[56]。

この一木の思想には彼の人間観が表現されている。すなわち彼がいう「総て人は他の境遇がよく見ゆる者」という人間把握の態度に、人々が「悟性」によって共に生きる隣人をみずからと等しく認識しうるという一木の思惟様式を看取することができる。相手の地位に立ち考える一人ひとりの「悟性」が、互いに譲り合う「協同一致の精神」に止揚されるとき、ここで一木がいう「恕」の観念を媒介した地方農村の公民と住民は、自治の主体という人間類型として存立する。彼は全村民の「協同一致の精神」によるより動態的な共治という新しい社会的紐帯から、「地方自治民政の発達」のために共同体を捉え直している。一木がいう公民教育のおもな目的は、自治団体の中核として共同の利益を調整するだけでなく、公共事業に奉仕する平準化された公民を育成することだった。

しかし協同一致による農村運営において、青年の生活が先に引用した「父祖の業」に直接むすびつけられるとき、この「父祖の業」は世代間の職業の継承以上に秩序原理に関して直接かつ重大な意味合いをもつ。一木にとって、日本は「国家全体が家族的である、小にすれば各員が家族的になつて居る〈57〉」と捉えられている。組織原理が家族的であるべきで、家族制度が社会構造の基礎であるならば、一家を担い地方農村を支える青年の離村は、あらゆる組織に共通する秩序原理からの逸脱という重大な社会問題とみなされる。

一木は、地方青年が父祖の辛苦による一家の繁栄とその後の発展の責任を担うことなく地元を去ることを次のように論じる。

元来、一家が今日相当の資産を維持して居るのは、皆父祖が隆々辛苦した賜物である。其の資産を継承して、いかが上に発展させるといふ事は、即ち青年たるものゝ務めであると共に、処世上之れより安心な道はあるまいと思ふ。斯かる安心の出来る方法なるにも拘はらず、聊かの学問を鼻にかけて、地方に在るを厭ふ様では、国家の為に誠に慨嘆すべき事と云はねばならぬ〈58〉。

ここで一木がいう一家の資産とは、地方農村の場合その多くは土地である。そして彼が想念する青年とは、将来土地を継承する長男であり、家族を扶養する家長と規定できる。一木にとって一家の資産はたんなる長男個人の資産ではない。それは長男が「家」や祖先の積恩に報いることを義務づけられる「家」の財産である。長男は土地を継承することによって、家族を扶養する責任をもつ一人の家族員として「家」とむすびつき、土地に拘束される。

この一木の論理構成はすでに論及した階梯的社会編制、つまり一家―村落―国家という有機的秩序と同じ論理構成をもつ。この秩序観において、青年は社会的地位を父祖から代々受け継ぎ、親族と助け合い、隣人と協力しながら、生まれ育った地方農村の一員として、国家とも同調することが期待される。彼が次のように家族制度の社会政策的機能を主張するとき、青年が果たすべき役割は、もはや身近な親族への献身にとどまらず、家族を範型として共同体全体の「救済事業の恩沢〈59〉」へと展開する。

我国に於ては尚一歩を進めて、家族制度である故に、一家の長たるものは啻に己一身の為に働くのみならず、又子孫の為をも計らなければならぬ、其子孫の為に働く所の途を尽さなければ、他日子孫が貧困に陥り窮迫を生ずるので、其場合に於ても詰り此責任あるものが其責任を尽さなかったと云ふ結果になる、どうしても欧羅巴諸国よりは我国に於きましては此一家の長たるものの責任が重い訳であります、或は欧羅巴諸国に於ては権利として要求し得べきものでも、我国では権利として要求することは出来ぬと云ふやうな事情もあらうと思います、……此家族制度が我国の社会政策の組織の一の要点になつて居ること〻思ふのであります〈60〉。

一木が述べる「欧羅巴諸国に於ては権利として要求し得べきものでも、我国では権利として要求することは出来ぬと云ふやうな事情」とは、具体的にいかなる権利であるか判然としないが、彼は、少なくとも家族制度のもとでは、一人ひとりがみずからの判断で行動することは強く規制されると認識している。青年の意識と行動は、自身が属する「家」を中心とする同心円的延長上にある地方農村そして国家の成員として、有機的秩序に強く制約される。

（三）実業教育における進歩の理念

一木において、地方青年は独立自営の精神をもつだけでは十分でなく、自立の拠点を「家」と地方農村に基礎づけるべきとされた。彼は、「地方を捨て、都会に集まるのを無上の名誉となすが如きは、青年自から其の前途に一大障害を置くものと云はなければならぬ」として、これからの青年は地方という活動の舞台を活性化させるために、「学問の本義を知り、併せて地方発展に貢献すべく奮闘するのが、何より肝要である」という〈61〉。一木は、「家」を基調とした「愛郷土心」の養成によって近代国家機構の存立を補完するだけではない。「父祖の業」とは別の側面、つまり生産力の発展をめざす実業教育の観点から「教育の振興」を主張する。

一九一四（大正三）年、一木は第一次世界大戦の戦局に触れながら、日本国民の教育水準を高める必要性を次のように痛感していた。

今回我国が参加せる戦闘の局面は敢て広きにあらずと雖も、之れを日清、日露両戦役以降、世界に於ける我国家の地歩の向上に鑑み、此の戦局の結果、我国家の将来益々多事なるべきを想ひ、更に或は我学問研究の上に、或は我経済産業の上に、至大に影響を及ぼすべき形成に徴すれば、益々我国家不況の源泉を涵養すべき教育の振興を促して、国民の充実を図らざるべからざること、此の時より切なるはなし〈62〉。

明治末期から急速に普及する実業補習教育は、義務教育課程を修了した青少年に対する普通教育の補習と基礎的な職業教育を目的としていた。実業教育の振興は、一八九三年に井上毅（一八四四―九五）が文部大臣に就任して以来、「実業補習学校規程」（一八九三年一一月二二日、文部省令第一六号）を含む五つの実業教育関係法令の制定により、全国各地に実業学校が創設された〈63〉。明治期の学科内容の多くが、大工、金工、染織、窯業、漆などの伝統工芸であったのに対し、大正期では、機械、建設、電気、応用化学などの重化学工業に関する学科が目立つようになる〈64〉。こうした産業化の発展過程における一木の主張は、「今日は戦時の事ゆえ詳細は分からないが、今後は経済上の政策に於て、理化学の応用に於て、社会の思想上、組織上、大変化を来すだろう〈65〉」という危惧のもとで教育をあらためて振興し、それによって時局に適応する国民の能力の刷新を訴えるものであった。

先の引用にあった「国家の地歩の向上」を教育から導き出すという一木の発想には、彼の思想に深く基礎づけられる次のような進歩の理念がある。

> 戦後国運の発展を期し、世界各国の競争場裡に、優勝者たる地位を占めんとするには、国民の知識を増進する外に良法はない。殊に実業教育、並に理科的の教育に一層の力を注ぐ必要がある。実業と科学との関係を更に近密《ママ》ならしむることは、実業の発達を図る上に於て最も大切である[66]。

ここでは「実業と科学の関係」を密接にした産業化が、国際的な経済競争とむすびつけて理解されている。その背景には、実業教育によって教育された熟練職工および監督者が、重工業の比重が高まるにつれて必要になったことが指摘できる。「農事の改良発達に就て学問が要らぬといふことは無い[67]」という一木の洞察には、「今日の中学校に於ても代数、幾何、三角等は却て無用にあらず[68]」として数学教育が実利に適さないとする地方農村の世相に対して、教育の振興が国民経済を支えるとの確信がある。しかしながらすでに論じたように、一木の進歩の理念には、文明が過去の生活慣習よりも優れているという思想はない。むしろ彼は報徳思想と進歩の理念のむすびつきに、日常生活の実益と豊かさを求めた。

それでも一木は、科学技術に関する戦後の国際的競争が激しくなる時局を論じながら、国内における学術の振興にも触れ、他国の学術的成果に依存しない生産技術を独自に開発することを主張する。

従来の如く他国を模倣し、他国の研究の利便を受けんとするには頗る困難を感ずべし。…
…学術の独立的研究は今後益々急要なるべし。若し此点に於て我国若し独立の地歩を占む
る事能はざる時は、結局国家的生存競争上の落伍者として永久に列強の後塵を拝するに止
まる〈69〉。

明治中期から実業補習学校や青年夜学校に導入されていた科学技術の学習〈70〉は、効率的な生産過程を構築し生産力を上昇させるために不可欠である。一木は「科学が進歩し、又進歩せしむる力を養つて居るならば、必ずや今後産業上において、其応用の見るべきものがあろう〈71〉」という進歩の立場から、ドイツにおける「実業と学術の連絡」について次のように論じる。

食料品欠乏の為には有用な植物を発見して代用する、護謨の欠乏を補ふ為に人造護謨を工
夫する、彼等は是を以て人造藍の如く成功すると云つて得意である。また爆薬の原料とし
て、最も必要なる綿の代用品を、或実業学校の校長が、柳の皮から採ることを考えた〈72〉。

第一次世界大戦中にイギリスからの輸出入を封鎖されたドイツが、食料品だけでなく軍需品を

確保しえたのは、一木によれば、理化学の必要性が広く生産者に認められ、実業と科学の関係が密接になっていたからである。一木はドイツの化学産業というこれまでにない新しい産業を技術革新の実用化による進展として評価し、日本の産業に導入することを力説した。

一木は地方産業を育成するには「理化思想などを養つて置くことが、一国産業の興隆上、最も重大なる関係がある」と述べ、「独り実業の教育のみならず、教育全体が実業に密接しなければならない」と主張する〈73〉。こうした彼の教育論は「国民の自覚がなければ到底今日の国際競争に其国の存立を維持することが出来ぬものである〈74〉」という理由から、人心への洞察をより深化させていく。

彼は大戦後の現状認識から生産力の向上と思想の充実を同じ位相で捉え、次のように、国民一人ひとりの知識とそれに基づく理解と判断力を、無媒介に「国民思想の統一」とむすびつけた。

> 知識に依りて事物を理解し判断し得る国民を養成する時は、即ち国家の富力を増進する産業発達の原因ともなり、国民思想の統一を図る点に於て種々の効果あるは毫も之を疑ふの余地なし〈75〉。

一木にとって教育の振興には、実業教育における技術や知識にとどまらず、思想を含む教育全般へと広がりながら、国民一人ひとりが戦後における危機の本質、つまり「国の存立」を自身の問題として引き受け、同時に固い決意をもって国家の富力を増進しようとする意図があった。公民教育の観点からいえば、地方青年がみずから属する団体自治の方針を理解しえないならば、彼らに団体への自発的参加を期待することは適わず、責任ある行動も見込めない。ゆえに一木は、立身出世に執着する地方青年に実業教育を通じた修養と就学の機会を与えようとしたのであった。

第二節　団体的自我の育成

一木喜徳郎によれば、「青年は国家活力の源泉である。従つて其の実力を増進し、志気を鼓舞せしむることは、国家の基礎を確立する所以である。殊に刻下内外の情勢に照して地方青年の自覚を促し、其の身体を鍛錬し、剛健なる精神を鼓吹し、勤勉摯実の美風を発揮せしむることは、最も喫緊の要事である〈1〉」。しかし彼の認識において、現実の地方青年の欲求は、社会的地位の上昇や金銭的な立身出世へと矮小化され、その多くは社会的な閉塞感や不平不満を伴い、社会の底辺に沈殿していた。こうしたなかで彼がもっとも危惧したのが、次のような青年の身体および精神の発育であった。

全国多数の者はどうであるかと云ふと、小学校を卒業して、世の中に出て、未だ一人前の思慮分別の出来ない間に於ては、殆ど野育ちになつて居ると云ふが如き有様である。此の時期が最も危険の多い時期であり、又最も発達するに適当なる時期である。然るに此の最も大切なる時期に於て、修養を積むべき手段方法の無いと云ふことは、大なる欠点である〈2〉。

この彼の危惧には、一九一〇年に起きた大逆事件の影響および「過激思想」が青年層に浸透することへの憂慮があるのだろう。彼にとって急速な産業化における「思想の動揺」は、経済との関係をはじめ、そこから派生する社会秩序との関係にいたるまで、ますます緊急な主題になっていた。一木において青年の修養の問題は青年団の改編構想として主題化される。

1　青年団改編の論理

（一）自治構想における青年団の位相

大正期における青年団改編の試みは、日露戦後から展開される地方改良運動の一環として位置づけられる〈3〉。政府は内務省通牒「地方青年団体向上発達ニ関スル件」（一九〇五年九月）および文部省通牒「青年団ニ関スル件」（同年一二月）にあるように、日露戦後間もなくから青年団体に注目していた。

その後、内務省と文部省は一九一五（大正四）年に「青年団ノ指導発達ニ関スル件」（以下「第一次訓令」と略）を共同で発布し、青年団に対する組織化への関心を明白にした。当時内務大臣を務めた一木によると、青年団の理想的な活動を表明したこの「訓令は健全なる国民、善良なる公民の養成に要旨を置き、剛健質実なる気風を発揮し、体力を鍛錬し、意志を訓練し、立憲国民として必須なる智能を啓発するを以て大眼目〈4〉」にし、地方青年の進路に標準を設けるべく発布された。

これまでの研究は、第一次訓令を、村落共同体で自然に生成した青年団体が漸進的に官製化する分岐点と位置づける。平山和彦は、「若者組ならびに青年団における自治性の所在とその実態、および諸条件を明らかにする」目的から、同訓令と通牒およびその反響を検討した〈5〉。彼によれば同訓令は青年が自発的に結集し運営した青年団体を、当時の陸軍軍務局長・田中義一（一八六四―一九二九）が主導し、広義の天皇制イデオロギーの注入教化の修養機関、狭義の軍国主義の教化を図る壮丁の予備教育機関へと変容させ、名望家支配体制を強化する性格をもつと論じられる。

しかしながら一木は、第一次訓令における青年団改編の主眼を「善良なる公民の養成」に置き、「青年団が発達して行きまするにも、外部より刺激を与へるのみならず、内よりして自ら発達して行くやうにして頂きたい〈6〉」として、地方青年の公民精神や徳義心を涵養する立場から、後述する田中義一に代表される陸軍省の青年団構想を強く批判した。「公民」や「立憲国民」の成熟という観点から、軍事目的に合わせた青年の身体と精神の組織化を批判した一木は、第一次訓令において、修養を軸にした社会関係の規範をどのように性格づけたのであろうか。こうした問題提起と共に大正期の青年団改編に深くかかわった一木の構想を分析することは、近代国家における青年団の役割を論じ直すことになろう。

青年団の改編を検討するに当たって、本節が一木の構想を取り扱うのは、先行研究が当時の内務大臣である彼の政策理念を充分に論及しなかったという理由からだけでなく、彼が民衆自治に実践的である報徳思想に習熟していたことによる。一木は山県有朋系の内務官僚であった明治後期には、地方改良運動の実行組織と捉えうる中央報徳会の理事を務め、報徳思想の普及のために旺盛な活動を行った。彼は中央報徳会における青年部の設立(一九一六年一月)が「地方改良事業の一として最も主要なのは地方青年団の改良発達を計るにありと確信し、……青年団中央部を設置以来、我々に於ても努めて全国青年団相互の連絡をとり、其基礎を固うし、協同一致して進歩発達の途に向ふ目的に対し、幾何か犬馬の労に服したい〈7〉」という意図のもとにあったと述べる。中央報徳会は一九一六年に『帝国青年』を発刊することによって、日露戦後からの地方農村との緊密な連絡を青年団の活動分野に拡大させようと試みた〈8〉。その後、同青年部は全国各地の青年団指導者を養成するために、一九一六年八月に第一回青年指導者講習会を開催、同年一一月に独立して青年団中央部と改称し活動を拡大することになる〈9〉。

ここではこの第一次訓令の政策理念を、先行研究のように天皇制イデオロギーや日本の軍国主義化に還元し評価するのではなく、青年団の改編を進める一木の構想のなかでも修養と自治に着眼することで捉え直し、地方青年によって構成される青年団の社会的役割を、その内的論理において明らかにしたい。そこで本節では、一木の青年団認識を把握するために、まず彼が明治後期の青年団体をどのような団体として捉えていたのかを整理し、第一次訓令の分析を踏まえた上で大正期における彼の主体形成論を考察する。続いて、田中義一と一木の公徳心の意味内容の比較分析を通じて、一木が青年団に対してどのような観点から関心を抱き、他方でいかなる役割を期待していたのかを解明する。最後に、第一次訓令の政策理念を、一木の修養概念を基に検討していくことにしたい。

青年団体は、一木が「過去における若衆より変革したものもあれば、或は新たに青年会といふ名目を冠して生まれ出たものもある〈10〉」と把握するように、郷党・部落（自然村）における若者組や若衆などと呼ばれる自然に生成した団体と規定することができる。青年団体は、消防や治安維持という社会的機能や、道路橋梁などの協同労働や祭礼行事の運営といった、各地方農村の共同生活に関する全般的な役割を担うが、我々の関心からいえば、民衆自治を基礎づける生活規範の矯正という働きがとりわけ興味深い〈11〉。明治後期の青年団体の働きを踏まえながら、一木は、「日露戦役当時の事であつて、出征軍人の斡旋に、留守家族の慰問に多くの貢献を致した〈12〉」青年団体の活動が、他の成員の生活を自発的に補う共同性、すなわち後述する「共同一致の観念」を「真に善良なる国民となり、公民となる」訓練として適切であるとして次のように述べる。

適当なる修養を為さしむると云ふことは、将来の国民を造る上に於て、最も大切なることは、論を俟たぬ……適当なる修養を積ましむるには、畢竟此の青年団の組織に依るの外なからうと思ふ。青年団の組織は、既に今日成つて居る。或る程度までなつて居るけれども、之をして益々改善発達せしめ、真に善良なる国民となり、公民となる所の修養を与へると云ふことは、今日最も急務である。自治制度の開発を図るにも、亦国民道徳の振興を図るにも、其の他農業なり、商業なり、工業なりに従事し、或は軍事として、立派な人間を拵へるにも、総て此の青年団の働きに頼るのが、最も適切であり、有効であると、固く信じて居るのである〈13〉。

ここで一木は、明治後期から政府に注目された青年団の働きについて、近代国家の確立にとって重大な問題である自治制度や軍事、生産・流通の発展を自律的に支える「公民となる所の修養」、つまり国民の主体化という課題に焦点を当て把握している。「地方青年会が従来精神的に物質的に挙げ来つた成績は却々盛なものだ。殊に日露の争役に際し、或は昨年の大洪水等に当つて、彼等のなした事業は大いに世間の注意を引くに値する〈14〉」というとき、彼は青年団活動に地方青年の自然な日常性が育成した知的道徳的能力を看取していた。彼において、こうした郷党に由来する青年団体の生活規範は、民衆自治の遺産として発展的に継承しうると捉えられていたことがわかる。一木は、この青年団の自発性を、地方青年の身近な共同生活に対してより高次の「国家の進歩」に貢献する自治の素養として社会秩序のなかに包摂し、次のように位置づけられる自治制度へと深くむすびつけようとするのであった。

直接国家の為に国民が力を致し国事を直接に国民が荷ふといふのには、是亦色々の方面がありまするけれども先ず今日の立憲政治の下に於きましては、第一に議会なる機関を通して国家の政務に参与することと、自治制に依つて国民が国事に参与するといふ此二つが其重なるものである〈15〉。

国民みずからの発意によって国運を発展させ国内を調和させる自治の素養こそが、一木の自治構想において、青年団の実践を提唱する理論的核心に即応するものであったといえよう。

地方農村の生活に根ざす青年団の活動に対し、一木は次のような期待を語る。

青年団のことは、予てより当局者に於ても奨励を加へて居つた所でありまして、又現に各地に多数の青年団が成立つて居ることは、諸君も御承知のことである。我々就職致しまして以来、一面に於ては地方の改良発達の為、一面に於ては教育の伸張の為に、如何なる手段を執ることが、今日最も急務であるかと云ふことを考へ、殊に此の世界大戦の時機に於て、是等の方面に就て、如何なることを為すのが、最も適切であるかと云ふことを考へ、先づ第一の急務は青年団の組織並に発達を奨励すると云ふことにあるのであると云ふことを深く信じたのである〈16〉。

こうした「地方の改良発達」と「教育の伸張」への関心のもとに、一木が文部大臣・高田早苗（一八六〇―一九三八）と共に青年団の全国的な基準を提示した第一次訓令および両省次官の通牒の全文は以下のようになる。

青年団の指導発達に関する件

青年団体の設置は今や漸く全国に沿く其の振否は国運の伸張地方の開発に影響する所殊に大なるものあり此の際一層青年団体の指導に努め以て完全なる発達を遂げしむるは内外現時の情勢に照し最も喫緊の一要務たるへきを信す。

抑々青年団体は青年修養の機関たり其の本旨とする所は青年をして健全なる国民善良ナル公民たるの素養を得しむるに在り随て団体員をして忠孝の本義を体し品性の向上を図り体力を増進し実際生活に適切なる知能を研き剛健勤勉克く国家の進運を扶持するの精神と素養とを養成せしむるは刻下最も緊切の事に属す其の之をして事業に当り実務に従ひ以て練習を積ましむるもの亦固より修養に資せしむる所以に外ならず若し夫れ団体にして其の向ふ所を誤り施設其の宜しきを得さることあらむか啻に所期の成績を挙け得さるのみなら

ず其の弊の及ふ所測り知るへからざるものあらむ故に地方当局者は須く此に留意し地方実際の情況に応し最も適切なる指導を与へ以て団体をして健全なる発達を遂げしむることを期すべし。

内務文部両省次官の通牒

青年団体に関し今般内務文部両大臣より訓令の次第も有之候処右団体の組織設置区域其の他に関しては大体左記標準に依り指導相成候様致度尤も此の際強て速に該標準に拠らしめむるとする儀には無之候に付其の辺に就ては十分御留意の上深く地方実際の情況に鑑み其の宜しきを制せしむる様御指導相成度此段及通牒候也

青年団体の設置に関する標準

一　青年団体の組織

青年団体は市町村内に於ける義務教育を了へたる者若は之と同年齢以上の者を以て組織し其の最高年齢は二十年を常例とすること。

二　青年団体の設置区域

青年団体は市町村を区域として組織す但し土地の状況に依り部落又は小学校通学区域等を区域として組織し若は支部を置くことを得ること。

三　青年団体の指導者援助者
　青年団体の指導者には小学校長又は市町村長其の他名望ある者の中に就き最も適当と認むる者をして之に当らしめ市町村吏員学校職員警察官在郷軍人神職僧侶其の他篤志者中適当と認むる者をして協力指導の任に当らしむること。
　団体員にして団体員たるの年齢を過ぎたる者は団体の援助者として其の力を竭さしむること。

四　青年団体の維持
　青年団体に要する経費は努めて団体員の勤労に依る収入を以て之を支弁すること〈17〉。

　同訓令は青年団を「国家ノ進運ヲ扶持スルノ精神ト素養トヲ養成」をめざす修養団体と定めている。一木によれば、各地方農村の青年団がそれぞれの主義方針を一致させておらず、「中には自身の修養を閑却して事業に没頭する団体もあれば、政争に関与して青年本来の目的を愆るものも少くない」ことから、各地方における青年団の方針に「日本国民たるべき修養」という統一基準を与えることが同訓令発布の主旨であった〈18〉。一木は青年団が「郷党青年の修養機関」であると明確に位置づける。

当局に於ては先づ以て其目的を指示するの急務なるを信じ、茲に初めて我青年団の目的は郷党青年の修養機関たる事を指示し、其任務は健全なる気風を養ひ将来の発展に副ふべき日本国民としての素養を授くるにある事を定めた〈19〉。

宮坂広作はこの訓令の発布意図について、青年団の「『事業団体化』が必然的にもたらすべき『政治団体化』へのみちゆきを未然に阻止しようとする意図」を指摘し、明治後期からの村落住民による自発的な青年団活動が「政党の運動に民衆的基礎を与えるものとして絶対主義官僚の極力忌避する」政策の対象になったと主張する〈20〉。

しかしながらすでに示したように、一木はいわゆる郷党における青年団体の共同性と教育的効果を評価し、それを国民の主体性の基礎とする修養にむすびつけようとした。一木は「人民の間に、独立自営の精神を益々旺盛にして行くに就ても、地方に於ける此小さなる団体（隣保・郷党の地縁集団、産業組合や水利組合などの結社、青年団などの年齢階梯集団――挿入引用者）が、益々多く活動していかなければならぬ〈21〉」と述べ、市町村（＝行政村）における郷党などの団体を、民衆の生活慣習に根ざした自治を基礎づける観点から評価した。このことから、我々は一木が「政争に関与する」青年団の活動をどのような理由から批判したのかという問題を、彼の青年団構想に内在し論じる必要がある。そこで一木における修養の概念を問う前に、まずは第一次訓令の理念を踏まえながら、彼が理想とした青年団の組織を検討したい。この分析の試みによって彼が思念する青年団の範型が示されることになろう。

(二) 青年団の組織

一木は青年団における人々の結合原理を、政治上の意見および信仰の相違を超越した共同性の問題として語る。

政治上の意見で持つて、青年会が活動する事になると、左様簡単には行くまい。政見は人各々異なつたものである。団体中の青年が、共同一致の行動に出で得ないのは当り前の事である、依て成るべく斯ういふ方面の活動は避けた方が宜いと思ふ。

宗教上の事も同じだ。信仰は各人の自由で、それを中心として集つたものは別段だが、夫と無関係に集まつた団体が、悉く一致する事は出来ない。集つた以上は、常に団員一同一致しなければならぬ。一致されないならば初めから関係しない方が好い。青年会の行動は万人共通的に一致する性質のものを取るが大切である〈22〉。

一木において、青年団活動における「共同一致の行動」には、偏執を伴う党派性を避け、政見や信仰の相違にとらわれない公正な立場にあることが重要であった。一木が力説する「共同一致」には、次のような彼の切実な問題意識と「国運の伸張」を担う主体形成の試みがあった。

青年は其の身体及精神の発育の過渡期にして善悪共に刺激を感じ易く、思想の動揺亦甚だしきが故に、此の時期に於て修養を欠き、又は指導を誤るが如きことがあったならば、其の弊の及ぶ所単に青年其者に止らず、団体の基礎を薄弱ならしめ、延いて地方の開発、国運の伸張に迄阻害を及ぼすことであろう〈23〉。

ここで一木は、青年団にとどまらず、一般的な団体における集団規律の重要性について主張している。青年の身体・精神の発育への懸念は、第一次世界大戦前後における産業化の急速な発展が地方農村の解体をもたらし、郷土を喪失した地方青年が都市へと放逐されていく社会状況を反映していた。人間と人間を取りむすぶ関係の変化からいえば、修養をめぐる青年団の改編構想は、国家秩序を再編成するための思想問題への対処そのものであったということができる。我々がとくに注意すべきは、一木の発言にある団体が先に触れた郷党を原型にしていることである。つまり青年の「思想の動揺」が「地方の開発」を妨げ「国運の伸張」にまで弊害を及ぼすというとき、一木の発想には、彼の思惟様式に特徴的な類的自律性と、それを支える郷党―市町村―国家という同心円的に拡大し連続する階梯構造がある。一木はプロイセン法制を範型とした市制町村制（一八八八年に制定）の二原則、団体自治と名誉職自治の観点から、「人民のやつて行く、独立自営の力が及ばぬ場合に於て、始めて国家がそれを助けて行く〈24〉」として、市町村における郷党の自治機能を主張した。郷党が町村合併に対応した行政区画に統一された後であっても、一木は「隣保の団結や郷党相互の力」を国家発展の原動力として重視する。彼にとって郷党の自治機能への評価は、必ずしも旧来の村落共同体への回帰を意味するものではなく、そこには「国家の進歩」に対応した郷党と自治団体から成る国家秩序を再編しようとする意図があった〈25〉。彼の自治団体論においては、国家の存立が郷党の共同生活を基礎とするために、青年団活動は、郷党の「独立自営」と「共同一致」を確保し、行政村の自治を発展させる積極的な役割を果たすべきであった。

第一次訓令と共に発布された「青年団体ノ設置ニ関スル標準」（以下「標準」と略）の「二 青年団体の設置区域」によれば、青年団は原則として市町村を単位にするか、あるいは「土地の状況に依り部落又は小学校通学区域等を区域として組織し若は支部を置く」として地域の実情に即して組織される。こうした青年団の制度化は、現在の国家権力が地方農村の日常性にまで透徹する仕組を意味するが、ここではこの「標準」にある組織形態への注目にとどまらず、「地方の状況に依つて、青年会の組織も行動も異らねばならぬ〈26〉」と述べた一木の関心に即し、彼が把握する青年団の組織原理を、郷党秩序の観点から考察する必要がある。

各郷土に対する機構的な画一化をそのまま受け入れることに反発する一木は、各地方の生活慣習に根ざした青年団体の構成を次のような自治団体の範囲で捉えていた。

青年会本来の意義から謂ふと、郷土を同じくする青年が、同一の境遇にあつて、同一の目的の為めに団結したものが其の会合でなければならぬ。甲村と乙村とは、假令川一筋山一つの近接地であつても、精細に見れば村内の事情、青年の境遇に両者の間少なからぬ差異がある、従つて夫等の青年の責任も違つて居る、此二つの行動を一つにする事は出来やう筈が無い。目的を同じくせざるものが、同一の行動を取るべく団結するとは受取れぬ話である。具体的に謂へば、貧富の懸隔もあり、習慣気風の相違もある。……精神上の事でお互いに美風を養ふといふやうな場合でも、境遇の異なるもの同志では巧く行かない、殊に物質上の事件などに関しては猶更の事である。依て予は青年会の団結の範囲を自治団体位に止めたら宜からうと思ふ〈27〉。

郷土の習慣気風を重視する一木が、青年団体の範囲を「郷土」とか「村内」、「自治団体」と称するとき、そこには彼の憲政自治論に特徴的である国家行政と共同体秩序の二重性の論理が明瞭に現われている。すなわち一木は自治団体（＝行政村）のなかに温存された郷党（＝自然村）という、天然の同質的な生活の基盤においてこそ人々が有機的にむすびつくという団結の原理を村落構造の中核に据えている。

先に示した青年団の設置区域にあるように、第一次訓令の原則には全国の市町村、いわゆる行政村の範囲において青年団を整備する意図がある。だが一木の青年団構想には、郷土を行政村に画一的に整備し、郷党における感性をすべて切り捨ててまで合理化する発想はない。したがって一木は、郷党秩序に即応する地方青年の規範意識のあり方という観点から地方自治を問い直し、「忠良なる立憲国民として国家に対する責任を自覚し、法制上与へられたる公権を尊び公務を重んじ、其の本文を完う[28]」させる青年団への改編を要求したというべきである[29]。第一次訓令は自然に生成した青年団体の活動を国家機構のもとに包摂することを通じて、旧来の生活規範と断絶することなく、「独立自営」と「共同一致」の観念を地方青年に涵養し、団体の結合原理を行政村の組織原理に導入しようと試みた。

一木は第一次訓令の主意を「一言にして之を尽せば、青年団は健全なる国民、公民たるべき素養を得しむる自習的修養団体であるといふ、其の本質を闡明にしたのである[30]」と論じる。彼は「団体として、共同の生活に慣れ、共同一致の精神を養つて行くと云ふことは、外部から其の知識を注入し、又は其の思想を注入すると云ふことよりは、各自の啓発に俟たなければならぬことは無論[31]」であるとして、地方青年に自身の内に自己を形成する原理を獲得する主体性を要請した。一木は固有な郷党秩序における旧来の青年団体を、「立憲国民として必須なる智能」を養成する立憲国家の末端機関に改編しようと構想したのであった。

2　青年団における公徳心の修養

（一）公徳心と軍人精神――陸軍省における青年団改編の方針

陸軍省は第一次世界大戦以降の総力戦段階に対応するために、国防の根本として兵士の強い義務感、勤務における禁欲的な厳格さの徹底を軍事教育のなかに求めた。その典型的な方針が、田中義一による青年団と帝国在郷軍人会(32)（田中義一によって一九一三年に創設）の統一構想であった。一九一四年二月から八月にかけて第一次世界大戦の緒戦状況を視察した田中は、「公民となる所の修養」を主張する一木とは対照的に、軍事目的から郷土に根ざした青年団と在郷軍人会が相互連携し、後に論じる軍人精神を地方青年に感化すべきという要請を、強い熱意と共に主張する。

御存知の通り軍隊には兵の身上明細簿と云ふものがあるが、今の調べが出来て居ると其青年が軍隊に移る時に其儘青年団名簿から身上明細簿に移つて行く、すると軍隊では直ぐ其青年の性質及び特長が分るから、或は是は下士にするに良いとか、此点に注意して教育して遣らなければならぬと云ふ様に非常に教育上の良参考になるのである、今度又た隊を離れて行く時には勤労成績書となつて、入営中の性行は斯く々々であるとか思想は何うであるとか云ふ様に所属隊長の見た所を記し付けて町村に送られるから、丁度青年時代から在営時代を経て在郷軍人に成る迄一貫したものが出来て、それが又た在郷軍人として働くに就ても或は職を求めるに就ても現実に役に立つて行く、従つて国民教育としても極く系統ある結果を持来すであらうと思ふ、是非近い内に其処まで行きたいものである、斯くして精神の剛健なる、思想の確実なる、而して体力の旺盛なる国民を造つて戴いたならばそこで初めて世界の競争場裡に立つ事が出来るのである〈33〉。

ここでは軍事的な最高能率という目的のために、青年団名簿と軍隊の身上明細簿との連携を通じて各地方の青年団と国防がむすびつけられている。こうした田中の青年団構想の意図は、紛れもなく「軍隊と国民とを結合する最も善良なる連鎖〈34〉」にある。日露戦後における陸軍省の見解には、兵士の素質を十分にもつ予備役兵を中心に軍隊を編成するという方針があったことから、除隊後の青壮年が戦闘能力を維持し、軍事的知識を保持する必要があった。すでに徴兵令の改正（一九〇七年一〇月）により、歩兵および特科兵以外の兵卒の在営年限は三年から二年に短縮し、大量の在郷軍人が創出されていた。田中は在郷軍人は「半面に於ては青年会員であると云ふ状態であるから、日本に於ては此事業を哺育すべき適当な母体が既に出来て居る〈35〉」として、兵員の指揮統率のための国民の軍隊化という構想から、ヨーロッパの青少年組織の軍事的、教育的機能の利点を内務省と文部省に主張し、青年団に関する訓令発布について交渉したのであった〈36〉。田中は第一次訓令にある青年団の性格を、地方青年の「精神思想」を修養する団体であると次のように理解していた。

内務文部両大臣の訓令に、青年団体は事業団体に非ずして修養団体と云はれてあるのも、畢竟其御趣旨は此点に存するものと思はれる。即ち青年団に於て先づ第一に無形的なる精

神思想からして鍛錬し、世界の大勢に抵抗し得る様にしておかねばならぬという意味から、
之を修養団となされたものと思ふのである[37]。

田中は、「精神思想」の修養が重要であるという見解を、先に論及した一木の青年団構想と同様に共有しているかのようにみえる。しかし田中がいう「精神思想」の修養は、あくまで帝国在郷軍人会が発行した『帝国陸軍　国民教育者必携』（一九一三年）にある「国ノ戦闘力ハ兵ニアラス、財ニアラス、義勇尚武ナル国民奉仕ノ精神ニアリ[38]」という軍人精神の発揚にあり、彼が軍隊の充実を国家発展の原動力であると捉えていることを看過すべきではない。田中は同じ長州閥の山県有朋との会談のなかで山口県下の青年団について語り、その見解を受け、一九一七年一〇月に山県は青年団指導の必要を認め、当時の山口県知事・林市蔵（一八六七―一九五二）に次のような書簡を記した。

殊に、青年団に関しても、不㆓一方㆒御意の趣、老生に於いても、乍㆑蔭喜居候次第にて、尚此上其一層の御力を希望致候。申迄も無㆑之、今次の欧州大戦終了の後は、全世界に亘り、精神上物質上非常なる変化を来し、我帝国に於ても、直接間接に其の影響を被るべきは明白の事に有㆑之、右に就ても、将来帝国を担ひて立つべき青年には確乎たる決心と、覚悟とを要すべく、今日より予め指導鍛錬するの要は、今更多言を要す間敷候。……殊に、

防長二州は、古来勤王の歴史を以て一貫し、又近く四境に敵を受け、上下死を決し、苦心惨憺王事に尽したるの事実も有」之候得ば、其の青年は、父祖の遺烈に顧みても、率先して将来帝国擁護の責に任ずるは、正に其の所と在候〈39〉。

山県は、青年団の活動が、みずからの生命をかけて帝国を支える青年の決心や覚悟を養成し、それを強化する機関となることが重要であると指摘した。山口県は第一次訓令を受け「戦後準備協励会」を開催し、一九一七年に「青年団指導方針」（山口県訓令第三二号）を発布した。そして一九一八年一月までには各町村青年団の改造を完了し、それらを統括する郡青年団を一〇月に組織した〈40〉。

さらに田中は青年の教養と体力の増進、質実剛健で忠実な兵士を養成するという陸軍省の要求として次のような青年団構想を提唱した。

軍隊に於ては、此規律と協働と云うことが一番大切な事としてあるが、其以外には此大切なる公徳心の養成と云ふことに就ては、何んだか粗略になつて居るやうに思われてならぬ。元来青年は、学校若くは社会に於て己に公徳心を涵養せられ、更に軍隊に於て実務的に応用鍛錬せられて後、社会に立つて其光輝を発揚すると云ふことが当然ではあるまいか〈41〉。

青年の公徳心が「軍隊に於て実務的に応用鍛錬せられて後、社会に立つて其光輝を発揚する」という田中の発言は、軍隊の任務を通じてこそ青年の人格と徳性が完成するという立場に立っている(42)。田中は、「男が満二十歳即ち徴兵適齢を通過すると、社会に独立して働く人になるのである、一旦社会に立つて独立すると最早其人には一種の利害関係が伴つて来る訳である。さう云ふ一身に利害関係を有つたり政治上の関係を有つたりした人が団員になつては、青年団の中正純白を保つことが出来ぬ(43)」として、田中がいう公徳心が国民生活全般に普及される必要があるという。田中の観点において、軍事教育を経てようやく完成する公徳心とは、「生ヲ棄テ義ヲ取リ恥ヲ知リ名ヲ惜ミ責任ヲ重ンジ難苦ニ堪ヘ奮テ国難ニ赴キ任務ニ斃ルルハ、軍人ノ特性ニシテ、我国民ノ古来継承セル大和魂(44)」であり、軍事があらゆる局面で最優先される軍国主義的徳性であったということができる。田中は、この軍人精神への注目から青年団を軍隊に入営する以前の補助機関と位置づけるのであった。

（二）公徳心と公民精神――青年団と自治の接合

田中義一の見解に代表される陸軍省の青年団構想に対し、一木喜徳郎は「我邦の青年団は、決して軍事の補助機関たることを目的としたものではない。我が邦に在ては、軍事教育は軍隊に於て之を施すのである。故に青年団として求むる所は、健全なる国民、善良なる公民たるの修養を与へることであつて、他に何等求むる所はない(45)」と、立憲政治の立場から断言する。さらに一木は「軍人精神なるものも矢張り国民の精神の一の表現に過ぎない。同一の精神が軍人として働く時には軍人精神となり、公民として働く時には公民精神となるに外ならぬ」として、「軍人精神を総てのものに推及ぼすといふやうに観るのは、観方を誤つて居る」と、陸軍省がいう「精神思想」の修養と軍事目的からみる偏狭な青年団抗争を批判した〈46〉。したがってこの一木の発言によるならば、大江志乃夫が論じるように「青年団は、ほぼこの訓令（第一次訓令——挿入引用者）を境として、完全に官製の精神修養団体、いわば上からの道徳教育・思想教育団体化し、軍の教育要求のもとに忠実に編成がえされてしまった〈47〉」と把握することはできない。この一木の見解は、明示的ではないにしても陸軍省の方針を代表する田中の青年団構想への批判を意味するだけでなく、それと同時に第一次訓令の主意が青年団を壮丁予備教育のための機関に改編するという誤解への応答として表明されるからである。

他方、青年団改編に対する社会的反応として、山崎延吉（一八七三—一九五四）は第一次訓令が兵役義務の履行という軍事的要素に直結していると批判した。彼は青年団に対する政府の対応を次のように論じる。

世間に表はるゝ所に察すれば、或は陸軍省あたりが熱心に研究し、訓令を出した文部省や内務省より、進むだ成果をもてるが如くに見ゆる。故に在郷軍人会は青年団の兄たるものであり、青年は必ず兵営生活をなし、兵役に服せねばならぬと云ふ関係よりして、在郷軍人をして指導の衝に当らしめ、軍隊的の指導をなさしめん気勢も見ゆるのである。之れでよく行けば結構であるが、之れには議論の余地がある。吾輩は今敢て議論をなさずと雖も、軍隊的に偏するは面白からず、又在郷軍人が指導者の中心となるは困難なりとするものである。やはり役場で之を統一し、教育家が指導の中心となることの、多くの場合に適応すべきを主張する。乍去今の如く、府県当局者の如き不誠実、両省の如き不忠実に対しては、私かに愛憎を尽かして居るものである。吾輩は衷心、わが青年及青年団のために不幸を悲しみ、わが国家将来のために不祥を嘆くのである〈48〉。

青年団に注目する陸軍省の立場に対し、「青年は必ず兵営生活をなし、兵役に服せねばならぬと云ふ関係」を見出す山崎は、すでに指摘した田中の青年団の改編構想に示されるように、「標準」にある「一　青年団の組織」において青年団が義務教育を終えた二〇歳までの青年によって組織されることが「常例」と規定され、「三　青年団体の指導者援助者」のなかに在郷軍人が青年団を指導することが明記されたことから、第一次訓令に対し壮丁予備教育の機関化の傾向を看取していたのであった。文部省普通学務局長の田所美治（一八七一―一九五〇）は、団体員の年齢制限の常例が二〇歳であることについて、「団員の年齢は修養の時期たる徴兵の適齢前を以て常例としたのである。未成年者は特に修養の必要あり、且又その修養の為には成年者と区別するのが適当と認めたからである〈49〉」と明言する。他方、田中義一は二〇歳で徴兵検査を終えた壮年のすべてを在郷軍人会に直接結合させるために、青年団団員の最高年齢制限である二〇歳に固執した[50]。この年齢条件はその後の内務・文部省と陸軍省との対立の焦点になろう[51]。

一木は、山崎の批判に代表される訓令に基づく青年団改編の試みが「軍事当局者の要求に促されて発せられたものであって一種の軍事の補助機関を作る如きものである、立憲思想とか、或は自治とかいふこととは、寧ろ相反したものである[52]」という反応に対し、団体活動における調和的な規律と義務観念の育成を次のように強調する。

> 即ち是等の青年は、将来国民として、又公民として、国家に対し公共団体に対して、担つて居る所の義務がある。是等の義務を果すのに、最も適当なる国民たるの修養を得せしめやうと云ふことが、目的であるのである。それ故に、単に個人々に、個人としての修養を与えると云ばかりではなく、団体の力に依つて、団体の組織に依つて、共同一致の観念を養はしめ、共同一致の生活に慣れしめ、之に依つて、団体員として適当なる所り素質を得しめやうと云ふのが、此の青年団を奨励するの意味である。勿論是は、個人としての修養を軽んずると云ふのではなく、個人としての修養を積むと共に、団体員としての修養を積ましめやうと云ふのが、青年団の組織発達を促すの必要を感ずる所以である[53]。

ここで一木が期待する青年団の役割は、すでに論じたように、自治という人間一般に備わる共同生活の素養を「団体員としての修養」へと組織化させ、「国民たるの修養」に再構成することであるといえる。道徳の観点からより具体的にいえば、彼は青年団の教育的効果によって個人道徳に偏った修養の傾向を、「国民全体の力を最も有利に用ゐる[54]」ような「社会に対する道徳」の修養に接続することを主張した。

> 私の見る所に依れば、我国に於ては個人と個人と相対立する所の関係に於ては、其修養も随分努めたものである。随つて君に忠、親に孝、その他の個人道徳は外国に対して優る所あるも、劣る所なかるべきしと思はれる。併しながら社会に対する道徳にたつて来ると、甚だ遺憾な点が多い。所謂公徳心の欠乏の如きも、畢竟是れから来るのであろうかと思ふ。是は種々の原因もあろうが、一は我国民が団体的の生活に慣れて居らぬ。社会的生活に慣れて居らぬことが、其原因でなからうかと思ふ[55]。

一木は田中と同じ「公徳心」という言葉を用いながらも、彼の関心の中心にある社会的紐帯を念頭に置き「社会的生活」を論じている。つまり一木にとって青年団活動を通じた公徳心の修養には、みずからの利益を犠牲にし他の成員に奉仕するために「共同一致の観念」が団体構成員すべてに等しく及び、互いに相助け、相補っていくよう導く実践が重要であった。なかでも、先に「青年団の設置区域」を論じた際に触れたように、彼の自治団体論と青年団の改編構想に共通して要請されるのが、次のような「国民の自覚」であった。

国民の自覚が国際競争上最も大切であり、其の自覚は正しい徹底的な自覚でなければならぬと云ふことを適切に感じるのである。啻に自分の権利のみを自覚して、義務を自覚しないと云ふやうな跛な自覚ではいけない。又自分の存在自分の利益のみを自覚して、公共の利益他人の利益を顧みないと云ふやうな自覚ではいけない。自己の存在は国家に於ける所の存在である、社会に於ける存在である、他人と共同の存在であると云ふやうに自覚しなければならぬ。此の如く正しい徹底的なる自覚をして、初めて之を自覚したる国民と称することが出来るのである。

国民の自覚を養ふには、無論第一に教育に依らなければならぬ。而して教育は学校の教育に俟つこと多いのは勿論であるけれども、是れと同時に又社会教育も亦極めて大切である。青年団の指導に就ても、私は此点に最も重きを置かなければならぬと思ふ。国民の自覚を養ふと云ふこと、而して其の自覚なるものは完全なる自覚、正しい自覚、国民としての自覚、公民としての自覚、此の自覚を得しめるのが、青年団指導の主たる目的でなければならぬと思ふのである。此の如く自覚したならば、自治制の運用の如きは必ず完全に行われるのであろうと思ふ。自分の権利を自覚すると同時に義務を自覚する、自分の存在を自覚すると共に他人の存在を尊重する、自分の権利を尊ぶと共に他人の権利をも尊ぶ、互いに他の立場を諒とし、互いに相処すると云ふことになつたならば、自治体の如き極めて円満に行はるゝこと疑ひを要らぬのである。従来自治制施行に当つて往々円満を欠くのは、畢竟自覚が不完全であるからであると思ふ。即ち互ひに相処し相推譲すると云ふようなことは、此の完全なる自覚から生れて来なければならぬものと信ずるのである〈56〉。

報徳思想の「推譲の精神」についてはあらためてまた触れることになるが、ここでは一木が関心を向ける地方青年一人ひとりの内的自覚に注目したい。一木において青年団活動による徳義心の修養は、自己の権利や利益を主張するけれども、団体内における自己の義務を履行し公共の利益を尊重する精神と経験に乏しい青年に向けられた。すなわちここで一木が繰り返し主張する自覚とは、国家観念を内包した団体内存在としての自己意識である。先述したように、一木は郷党の生活規範を尊重するけれども、一人ひとりが自己の心情を無媒介に郷党へと融合させるのではなく、青年団活動を通じて権利義務をめぐる社会的立場の分化を認識し、自治制を円滑に運営するように主張する。彼にとって青年団の活動とは、軍人精神や公民精神のどちらか一方に偏することのない、「自治」という両者を包摂した秩序原理を地方青年たちに浸透させる社会教育の実践であった。

自分は平素より、自治とは決して狭義なるものではない、地方団体のみに関係したことではないと信じて居る。地方団体の自治は、自治の一種の応用に外ならぬと、斯様に考えて居るのである。即ち立憲政治、自治行政或いは国民が義務兵役によつて国防に当るといふことも、皆其の根本の主旨は一に帰するのである。即ち国民が国の負担に任ずるといふことに外ならない。而して此の意味に於ける自治は、其の応用が益々広く、且深くなければならぬと思ふ[57]。

さらに一木は社会全体の観点からそれぞれの特殊利益の不和に触れながら、精神のあり様について次のように主張した。

> 種々の公益団体相互の関係に於ても、一方が自分の会の根本とせる精神を以て、他のものを支配せんとし、互に己を以て尊しとして、相対したならば、其の間の関係が円満を欠くに至ることは、免れない所である。之に反して、同じ精神が彼にも我にも皆等しく及ぶものであると、斯様に考へるならば斯の如き公の団体が、総て互いに相助け、相補ふて行くことが出来ようと思ふ[58]。

いわば一木にとっての修養とは、互いが推し譲り合う社会規範と権利義務関係の学習を重視しながら、一人ひとりが相互に提携して協調する団体生活を可能にする公徳心を共有することであると定義できる。この公徳心は、彼の言葉でいえば軍人精神にも公民精神にも共通する「推譲の精神」と同義である。

「推譲の精神〈59〉」とは、一木によれば「余りは或は之を他日に譲り、今年のものは之を来年に譲り、今日のものは明日に譲る、或は之を子孫に譲り、或は之を世の中に譲る〈60〉」という報徳思想における生活規範である。自治制度を支える精神を重視する一木は、国家行政とは本来かかわりのない推譲という民衆の生活規範を国家の秩序原理として組み込む役割を、青年団の実践に託していたとみるべきであろう。つまり彼によれば、地方青年は青年団の活動を通じて公徳心を修養し、無償の献身的行為、いわば個人性を犠牲にすることを通じて共同して「世の中」を治め、それぞれの幸福と安定した生活の確立を基礎づけるべきであった。

第一次訓令の政策理念に関して、青年団の軍事化を当然とする先行研究はいくつかの重要な事柄が見落としていた。まず一木喜徳郎の自治団体論において示されたように、地方青年の「共同一致」の精神が「自習的修養団体」としての青年団活動を通じて育成されることが十分に考証されていなかった。だがここまでの分析によって、第一次訓令には、一木の青年団の改編構想が示したように、民衆自治に基づく理想的な連帯の精神を、外的力や超越的権威によってではなく、郷党に根づいた地方青年の内的自覚として自由に受け入れられることを重視していたことが明らかになった。つまり一木の青年団改編の政策理念には、立憲政治を支える公民の素養を青年団活動を通じて内面から育成しようとする試みがあった。次にこれまでの研究では、公徳心の修養はそれを主張する論者の思想傾向を検討することなく、修養の内実を田中義一がいう軍人精神の発揚に還元する傾向があったが、一木にとって公徳心とは、日常において多様な社会関係を規律し、自治を積極的に担う民衆の生活規範が革新した社会規範であった。したがって一木の青年団における修養の取り組みは、人々の公徳心が個別的な無為自然の郷党から、より一般的な「国民の精神」へと転回し、治国安民のためにあらゆる社会的対立を協調させ、すべての特殊利益を立憲国家に包摂する構想であったといっていい。

他方で一木が基軸にする民衆自治に関し、彼の青年団構想にある限界を指摘しなければならないだろう。一木が国民の幸福や発展を念頭に置いていたとしても、彼においては「青年団の発達如何は、実に国家の盛衰に関係する〈61〉」のであるから、彼が主張する公徳心の修養は、前に触れたように、あくまで「世界に於ける帝国の地位を弁識し、責任の重大なることを自覚し、協同一致実力の充実を図らねばならぬ〈62〉」という「国家の進歩」によって規制されることは無視できない。すなわち青年団における公徳心の修養には、統治者において、日本の国際競争力を確保するための独占（＝金融）資本の成立という進歩の希望が託されていた。それゆえ明治後期から大正期にかけて、この進歩の原理は青年団の由来である郷党秩序のなかまで貫き、地方農村を漸進的に崩壊させていったのではなかったか。一木にとって、青年団の組織化はこの進化から脱落する民衆のエネルギーを国家発展の原動力に転化する。そのため青年団構想における一木の思想には、訓令で「地方実際ノ情況」といいながらも、第一次世界大戦後における多様な民衆自治への国家的統制を、「国家の進歩」に条件づけた公徳心の修養という普遍性によってさらに推し進める政策意図があったことは否定できない。

こうした一木の構想における公徳心の修養の歴史性を踏まえたとしても、彼において各地の青年団活動が、「各自の啓発」によって地方青年一人ひとりの身近な生活慣習から共同性と自律性を基礎づけ、内発的進化の契機、いわば主体形成を導く社会的役割を果たすべく構想されたことは見過ごすべきではない。一木は、青年団を「国家の進運」の土台に置き直そうと試みた反面、郷土の生活慣習に基づいて現実的な観点から団体の自治を構想し、「公共の利益」を志向したことも事実である。自然な郷党秩序を範型とする民衆自治の観点から立憲政治を基礎づけようとした彼の構想には、青年団のさまざまな実践を通じて一人ひとりの徳性を教導し、民衆が団体内存在として共同体全体をよく治めるという治安国安民の理想が、地方改良運動期から一貫していた。

注

第一節

〈1〉　堀尾輝久「《公民》および公民教育について」一九五七年（『天皇制国家と教育　近代日本教育思想史研究』青木書店、一九八七年）二〇三頁。

〈2〉社会主義の台頭に対する社会秩序の再編策として公民教育を性格づける堀尾とは対照的に、松野修は「公民教育は近代国民国家とほぼ同時に成立した」として、公教育の修身科を広い意味の公民教育と定義する（松野修『近代日本の公民教育』名古屋大学出版会、一九九七年、一頁）。

〈3〉一木「公民教育」（大隈家編修局編纂『国民教育　東京講演』丁未出版社、一九一一年）三九〇頁。

〈4〉一木、同上。

〈5〉一木「地方自治の精神」（内務省地方局編纂『第二回第三回 地方改良講演集下巻』、一九一一年）四頁。

〈6〉一木「地方民政の要綱」（『斯民』第六編第五号、中央報徳会、一九一一年）四六頁。

〈7〉一木、同上論文、五三頁。

〈8〉一木「市町村制の改正と社会教育」（『斯民』第六編第三号、一九一一年）五三頁。

〈9〉社会教育については宮坂公作「明治期における社会教育概念」（『教育学研究』第三三巻第四号、一九六六年）宮原誠一『社会教育論』（『宮原誠一教育論集　第二巻』国土社、一九七七年）を参照。

〈10〉一木、前掲「公民教育」、四〇一―四〇二頁。

〈11〉一木、前掲「地方民政の要綱」、四六―四七頁。

〈12〉一木「安城篤農大會雑話」（『斯民』第二編第九号、一九〇七年）四三頁。この「安城篤農大會」は「日本デンマーク」といわれる旧愛知県碧海郡安城町で、一〇月一五、一六日の二日間、安城農林学校講堂で開催され、一木の他に、山崎延吉、金原善明、田村又吉、井上友一らが講演した。来会者は、第一日一八〇名、第二日一〇〇名だった（嵐鉱三郎「愛知県篤農会」『斯民』第二巻第八号、一九〇七年、八二頁）。一木はみずからの講演のなかでこの農会の第一目の主題を要約し、農村経営の「問題は甚だむづかしい問題でありまして、『団結心を鼓舞作興する方法如何』、『副業と本業との調和を謀るの方法如何』、『県の農事に関する機関を利用する方法如何』といふ、此三つの問題」であったと指摘する（一木、同上論文、四〇頁）。

〈13〉「福岡県斯民会」（『斯民』第六編第三号、一九一一年）八五頁。会の目的については本書第一章第一節で論じた佐賀県報徳会と同様、「地方斯民会又ハ報徳会標準規定ノ要綱」による。

〈14〉「福岡県斯民会総会」（『福岡日日新聞』一九一〇年五月二日）。また内務大臣代理としての祝辞では「産業の発達」と「教育の進歩」に著しい影響を持つ「道義的気風」について次のように述べる。「地方の風俗を改良して道義的気風を養はしむる事は凡て産業の発達、教育の進歩に非常の影響を与ゆるものである今福岡県に於て斯民会の起るは青年を誘掖して模範青年となし是等良俗自治の実を揚げんとするものであつて喜ぶべき事である、実は内務大臣（平田東助——挿入引用者）には此会に非常の同情を有し是非列席したい考へであつたが公務多忙の為め私が代つて列席した次第である元来福岡県は九州否全国に於ても非常な有力なる県である、而して今回殆んど独立を以て其会を維持せしめようと云ふのであるが我々は大に同情を表し其の発達の速やかならん事を祈るのである」（同上）。

〈15〉「一木次官の講話　十九日福岡県会議事堂にて」（『福岡日日新聞』一九一一年五月二〇日）一七日付の記事ではこの講演は「官民を問はず傍聴随意なり」と報道された。

〈16〉一木、前掲「市町村制の改正と社会教育」、五頁。

〈17〉「一木次官出発」（『九州日報』一九一一年五月二〇日）。

〈18〉一木「自任自重の精神を養成せよ」（『斯民』第七編第六号、一九一二年）四七頁。

〈19〉一木、前掲「公民教育」、三九五頁。

〈20〉一木「青年今後の活動舞台は地方に在り（中央を理想とするの謬見を打破す）」（『商業界』第一三巻第四号、一九一〇年）、一二頁。

〈21〉ここで一木は農業従事者一人ひとりの自立と連帯の支援を主張する。彼がここで論じる共同組合と主体形成論は、並松信久が考察する農業政策論のひとつである（並松信久『近代日本の農業政策論——地域の自立を唱えた先人たち』昭和堂、二〇一二年）。一木の農村の自立の理念が興味深いのは、明治末期において彼がすでに農村を担う主体を、名望家（村長、助役、農会長、産業組合長、小学校校長など）ではなく、小農に見出し、彼らが土地を所有し独立自営する協働を主張した点にある。

〈22〉この三つの論文は、一木「丁抹で眼に着く三つの事」（『斯民』第六編第一〇号、一九一二年）、同「丁抹に於ける小地主奨励」（『斯民』第六編第一二号、一九一二年）、同「丁抹の農村繁栄策」（『斯民』第七編第一号、一九一二年）である。

〈23〉宇野豪はハガードの『丁抹の田園生活』の出版には、井上友一の関与があったのではないかと推測しながら、同書を国民教育の文脈のなかで素描している（宇野豪『国民高等学校運動の研究——一つの近代日本農村青年教育

運動史——』溪水社、二〇〇三年、四一—四七頁)。

〈24〉一木、前掲「丁抹で眼に着く三つの事」、一〇頁。

〈25〉一木、前掲「丁抹に於ける小地主奨励」、一六頁。

〈26〉一木、前掲「丁抹の農村繁栄策」、二五頁。

〈27〉一木、同上論文、二四頁。

〈28〉碧海郡安城町周辺の農村では、山崎延吉(一八七三—一九五四)を中心とした農業教育が盛んであり、早くから蔬菜や養鶏などによる複合的農業経営と産業組合を積極的に導入していた。この農法がデンマークと類似していたため、この一帯は、「日本デンマーク」と呼ばれた。岡田洋司『ある農村振興の軌跡——「日本デンマーク」に生きた人々』(農山漁村文化協会、一九九二年)を参照。

〈29〉内村鑑三「デンマルクの話」一九一一年(『後世への最大遺物・デンマルクの話』岩波文庫、一九四六年)八六—八七頁。

〈30〉内村、同上書、八〇—八五頁。

〈31〉一木、前掲「丁抹の農村繁栄策」、二七頁。

〈32〉一木が把握する地代は、マルクスがいう差額地代とみることができる。マルクスによると、差額地代とは「借地農業者が収得したであろうし、また一定の事情のもとではかれの借地契約がつづくあいだ現実に収得している超過利潤を横取りするにすぎないが、そのことこそ差額地代の特質をなすものである」と性格づけられる。Karl Marx, « Chapitre XLV La rente foncière absolue » dans *Œuvre complètes de Karl Marx, Le capital*, Tome XIV, Paris, Alfred Costes, 1946(1867), p. 16.『資本論　一一』(向坂逸郎訳、岩波文庫、一九五四年)二四一—二四二頁。地代と土地所有の関係については、大内力「地代と土地所有」一九五七年(『地代と土地所有』東京大学出版会、複製版一九七五年)を参照。

〈33〉一木、前掲「丁抹に於ける小地主奨励」、一六—一七頁。

〈34〉森邊成一「一九二〇年代における自作農創設維持政策と小作立法の展開過程　一——日露戦後農政と小農保護論——」(『名古屋大學法政論集』第一一一号、一九八六年)二二六—二三六頁を参照。なかでも米穀関税保護は、社会政策学会の重要課題として議論された。

〈35〉帝国農会『中小農保護政策　第一巻』一九一二年（帝国農会編『中小農保護政策・中小農と産業組合』お茶の水書房、一九七九年）三七―三八頁。

〈36〉一木はイギリスの農業経営において、小農に土地の所有権を与えるか数代にわたる借地にするかという帰属の問題に自由党と保守党の政略が深く関係していると次のように鋭く指摘した。「英吉利に於て保守党は所有権をやれといふ、自由党は借地権をやれといふ、是等も其党派の駆け引きがあるやうであります。といふのは、地主になつて仕舞ふと、それ以上望むことが余りないから、どうしても其人間が保守主義になる。それから借地権にして置くと尚ほ一層進めたいといふので、革新の方に同意するから、自由党の政策からいへば、其方が宜いのである。又モウ一つには、詰る所は国が土地の所有者になつて仕舞ふ。土地を総て国有にして仕舞ふといふ訳を以て、保守党は自由党の政策を非難するといふやうな一種の党派の政策であるから、其二者の何れが宜いといふことは、単純にそれが農業発達に及ぼす影響とかいふことのみを以て考える訳にはゆかないのであります」（一木、同上「丁抹に於ける小地主奨励」、二〇頁）。この一木の政党観は、政党がみずからの勢力を拡大せんとする意図によって公益を損なわせるという政党政治の弊害を見抜いている。こうした一木の政党観を本書第二章で論じた彼の国家論と併せて考察すれば、我々は国内のあらゆる行為が公的利益に貢献し、国家の進歩につながるべきという彼の規範理論を見出すことができよう。

〈37〉一木、同上論文、一六―一七頁。

〈38〉一木のデンマーク小地主制への関心は、報徳社運動として江戸後期から顕在化し農山漁村経済更生運動の昭和期に継承される小農保護思想の系譜のなかにある。明治後期の農政思想における中小農保護政策については伝田功『近代日本農政思想の研究』（未来社、一九六九年）一四〇―一五二頁を参照。

〈39〉一木「地方青年会に対する注文」（『実業倶楽部』第一巻第二号、一九一一年）一二頁。

〈40〉一木、前掲「自任自重の精神を養成せよ」、五二頁。

〈41〉神島二郎『近代日本の精神構造』（岩波書店、一九六一年）七一―七九頁。

〈42〉神島、同上書、三三―三五頁。

〈43〉一木、前掲「青年今後の活動舞台は地方に在り」、二〇頁。

〈44〉一木は帝国大学法科大学で優秀な成績を収め、「文官試験試補及見習規則」が制定された初年（一八八八年一一月）に内務省試補に採用され、その後の彼の生涯は学問次第で大臣になる立身出世の原型といえる。当時、官界は武官としての軍人と共に「立身出世」の対象として実業界以上の価値を持っていた。文官採用試験の様子については水谷三公『官僚の風貌　日本近代13』（中央公論新社、一九九九年）一〇三―一一二頁、一八八〇年代前半までの多様な官界への道については山崎春成「『立身出世』コースの形成」（大阪市立大学経済研究所編『明治期の経済発展と経済主体』日本評論社、一九六八年）二五三―二六四頁を参照。

〈45〉一木「立身を求めるの道」（『向上』第八巻第八号、一九一四年）三七頁。この論文のなかで一木は「自分の働きといふものは、自分一身にのみ関係あるものではなく、凡べての国家社会にも関係あると云ふ場合を明らかにして働く自覚があつて欲しい」と論じ（同上、三八頁）、一人ひとりの立身が「功」を社会に留め、「社会の幸福」が増進すると主張する。社会と人間に関するこの一木の発言は、第一章で論じた共同体秩序を示しているといえよう。報徳思想にも関連する立身出世の研究として、見田宗介「『立身出世主義』の構造――近代日本の価値体系と信念体系」一九六七年（『現代日本の心情と論理』筑摩書房、一九七一年）が示唆に富む。

〈46〉岡義武「日露戦後における新しい世代の成長――明治三八～大正三年　上」（『思想』第五一二号、一九六七年）一三七頁。

〈47〉「自己ノ勉強ト才能トニヨリテ、貧賤ヨリ崛起シテ大名ヲ世ニ揚シモノ、西洋人ニ於テ、ソノ例マタ少カラズ」という中村正直『西国立志編』（一八七一年）は、福沢諭吉『学問のすすめ』（一八七二年）と並び、青年が学問の習得によってみずからの運命――実業家や官吏・大臣――を開く立身出世に強い動機づけを与えた。一八七二年の新学制を経験した世代の両書の受容については、前田愛「明治立身出世の系譜――『西国立志編』から『帰省』まで」一九六五年（『近代読者の成立』筑摩書房、一九八九年）を参照。

〈48〉『新編修身教典　尋常高等小学校用』（普及舎、一九〇〇年）四六―四七頁。

〈49〉一木「地方青年会に対する注文」（『実業倶楽部』第一巻第二号、一九一一年）一三頁。

〈50〉学問や実業における他者との地位の差は、勤勉力行による自由競争原理に貫徹されているかにみえるが、実際には個々の実力によるのではなく自己が属する勢力に拘束される（川島武宜「立身出世」『日本人　現代教養全集7』筑摩書房、一九五九年、二九六―二九七頁）。日本の立身出世の多くは、成功を求める者が情緒的な義理を通じて有利な権力者とつながりを持ち、認知され、引き立てられることで達成される。

〈51〉一木「知識と道徳」（『斯民』第五編第三号、一九一〇年）一二―一三頁。

〈52〉一木、前掲「地方民政の要綱」、四七頁。

〈53〉一木、同上論文、四八頁。

〈54〉孔子『論語』（金谷治訳註、岩波文庫、一九六三年）五七頁。この「恕」は「其恕乎、己所不欲、勿施於人也」（衛霊公　二四）にあるように、他人への思いやりと解され、「仁」の意味内容と捉えることができる（同上、二一七―二一八頁）。恕については武内義雄「儒教の倫理」一九四一年（『武内義雄全集　第二巻』角川書店、一九七九年）三三頁を参照。

〈55〉一木、前掲「地方民政の要綱」、四八頁。

〈56〉一木、同上。

〈57〉一木「社会政策と政治問題」（『社会政策』第二号、一九一一年）一八頁。

〈58〉一木、前掲「青年今後の活動舞台は地方に在り」、二一頁。

〈59〉一木、前掲「社会政策と政治問題」、一八頁。

〈60〉一木、同上。

〈61〉一木、前掲「青年今後の活動舞台は地方に在り」、二二頁。

〈62〉一木「国民実力の充実を図れ」（『斯民』第九編第八号、中央報徳会、一九一四年）三―四頁。

〈63〉一八九三年から補習教育の制度化に着手する井上毅は、補習教育構想の一つとして杉山報徳社が運営する青年夜学校を参考にした。同夜学校が利潤を追求する実業的な知識や技能よりも、むしろ「天地三才の徳」に報いる道徳の修養に主眼を置いたことから、実業教育の発足に当初から道徳的要素があったことがわかる。また実業補習教育の制度化が村落共同体のなかで自然に形成された青年夜学校に依拠したことは、後に論じる青年団の改編にかかわる生活習慣の政治的利用という重要な視座を示している。内務省および文部省の杉山報徳夜学会への関心、杉山報徳社の道徳については、本書補論を参照。

〈64〉佐藤守「徒弟学校の変質と展開」（豊田俊雄編『わが国離陸期の実業教育』国際連合大学、一九八二年）二二四―二二七頁。この実業教育の転換は、急激な工場労働の増加を背景にしていることに注意しなければならない。井上毅による実業教育の整備については宮沢康人・佐藤秀夫「実業教育」（海後宗臣編『井上毅の教育政策』東京大学出版会、一九六八年）、石見和彦「実業教育論――初等・中等レベルを中心に」（本山幸彦編『帝国議会と教育政策』思文閣、一九八一年）を参照。

〈65〉一木「戦後の準備」（『斯民』第一二編第四号、一九一七年）二四頁。

〈66〉一木「戦後の準備に就いて」（『斯民』第一二編第七号、一九一七年）一五頁。

〈67〉一木「自任自重の精神を養成せよ」（『斯民』第七編第六号、一九一二年）五四頁。

〈68〉一木「戦後に於ける学術、思想、宗教及教育」（半澤玉城編『平和か鉄血か』大日本新聞学会出版部、一九一五年）四三八頁。

〈69〉一木、前掲「戦後に於ける学術、思想、宗教及教育」、四三六―四三七頁。

〈70〉宮坂公作『近代日本社会教育政策史』（国土社、一九六六年）一一〇頁。

〈71〉一木、前掲「戦後の準備に就いて」、一二頁。

〈72〉一木、前掲「戦後の準備」、二六頁。

〈73〉一木、同上論文、二八頁。

〈74〉一木「徹底したる自覚」（青年団中央部編『青年団指導　全』帝国青年発行所、一九一八年）一五頁。同論文は若干の表現の違いはあるが「国際競争と自覚心」（『帝国青年』第二編第九号、一九一七年）と同主旨である。

〈75〉一木、前掲「戦後に於ける学術、思想、宗教及教育」、四三九―四四〇頁。

第二節

〈1〉一木「青年団の統一」（『帝国青年』第一巻第一号、中央報徳会、一九一六年）九頁。

〈2〉一木「青年団の真義」（青年団中央部編纂『青年団真義』一九一六年）二頁。同論文は、若干の表現の違いがあるが、「刻下最大の急務」（『帝国青年』第一巻第九号、一九一六年）、「青年団指導者に望む」（『斯民』第一一編第七号、一九一六年）に転載される。

〈3〉青年団が官製化されると論じる代表的な研究は、日露戦後期に関心を集中させている（鹿野政直「戦後経営と農村教育――日露戦争後の青年団運動について」『思想』第五二一号、一九六七年、宮地正人『日露戦後政治史の研究――帝国主義形成期の都市と農民』東京大学出版会、一九七三年、住友陽文「形成期青年会の論理と展開」『日本史研究』第三四〇号、一九九〇年)。これらの研究は、宮地がいうように、「国家権力が積極的に若連中・若衆組を把握し、自己のもとに包摂しようとするのは、国家意志を前時期とは格段の差で町村内部に浸透させてゆかなければならなかった日露戦争開始とともに始まっていく」(宮地、同上書、五六頁)という共通した見解を持つ。金宋植は日露戦後の青年団体に対する官僚の政策意図を、内務省と文部省を対比しながら検討し、青年団体が「事業の主体」であるという視点を示す(金宋植「地方改良運動と青年政策」『東京大学日本史学研究室紀要』第六号、二〇〇二年、二七頁)。最近の研究には、並松信久「一木喜徳郎の地方自治構想と青年団――報徳仕法の継承」(『報徳学』第九号、国際二宮尊徳思想学会、二〇一二年)があるが、その考察には新しい史料の提示はなく、従来研究の紹介にとどまる。

〈4〉一木「青年団の統一」(『帝国青年』第一巻第一号、中央報徳会、一九一六年)一〇頁。傍点は引用者。以下、指摘がなければ、傍点は引用者による。

〈5〉平山和彦『青年集団史研究序説　上巻』(『合本　青年集団史研究序説』新泉社、一九八八年)四頁、『同　下巻』(同上)一〇、二二一―二二三頁。

〈6〉一木、前掲「青年団の真義」、五頁。

〈7〉一木「国民競争の準備　=第一義は青年団の発展に在り=」(『帝国青年』第二編第六号、一九一七年)六頁。

〈8〉当初の同青年部の目的は次のようになる。「今や我が帝国は、世界列強の間に立ちて、非常なる覚悟を要するときに会す。而して帝国の荒廃は、一に青年諸君の元気と実力の如何に因りて決せんとす。……我が中央報徳会は、茲に新たに青年部を設置し、雑誌『帝国青年』を発刊し、以て全国三万有余の青年団の連絡統一を計り、又微力を揣らず、敢へて之が中心指導機関たるを以て自らを任ず」(「帝国青年の発刊」『帝国青年』第一巻第一号、一九一六年、二頁)。

〈9〉一木によれば、青年団中央部は常務理事の田中義一、井上友一、中川望の三名と一木を含む少数の理事から構成された(一木、前掲「国民競争の準備」、九頁)。その後、一木が臨時教育会議(一九一七年九月に設置)の委員の一人として通俗教育の改善について答申し、さらに大日本連合青年団の理事長(一九二四年に就任)として各地の青年団の指導方針に尽力した事実を考えると、教育の振興は彼の関心の重要な位置を占めたことを意味する。

〈10〉一木、前掲「青年団の統一」、九頁。

〈11〉若衆や若連中を含む青年団体の概観については、とりわけ熊谷辰次郎編『大日本青年団史』（日本青年館、一九四二年）を参照。

〈12〉一木、前掲「青年団の統一」、九頁。

〈13〉一木、前掲「青年団の真義」、三頁。

〈14〉一木「地方青年会に対する注文」（『実業倶楽部』第一巻第二号、一九一一年）一四頁。一木は、ここで青年団体を、青年団ではなく青年会と呼ぶが、本書ではこの青年会とは第一次訓令で示された青年団と同意であると考える。この後に一木は青年団と用語を統一することになる。

〈15〉一木「地方自治の精神」（内務省地方局編纂『第二回第三回　地方改良講演集　下巻』一九一一年）七頁。

〈16〉一木、前掲「青年団の真義」、一頁。

〈17〉「青年団ノ指導発達ニ関スル件」（内務文部両大臣の訓令）一九一五年九月一五日（『斯民』第一〇編第七号、一九一五年）三二―三三頁。この一木らが発布した共同訓令の後には、一九一八年五月三日に水野錬太郎（内務大臣）と岡田良平（文部大臣）による「青年団体の健全発達に資すべき要項」の第二次訓令、一九二〇年には床次竹二郎（内務大臣）と中橋徳五郎（文部大臣）による「青年団体の内容整理並実質改善方」の第三次訓令が発布される。なお第二次訓令から青年団と実業補習学校との連携がはっきりと強調されることになる（佐藤守「実業補習学校の成立と展開――わが国実業教育における位置と役割」豊田俊雄編『わが国産業化と実業教育』国際連合大学、一九八四年、六五頁）。

〈18〉一木、前掲「青年団の統一」、一〇頁。

〈19〉一木「修養機関たる青年団」（『産業組合』第一二〇号、一九一五年）六四頁。

〈20〉宮坂公作「初期自主化運動における政策受容の問題をめぐって」（日本社会教育学会編『社会教育行政の理論　日本の社会教育　第四集』（国土社、一九五九年）一五四―一五五頁。同論文のなかで宮坂は明治末期における各地の地主政党間の利権争いに青年団の年長者が動員され、たとえば長野県下伊那郡青年団の一部青年が「非政友」という政治的態度を示し、衆院選挙に参与した事例を示している。

〈21〉一木、「自治の本義」（内務省地方局編纂『地方改良事業講演集　上巻』一九〇八年）二〇頁。

〈22〉一木、前掲「地方青年会に対する注文」、一五―一六頁。

〈23〉一木、前掲「青年団の統一」、一〇頁。

〈24〉一木、前掲「自治の本義」、一九頁。

〈25〉村落構造については、大石嘉一郎・西田美照編『近代日本の行政村』（日本経済評論社、一九九一年）を参照。

〈26〉一木、前掲「地方青年会に対する注文」、一六頁。

〈27〉一木、同上論文、一四―一五頁。

〈28〉一木「公務思想の養成に勗めよ」（『斯民』第一〇編第二号、一九一五年）一三頁。

〈29〉一木が大隈内閣の文部大臣を務めた頃の部下である武部欽一は、「青年修養の機関としての青年団が、全国的に発展いたしましたのは実に一木先生のお力によつたといわなければならない」と述べる（一木先生追悼会『一木先生を偲ぶ』一九五五年、一七頁）。

〈30〉一木、前掲「青年団の統一」、一〇頁。

〈31〉一木、前掲「青年団の真義」、五頁。

〈32〉一九一〇年一〇月に設立を許可された帝国在郷軍人会は、「在郷軍人ノ品位ヲ高メ国民ノ軍事思想ヲ啓発スルニ努」る目的を持っていた。この設立には、日露戦後の帰還軍人が戦場生活を経験したことによる民間人の蔑視、恩賞による遊惰などを矯正する意図があった。田中義一と在郷軍人会については、大江志乃夫『国民教育と軍隊　日本軍国主義教育政策の成立と展開』（新日本出版社、一九七四年）三二二―三四五頁、纐纈厚『近代日本の政軍関係　軍人政治家田中義一の軌跡』（大学教育社、一九八七年）四三―四八頁、遠藤芳信「在郷軍人会成立の軍制史的考察」（『季刊現代史』第九号）三五―四〇頁を参照。

〈33〉田中「青年団体と軍隊」（青年団中央部編『青年団真義』帝国青年発行所、一九一六年）一八〇頁。

〈34〉河合従雄『田中義一伝』（田中義一伝編纂所、一九二九年）一三三頁。

〈35〉田中『社会的国民教育　一名青年義勇団』（博文館、一九一五年）一一四頁。

〈36〉田中義一による訓令発布の交渉については、熊谷編、前掲『大日本青年団史』、一一四頁、宮坂公作『近代日本社会教育政策史』（国土社、一九六六年）一九〇頁、纐纈、前掲『近代日本の軍政関係』、五〇頁を参照。

〈37〉田中『帝国の使命と青年の覚悟』（誠文堂、一九一八年）九〇頁。

〈38〉陸軍省歩兵課編『帝国陸軍　国民教育者必携』（帝国在郷軍人会本部、一九一三年）四三頁。

〈39〉徳富蘇峰編『公爵山縣有朋伝　下』一九三三年（原書房、一九六九年）一一八八―一一八九頁。

〈40〉山口県教育会『山口県教育史　下巻』（一九二五年）六五〇頁。

〈41〉田中、前掲『社会的国民教育』、一〇二―一〇三頁。

〈42〉山口県における田中と青年団育成の関係については、中野泰が、玉江浦（山口県萩市）の青年宿への田中の視察について触れている（中野泰『近代日本の青年宿　年齢と競争原理の民俗』吉川弘文館、二〇〇五年、一八九―一九六頁）。なお山口県における青年団の組織化は、中央報徳会青年部で青年教員に尽力した当時の山口県知事・中川望が果たした役割が大きい。彼は山口県庁学務兵事課による山口版の雑誌『帝国青年』（一九二〇年に発刊）を県下青年団の中心機関として連絡提携を図った。

〈43〉田中、前掲『帝国の使命と青年の覚悟』、一〇七頁。

〈44〉陸軍省歩兵課編、前掲『帝国陸軍　国民教育者必携』、四四頁。

〈45〉一木「自治の真義」（『斯民』第一一編第一一号、一九一六年）七頁。後に同論文の数節は、「青年団と国民精神」（『向上』第一一巻第一〇号、修養団、一九一七年）に転載される。

〈46〉一木、同上論文、八頁。

〈47〉大江、前掲『国民教育と軍隊』、三六六頁。

〈48〉山崎延吉『我が青年及青年団』（興風書院、一九一五年）三七四―三七五頁。

〈49〉田所美治「青年団体の活動を望む」（『斯民』第一〇編第一〇号、一九一五年）九―一〇頁。

〈50〉高倉徹一編『田中義一伝記　上』一九五八年（原書房、一九八一年）六一一―六一五頁。

〈51〉たとえば第三次訓令（一九二〇年）では、「組織ハ之ヲ自治的ナラシムルニ努メ団体ノ事ヲ統フル者ハ之ヲ団員ノ中ヨリ推挙セシムルヲ本則トス」として青年団の自治性を奨励すると共に、「尚団体員最高令ニ付テ従来二十歳ヲ以テ常例トセルモ之ヲ二十五歳ニ進ムルハ別ニ妨無之候ニ付地方ノ実情ニ依リ宜シキニ従ハシメ候様致度」として団員の最高年齢を二五歳に引き上げ、青年団活動の活性化を試みた。

〈52〉一木、前掲「自治の真義」、五頁。

〈53〉一木、前掲「青年団の真義」、四頁。管見する限り、一木の青年団の年齢制限に関する発言はない。公民権の年齢条件が二五歳であることからいって、地方青年の公民精神を主張する一木が公民教育の一環に青年団の改編を位置づけたのか否かには議論の余地がある。しかし本書では、統治者にとっていまだ普通選挙の実施が現実性を持たない当時の時代状況と、一木が選挙に限った参与よりも地方自治を通じたすべての国民の参与を構想したことからいえば、選挙資格を指標にして第一次訓令における彼の青年団構想を分析することはできないのではないかと考える。

〈54〉一木「青年団と戦後の準備」（『帝国青年』第三巻第九号、一九一八年）五頁。

〈55〉一木、同上論文、四頁。一木は団体生活に慣れその妙味を味わうには地方青年の寄宿生活が有益であると論じる（同上、五頁）。

〈56〉一木「徹底したる自覚」（青年団中央部編『青年団指導　全』帝国青年発行所、一九一八年）一六―一七頁。同論文は若干の表現の違いはあるが「国際競争と自覚心」（『帝国青年』第二編第九号、一九一七年）と同主旨である。不適切な表現があるがそのまま残した。

〈57〉一木、前掲「自治の真義」、二頁。

〈58〉一木、同上論文、八頁。

〈59〉推譲の徳目については福住正兄筆記『二宮翁夜話』一八九三年合本（岩波書店、一九三三年）二一二頁、八木繁樹『増補改訂版 報徳運動一〇〇年のあゆみ』（緑蔭書房、一九八〇年）八―一六、三四頁、海野福寿「共同体と豪農」（『家と村　日本近代思想大系　二〇』岩波書店、一九八九年）四六三―四六八頁を参照。

〈60〉一木「国運の発展と勤倹協同の精神」（『斯民』第四編第七号、一九〇九年）二二頁。

〈61〉一木、前掲「国民競争の準備」、九頁。

〈62〉一木、前掲「青年団の統一」、一一頁。

結章　道義的共同体論の帰結

一九三五（昭和一〇）年、当時の枢密院議長を務める一木喜徳郎は、自由主義的国法学の源流として蓑田胸喜（一八九四―一九四六）などの国家主義者から激しく非難された。天皇機関説問題の間、街の辻々や坂の石垣には過激な文書が貼られ、「何等かの危険が我々の身辺に迫りでもするかのやうなえたいの知れない恐怖が今日の文筆業者の間にひろまつて」（傍点原文ママ）いたという[1]。そして国粋大衆党党員が同年三月の一木夫人の通夜に日本刀を抜いて乱入した事実は、一木への批判がたんなる法学説上の問題ではなく、宮中重臣の排撃を背景にし、とりわけ彼を最終目標にしていたことを端的に物語っている[2]。

日本精神や日本主義をより一層国民に浸透させようとした蓑田らの主張は、一木の学説に「歴史軽視の理知主義的素質傾向」と「不敬尊厳冒瀆思想」があり、「一木氏は美濃部氏の現在に於ける国家的地位と其の学説とに就いて連帯責任を分かつべき」というものであった〈3〉。

一木の国法学説は、愛国法曹連盟理事の林逸郎（一八九二―一九六四）の講演によれば、一木が次のように認識する元首と国務大臣の関係が、元首としての天皇への不敬にあたり、「神授君権の天意」に反するという〈4〉。

憲法が国務大臣は元首の行為についても責に任ずることを規定せるは、即ち国務大臣に与ふるに、元首の命令の適法なるや否やを審査するの権を与ふることを包含するものと認めざる可らず（国法学、一〇三頁）。

たしかに一木は、ここで元首の命令に対し、立憲政治の立場からその適法性を審査する「権」を国務大臣に認める。彼の認識においては、元首はみずからの意志のままに命令も行為もなしえず、国務大臣の審査を経た国家全体の目的に拘束される。蓑田はこの一木の見解を、審査するものとされるものとの地位を無視した「甚しき僭濫思想」と論じ、「一木枢密院議長は、その責を免るゝことは出来ないと信ずる……『天皇機関説』の結果は、天皇の立法、司法、行政一切に亘る統治統帥全大権の空無化であります〈5〉」と述べる。

さらに林は一木が捉える元首と国務大臣の関係から、彼の学説に君主を国家機関として位置づけ、君主に対して相対的に政治家の地位を高めようとしたヘーゲル（G. W. F Hegel, 1770-1831）の君主機関説を看取した。

（君主機関思想は、——挿入引用者）日本人の道徳、情操に準拠したものではなく、全く独逸の政治家が我儘を致す為に煽動流布したヘーゲルの如き気紛れ者の学説であり思想であるのであります。一木博士の如きは法律学者として之を尊敬致しまするよりも、一言一句を忠実に取扱つて外国語の悉くを直訳し得る所謂翻訳学者として尊敬した方が宜いと思ふのであります[6]。

林によれば、一木がドイツからもち帰った「君主機関思想」は日本の道徳とは無縁であり、たとえ一木がそれを翻訳し日本の法解釈に導入しても、「皇国日本道」の国体観念には馴染まないという。こうした林の立場は、「憲法発布の勅語」にある「国家統治ノ大権ハ朕カ祖宗ニ承ケテ之ヲ子孫ニ伝フル所ナリ」という「国家統治ノ大権」の由来から、先に指摘した天皇の「神授君権」の神格的権威を主張し、無制約な天皇の命令と行為を認めるのであった[7]。

蓑田や林の指摘は、一木枢密院議長を糾弾し、国政のなかで枢密院副議長・平沼騏一郎（一八六七―一九五二）を押し上げるためであったとはいえ、一木の道義的共同体論に対するいくつかの重要な争点を我々に提示している。一つには天皇の地位をめぐる論争であり、それは統治権の主体にかかわる問題である。そしてもう一つは伝統的に形成された政治制度と習俗の関係の問題、いわば日本の近代国家の歴史的・文化的基層を争点にすると整理できる。一木が、民衆道徳、地方自治、憲法、中間団体を総合するかたちで憲政自治を論じたことは、権威による社会的包摂化〈8〉を考察する上で重要な意味をもっている。

こうした一木に対するナショナリストの批判を踏まえながら、本結章はまず一木の国家論に注目し、天皇における政治的権威と宗教的権威の二重性から、彼の立憲政治の方向性とその有効性を考察する。そのために、まずここまで論究した彼の国家論を、共同体秩序と統治回路の二つの観点から整理したい。

一木の秩序像の原型は、報徳思想における「天地人三才の徳」と「推譲の精神」から成る道義的共同体論に由来した。彼にとって共同体秩序は、天地の道理に従いながらも、人が自然に対して自立しており、その論理は団体において互いが助け合う「相恕」の感情、いわば家族内の親子の愛情や兄弟の情を範にして、余剰を社会全体に推し及ぼす治国の要道であった。彼が繰り返し集団への献身や奉仕を説くのは、人々が身近な村落共同体の慣習に基づく生活規範を公徳心へと転回させ、国家のために自己の利益を犠牲にし、「愛郷土心」と「知恵」が相補う自治をめざすからであった。

他方、国家の統治回路の観点からいえば、一木の秩序像は地方の報徳社および報徳会、町村の青年団や協働組合を、国家と個人の間に媒介させる中間団体の有機的結合へと展開した。彼によれば、生活の充足は自分ひとりでは達成できない。それは隣人と協働して団体を組織し、共同利益を自身の使命として引き受けることで結実する。村落共同体内の連帯の原理が国家の次元に移されると、それは団体相互の連立となろう。一木にとって、富の余剰を互いに相譲るという道徳的信念の発現が協同生産力を支え、郷土の団体の連合が国家という集合体を構成する。彼は報徳思想に基づく共同体秩序論と団体論を総合することによって国家を論じた。彼の認識では、この二つの論理をむすびつけるもっとも根源的な原理が「推譲の精神」であった。しかし、この問題は民衆心性にとって、理論的なものにとどまらない、きわめて実践的な意味をもっていた。

一木の道義的共同体論が社会進化論に応答するのならば、我々は時代状況への有用性の観点から、彼の国家論の射程を明らかにする必要があろう。それは彼の道義的共同体論の限界を示すと同時に、その今日的意義を問うことにもなるはずである。

一木は、伝統的な共同体秩序の仕組みがいまだその力を失っていない一方で、それが根源的に変化しつつある事態を看て取った。彼においてその社会的変容は、やがて団体の有機的結合を根底から組み換え、自治の主体の道徳精神にも変化が起きることを予測させる。第一次世界大戦後、彼は次のように日露戦後とは違う国民としてのさらなる覚悟を国家の成員に求めた。

私は開戦当時、文部省に奉職して居たのであるが、此戦争が国民の精神上に大影響を及ぼすべきを一般世人と共に感じたが故に、我国に於ては外国の一盛一衰に依つて、其思想が動揺せないやうに致したいものだと考へた。勿論外国の影響を受けて進歩することは、努めて行かなければならぬことであるが、しかし単に外国の盛衰興亡に依て国民思想の動揺を来すが如きは、国民の品位にも関係することである。帝国には帝国の長所がある。此の長所を失わないやうにすることが大切である〈9〉。

一木が「国民思想」の現状を危惧するとき、彼の思想には国運を担う新しい主体を育成するという切実な問題意識がある。人口が増大し消費が拡大すれば、集合体としての国家の成員は「協同一致の精神」に従ってより一層の生産力をめざす。この際限なき発展への素朴な確信が一木の思想の根底にあることは、すでに本論でみた。彼においては、余剰の生産を前提にする進歩の論理が、絶えざる生産意欲と協同一致を基礎づけるのだが、現実にはこうした一木の楽観とは異なり、労働者の同盟罷業は第一次世界大戦開戦の一九一四（大正三）年の五〇件（参加者は七九〇四名）から、一九一七年には四九七件（参加者は六三一三七名）に急増していた〈10〉。こうした実際の社会情況と、一木が理想とする人々が推し譲る共同体秩序との大きなずれは無視できない。一木はこうした階級対立の激化に対して、「戦後準備」のための国民的凝集の強化を主張する。

第一次世界大戦のなか、中央報徳会は戦後準備と国力増進の目的のために学識者や実業家を全国に派遣し、「戦後準備講演会」および「同協議会」を開催した〈11〉。中央報徳会が「戦後準備」を提唱する背景には、「（日露──挿入引用者）戦後の経営に就て、いささか国民の覚悟を促す所があったが、今日欧州の大戦に対しては、更に世人の一大覚悟を喚起し、共々に努力しなければならぬ〈12〉」という憂慮があった。中央報徳会が表明する大戦後の「一大覚悟」とは、決議にある「戦後列強は競ふて東洋の天地に激甚なる経済戦を試み」るという国際貿易の問題であった。一木によればそれは次のように論じられる。

国際間の競争は、自営策を執らない所若しくは其力のない所に集中する。之が戦後東洋に経済戦の中心が来ると言はれる所以で、私もさう信ずる者である。各国とも東洋に向つて投資し、東洋に於て企業せんと準備して居るのは、此辺の関係からである〈13〉。

一木は日本がヨーロッパ列強に対抗するためには、国力の欠如を補う人民の公徳心による奉仕と同時に、効率的な生産力の拡大が必要であると論じる。一九一六年一〇月に内務大臣を退任後、彼は日露戦後以来繰り返されるこの論理構成をとりながら、大戦後においても中央報徳会の方針に基づく各地の「戦後準備講演会」で旺盛な講演活動を行った。

一九一七年六月一七日、一木は福岡の西中洲県公会堂で開催された第四回「戦後準備協議会」に中央報徳会理事として参加する。その席上で彼は「本会が此戦後準備に関する講演会を催す事必ずしも僭越事に非ざるを諒とせられん此事実は昨年来屢々協議に上がりし所なりしも総選挙其他の為め荏再今日に至〈14〉」ったとして協議会の経緯を福岡県下の官民に説明し、次の「戦後準備」を決議した。

戦後準備に関する宣言

今次欧州大戦に際会し、我経済界未曾有の活況を呈せるは、邦家の為実に幸慶に堪へざる所なり。然りと雖も、翻て欧州列強が巨億の費を投じ、国運を賭して干戈を交へつゝあるに拘らず。戦後の経営に関し尚鋭意画策を怠らざるものあるを想はば吾人猛省せずして可ならんや。

戦乱の結果たる未だ逆睹すべからずと雖も、戦後列強は競ふて東洋の天地に激甚なる経済戦を試み、以て創痍の恢復に努むべし、我帝国亦此間に介在し、未曾有の世局に処するの一大覚悟なかるべからず。若し夫れ我国民にして一時の順調に泥み、浮華に流れ、驕情に耽り、将来の大計を怠るが如きことあらんか、実に禍根を千載に貽すものと謂つべし。

顧ふに今後帝国の地歩を確立し、重きを列強の間に為さんとせば、宜しく外宇内の情勢を察し、益通商貿易を隆にし、内堅忍持久、進取敢行の精神を鼓吹し、勤倹実質の美風を奨励し、余財を蓄積して民資を充実し、産業を振作して立国の基礎を堅固にせざるべからず。此際官民一致叙上の趣旨に基き、左記事項を厲行し、以て国運の伸張に貢献せむことを期す。

大正六年六月十七日

福岡県実業団体連合会

福岡県商工連合会

実行事項

一、実業教育の施設
二、農村の覚悟
三、漁村の振興
四、粗製濫造の防止並販路の拡張
五、職工労働者の保護誘掖
六、金融の円滑〈15〉

「戦後準備に関する宣言」にある「内堅忍持久、進取敢行の精神を鼓吹し、勤倹実質の美風を奨励し、余財を蓄積して民資を充実し、産業を振作して立国の基礎を堅固にせざるべからず」という主張には、これまでと同じ報徳思想の主意、つまり経済と道徳が調和する理想的な共同体秩序の構築が国家的使命として託されている。彼は「協議会」の後、場所を（旧）福岡県庁裏にある福岡市記念館に移し、来会者八〇〇名を前にして「戦後準備」と題する講演を行った〈16〉。

この講演のなかで一木がとりわけ注視したのが階級対立である。彼にとって、それは二つの階級が一般利益を無視し、有機的集合体の調和を浸蝕するという、共同体秩序からの逸脱の結果である。彼の目には、階級闘争は「極まる所、遂に孰れか一方が倒れなければ止まない」が「孰れか一方が倒るれば、産業の発展は止」るものとして映っており、階級協調が共同利益の達成にとって急務であった〈17〉。一木はこの重大課題として差し迫った社会的亀裂を、資本家と労働者それぞれの利己心から生じる不和であると論じる。

社会、経済の関係と雖も、唯此性情のみに依頼したならば、甚だ不祥なる結果を齎すことは、今日世界全体が労働問題、或は思想問題に苦んで居ることに溯つて考へて見れば自ら明らかであらう。詰りアダム・スミス以来、物の生産分配等、経済上の現象を、総て利己心の一に基いて説明せんとしたことが、今日の患をなして居るのではないかと私は常に疑うのである。利己心が経済上原動力であることは疑を容れない。併し其利己心のみを働かした結果は如何にあるかといふに、富の生産は増すが、其分配に至つて種々の困難なる問題を惹き起こすのである。即ち資本家は成るべく廉く、また成るべく多く労働者を使役して、成るべく多く生産の利益を独占しようとし、労働者成るべく少なく働いて、成るべく多くの給料を得ようとする、これ何れも利己心の働きである。此両者の利己心が相戦つて勝敗を争ふ。……是が今日の資本労働の対立闘争、即ち階級戦争と称すべきことの主要なる原因ではないかと思ふ〈18〉。

ここで一木は人間の欲という性情に由来する経済発展が、互いの信頼に基づく社会的紐帯を分断したとしており、利己心を追求する経済活動を批判する。彼は「此今まで輸入をし来つた所の文明の本家本元が動揺して破産を仕掛けて居るものではないかと云う疑ひがないでもない〈19〉」と論じ、階級対立が激化するヨーロッパに対して「日本固有の文明の進路」を探求する契機を提起する。一木のヨーロッパ文明に対する疑念は、次のようなロシア革命への見解に明瞭に現われる。

露西亜の如きは依然秩序をスッカリ恢復して、国民は皆自由なる状態であるべき筈であるのに、こゝで矢張り少数の者が支配して居る、少数の者が支配すると云うことは即ち力を以て支配して居る、……丁度仏蘭西革命の跡同様である、デモクラシーと申した所が、国民にして悉く義務の観念なく、国家に対する所の忠実の念がなく、国民全体の幸福と云ふことを眼中に置かずして、唯各人の利益のみを謀り、各人の安全を保つに汲々と致して居つたならば、即ち斯ふ云ふ結果になつて来る、又国民の中には種々の種類の人間が居る、露西亜の大多数の人間を支配して居る過激派なるものは、之と何所から出たかと云ふと、少数の工業労働者で、詰り少数の工業労働者が資本家に対してゞも、総ての者に対して其勢力を揮つて居る〈20〉。

一木にとって革命ロシアは「階級の利益を謀つて、国家全般の利益と云ふことを却つて度外して置くやうな傾〈21〉」のある統治形態であり、それは寡頭制にすぎない。彼によれば「恐怖に依つて……露西亜の大多数の人間を支配して居る過激派なるものは、之と何所からでたかと云ふと、少数の工場労働者で、詰り少数の工場労働者が資本家に対してでも、農民に対してでも総ての者に対して其勢力を揮って居る〈22〉」。一木は、労働者階級の利己心が他の階級に属する同胞を苦しめ、いずれそれは専制に至るという。

一木は階級関係を、利己心の働きによって社会の仕組みから説明し、対立と分裂の危機を捉えるにとどまらず、経済生活を営む人間を利己心とは別の観点から思索した。彼は「努力」と「謙譲」の徳性の観点から、私的利益が国民全般の活動を阻害する元凶とし、それぞれの個別的利益を包摂し増進させる「産業の発達」を次のように主張する。

> 我邦に於ては共同の習慣を欠けるのみならず、動もすると互に相排擠して、他人の活動の効力を減殺する例が少くない。其一としては今後最も考慮すべきは資本家と労働者の関係である。労働者の地位を改善し、其効率を高め、資本家との間を融和せしめる、少なくとも其間に衝突を来すことなからしむるには、之を資本家の努力、並に労働者の謙譲、此二徳に俟たなければならぬと考へる。
>
> 斯の如くして国民の活動が相抵触することを成るべく避け、互に相融和し、共力《ママ》して産業の発達を図ることゝなれば、帰する所、其利益は一般に及ぶのである〈23〉。

一木は「徳性」による資本家と労働者の融和を主張し、互いが道徳精神を発揚した紛争なき秩序を期待する。彼は資本家と労働者が「従来の如く互いに衝突すれば、産業の発達を阻害することも少なくないから、将来は此関係を円滑ならしめて産業発展に全力を尽すに相違ないと思ふ。畢竟此両者の調和が出来ないと云ふのは、其得る利益が少いからであつて、利益が多ければ、調和は比較的容易い。つまり産業を発展せしめて其得る所を大きく〈24〉」と論じ、道徳の修養によって不和が解消され、生産活動の効率さえ高まると信じている。彼において調和は、共同体秩序のなかで自己と他の成員との一体感を想念させ、共同体からの孤独と疎外を克服し、情緒的な帰属意識をもたらすのであった。ここで我々は、一木の階級対立の対処策には、ある種の信仰に近い道徳精神があることを確認しておきたい。

さらに一木は階級対立を解消させる「徳性」を「推譲」と言い換え、次のように共同利益を力説する。

　資本家は労働者に推譲して、彼等の為に宜かれと計り、労働者は資本家に推譲して、其為に宜かれと計つて行く外に方法はないと思ふ。制度は如何にあらうとも、各人に其考へがなくては円滑に行かぬ、円滑に行かねば産業の発達は阻害せられる。労働者の利益を保護するのは、つまり産業の能率を高める為に必要であつて、即ち資本家の利益である、資本家の利益は亦労働者の利益である。産業の発展を計り、欧州諸国に対抗するには此心掛けが必要であらうと思ふ[25]。

この一木の発言には、先に指摘した国際貿易の問題、換言すれば、アジアにおける日本とヨーロッパ列強との帝国主義的覇権競争が自覚されていることは見逃せない。彼によれば、日本は「社会の総ての要素が和衷協同して、大に生産の方面に其全力を注ぐのでなければ、此の生産競争の場裡に立つことが出来ない[26]」。それゆえに彼は階級闘争を典型とする「今日の社会問題に対して早く調和の途を見出し、さうして総ての勢力が悉く相調和して生産事業に全力を注ぐといふことの出来る民族」意識の確立を主張する[27]。彼が資本家と労働者に求める「心掛け」には、互いが推し譲る心的態度を実践することによって、「日本民族」という類的存在として没落しないよう、生産力を上昇させ社会的分配の理想を実現することが含意されている。そして一木は、日本では古くから社会進歩のために、強者が弱者の立場を思慮し、みずからの力を自制しながら弱者に譲ったとして、「道徳的信念」こそが「国民の力」の動因であると唱える。

殊に国民の力を組織的に統合し、民族の能率を発揮する場合に、其基礎たる道徳的信念を欠く時は、其民族は到底永遠に繁栄することは出来ないと考へる。我日本民族が古来一の堅固なる団体として、幾多の事故に会ひ、困苦を忍んで今日に至つたのは何に因つたのであるかといふに、常に強い方の自制心に由つて来たのであらうと思ふ。明治維新の変革を初め、藩籍奉還、廃藩置県等、何れも権力階級が自ら制して譲ったのである。社会の難問題を解決する時に、各自の利益を飽く迄主張したならば、解決し難い事は前述の如くである。歴史上各種の問題を解決したのは、各自の地位を犠牲とし、譲るべきを譲り、互に調和を図った為で、是が今日の進歩を来した所以である〈28〉。

一木によれば、資本家であれ労働者であれ、民族の成員が互いに協働することは、国家的要請において犠牲をためらわず、他の社会勢力の利益を配慮し、ある種の妥協的均衡に合意した道徳的信念に由来する。彼は道徳を原理とした一種の集産主義を主張している。この論理において、治国の要道のためには、たとえ個人が自由に人格を形成し発展させようとしても、「日本民族」という類的存在の一員である以上、自身の個性や多様な属性は押し潰され民族のなかで標準化され、一般利益のための犠牲が強いられる。

さらに彼は「道徳経済の調和其宜しきを得れば、所謂社会問題、或は労働問題の如き、動もすれば、社会の基礎を揺かさんとするやうな争いは生じない筈である〈29〉」と述べ、「権力階級の自制心」に従う階級協調を主張した〈30〉。しかしここで注意すべきことは、その「基礎たる道徳的信念」を共有しない者は論理必然的に排除されるという民族の概念である。彼はその中心を皇室と規定する。

我日本民族が……今日迄発展し来つたのは、日本民族に強固なる一の中心があるからである。即ち万世一系の皇室を戴いて居るといふ此特殊の歴史が、日本民族をして他に比類なき堅固なる団結たらしめたのである。此意味より言へば、日本民族の今日あるは、全く皇室の御恩澤であることは何人も疑はない〈31〉。

皇室と民族という問題設定と言説は誤解を招きやすい。しかし我々が一木の共同体秩序の問題を規範意識の観点から誇張しすぎるほど強調して考察するのは、彼が日本における民衆の主体性による自己変革の可能性を諦めなかったからである。この彼の思索には、古いものから新しいものをいかに生み出しうるのか、という発想の転換の難しさがある。

一木が「日本民族」を「万世一系の皇室」から性格づけるのは、彼によれば「雄大にして沈毅なる品性の涵養」という要求が、民族の中心にあるとされる皇室によって満たされるとみるからである。そして彼がいう民族の概念には、個人が類的主体としておのずから共同体あるいは集団への奉仕を自覚し、道徳的信念を修養する規範が含まれている。しかし本論で論じたように、一木が立憲的な徳性のあり方を論じ、その一方で生産力の科学的な展開を図ろうとする諸団体の実践的企図に進路の方向を示すとき、「日本固有の文明の進路」は国民一人ひとりの立憲的な徳性の共有を民族の精神に還元し、立憲精神を後退させるのではないか。すなわち利己心の膨張という「弊風」を解消するために皇室を団結の問題としてもち出すことは、一木が主張する「忠良なる立憲国民に欠くべからざるの徳性」を閉塞させ、さらに彼の国家法人説による国家と元首の分化さえも危うくさせる。この民族の論理は団体相互の連立が階級対立の克服のために推進されることで、憲政自治の原理が民族の「和」をもってなる同質的集団の枠に包摂され、国家行政の統治回路さえも破綻させる国家の逆進化の過程を意味する。

一木の政治思想における共同体秩序は、日本が「国家の進歩」に適応すると同時にヨーロッパ列強との経済競争に参加するために、人々が他の成員とかならず有機的に連帯すべきであるという両義的な時代の要請として把握されるべき問題でもあった。ここにおいて「国運の進展」は帝国主義へと方向づけられている。彼の道義的共同体の論理は、治国安民をめざすはずの道徳的なエネルギーを次々と国家勢力として動員することを支え、人々の興奮は鎮まる暇もなく、ますます隣人との関係を緊密にし、自身と国家とを同一化させようとするところにまでゆき着く。こうした一木の道義的共同体論は、次のような有機体として明白に示される。

今次の大戦、及び戦後に於ける各般の状況に就て観るに、国家の盛衰し、国民全般の精神並に体力の強剛なると否とによつて岐るゝことは言を俟たぬ。国家を一個の人体と看做すと、如何に一局部が発達して居ても、全身として血の滴るゝが如き状態では、到底長く自ら維持することは出来ない。如何に衆に秀れたる腕力を具ふるとも、肺、心などの内臓に病患を有する時は、仮令一時は其勢力を発揮するを得ても、久しきに亘つて之を持続することは出来ずして、自ら葬れるものであることは、今回の大戦の明らかに立証する所である。我々は此国家の身体を鍛錬し、栄養を摂取し、内臓を強固にして、以て其基礎を固めて行くべき職責を有するものであると信ずる〈32〉。

一木によれば、国家とは個の総和以上の「集合体」であり、有機的全体の自然的発展過程において、内部で元素（=人）が「新陳代謝」し自立する有機体である。本書で論じたように、彼にとって国家は一つの法人格として「独立ノ意思」をもつだけでなく、人々を元素にして構成されるのであるから、この国家に属する一人ひとりは、みずからの実在に超越して存在する国家意志に従う義務を有する。

一木の道義的共同体論は、民衆自治を社会的紐帯の原理として認め、民衆心性に本来備わる共同性に応じた近代国家の存立を追求し、時代に適応する動態的な国家像、すなわち協働国家の構想を提示した。だがその一方で、実際の団体活動は自立した小農の育成を構想したとはいえ、名望家の道徳的品位に頼り、相恕、慈愛という感情と祖先や子孫への信念、民衆の素朴な感受性を基層にしたために、人々の間柄が事物を媒介して成立する高度資本主義社会の発展に直面して、その限界を顕わにしたことは否定できない。

一木の思想においては、国家の成員は国家秩序を維持していかなくてはそれぞれの生活が立ち行かないゆえに、みずからの責務においてその秩序形成を担わざるをえない。有機的国家は家族にはじまり、村落共同体、地方へと広がり、そして共同体秩序の最終形態である民族に至る。国家の成員は重層的な団体の関係構造において自身の責任を自覚することで、すべて平均的な人間となり、公務を重んじる忠良なる公民になるために個人の人格を犠牲にするという結果さえもたらす。この共同体秩序では、国家の成員が国民全般から疎外されそうになれば、一般利益に奉仕する自己像――団体的自我――を描くことによって、自己意識をつなぎとめるほかないだろう。一木はたとえ成員間の差異が失われてしまおうとも、推し譲る民衆自治を基軸とした調和の保持こそが、歴史的に命脈を保ってきた「日本民族」の繁栄を今後も支え続けると信じて疑わなかった。しかし当然ながら、この共同体秩序では日常の安息観に反抗する者は受け入れられず、他者として排除される。この者は彼が生まれる前からすでに存在する共同体の習俗から逸脱するからである。一木の認識において、村落住民の自己変革は、団体から離れた個人の尊厳の尊重とは両立しえない。

我々は一木の道義的共同体論が個人の精神の自由を抑えつける、いわゆる国民道徳の普及それ自体を目的にする統治構想であるならば、彼の憲政自治に今日的な意義を見出すことは難しい。しかし彼の着想が、近世から近代に連続する治国安民の思想を転回し、立憲体制の構築に寄与したのならば、彼が官僚政治家であるという理由によって、一木の道義的共同体論を支配のイデオロギーとして全否定する必要はない。

一木が立憲政体の定着のために、軍国主義にも国家主義にも、まして神政政治にも飲み込まれない「国家の進運」の道筋を探り続け、治国安民の政治を前進させたことは、我々に一木の道義的共同体論を検討する現代的意義を示している。

注

〈1〉杉山平助「一木喜徳郎論」、『改造』第一七巻第六号、一九三五年、二四六―二四七頁。

〈2〉この事件の経緯については、玉沢光三郎『所謂「天皇機関説」を契機とする国体明徴運動』、社会問題資料研究会編『社会問題資料叢書』第一輯、思想研究資料特輯号第七二号、東洋文化社、一九七四年（初出、一九三九年）、二七五―二七六頁を参照。原田熊雄は「その材料（天皇機関説――挿入引用者）が今日世間に出てゐるやうだが、恐らく平沼副議長が出したか、又は二上前書記官長が出したものらしい。要するに、目的はやはり一木排撃のためである」と記している（原田熊雄述『西園寺公と政局』第四巻、一九六七年、二一八頁）。一木の宮内大臣の就任および宮中における彼の動向については茶谷誠一『昭和戦前期の宮中勢力と政治』（吉川弘文館、二〇〇九年）、また、一木の枢密院議長職や牧野の内大臣職の留任を巡る苦悩については、三谷太一郎「天皇機関説事件の政治史的意味」、石井紫郎・樋口範雄編『外から見た日本法』東京大学出版会、一九九五年、四五五頁を参照。

〈3〉簑田胸喜『美濃部「機関説」の源流　一木博士の反国体思想――「日本法令予算論」並に「国法学」の基礎観念の大権干犯論を弾劾す』原理日本社、一九三五年、二頁。

〈4〉林逸郎は上杉慎吉門下の弁護士であり、「真に前非を悔いて、日本人に還る」ために法律の日本化を主張して愛国法曹連盟を結成（一九三二年五月一三日）した。彼は、佐郷屋留雄事件（＝浜口首相狙撃事件）、血盟団事件、五・一五事件（海軍側並びに民間側）、救国埼玉青年挺身隊事件などを弁護し、国家革新運動に従事した。林逸郎と機関説排撃運動の概観は、堀真清『西田税と日本ファシズム運動』岩波書店、二〇〇七年、六五一、六五四―六五九頁を参照。

〈5〉蓑田『天皇機関説を爆破して国民に訴ふ』、竹内洋編『蓑田胸喜全集』第三巻、柏書房、二〇〇四年（初出、一九三五年）、九五〇—九五一頁。

〈6〉林逸郎『天皇機関説撃滅　一木美濃部岡田学説の研究』昭和神聖会、一九三五年、八—九頁。本論で詳述するように、一木に対するこの林の批判はあたらない。

〈7〉林、同上書、一四—一五頁。

〈8〉池田元「政治学の転回と権威主義国家」（『戦後日本の思想と行動——「日本近代」と自己意識』論創社、二〇一二年）。

〈9〉一木「国民競争の準備　=第一義は青年団の発展に在り=」（『帝国青年』第二巻第六号、一九一七年）九頁。

〈10〉統計は、『日本労働運動史料　第一〇巻 統計編』（労働運動史料刊行委員会、一九五九年）四四〇—四四一頁を参照。

〈11〉「戦後準備講演会」は、第一回を東京、第二回を長岡、第三回を名古屋で開催し、一木は、第四回の福岡（一九一七年六月開催）、第五回の札幌（一九一七年七月開催）で講演した。戦後準備講演会については、「巻頭」（『斯民』第一二編第三号、一九一七年）、「巻頭」（『斯民』第一二編第四号、一九一七年）、「巻頭」（『斯民』第一二編第六号、一九一七年）を参照。

〈12〉『戦後準備国力増進奨励趣意書』（中央報徳会、一九一七年）二九頁。

〈13〉一木「戦後の準備」（『斯民』第一二号第四号、一九一七年）、二六頁。

〈14〉「戦後準備協議会」（『福岡日日新聞』一九一七年六月一八日）。この協議会は、福岡県知事、県実業団体連合会長、県商工連合会長、県農会副会長、その他には各実業商工団体幹部、各産業組合長、郡市長、学校長を中心にし、熊本、大分などの隣県からの来賓も含めて約五〇〇名が参加した。なお協議会前日付けの記事によれば、「協議会出席人員は当初約三百人の予定なりしに今日にては其申込四百五十五人の多数に達し尚続々申込の向ある趣なるも会場設備の都合上已むなく之を謝絶せる」ほどの関心を集めた（「協議会入会謝絶」『福岡日日新聞』一九一七年六月一六日）。

〈15〉「戦後準備講演会の盛況」（『斯民』第一二編第四号、一九一七年）六二—六三頁。なお実行事項の詳細は次のようになる。

一　実業教育の施設

実業教育の伸張は実業教育の施設に竢つもの多きを以て、各種実技用学校の普及改善に依り、益々実業道徳の涵養、従業者知識技倆の向上を促し、以て必要なる人物の養成に努むること。

二　農村の覚悟

食料の独立は極めて肝要の事に属す、農家は益々此点に注意し、最新の学理を応用して主要作物の改良、増殖を図ると同時に、各種の副業を盛にして遺利なからしめ、努めて優良なる産物の増収を期すべく、又近時各種事業の発達に伴ひ、建築土木用材其他工業原料として林産物の需要益多きを加ふるを以て、他方に適切なる施設経営を為し、尚農林産物の加工製造を旺にし、共同販売の方法に依り、確実なる販路の拡張を期すること。

三　漁村の振興

漁村の不振漁法の発達せざるは主として賃金の欠乏に基因す、魚価騰貴の今日に於て余財を蓄積して賃金を増殖し漁具漁船の改良を企画して遠洋に出漁し、又共同販売共同購入其他各種の施設を経営し漁村の維持向上を図り進んで輸出水産物の改良増進に努むる事。

四　粗製濫造の防止並販路の拡張

欧州戦争は本邦商品の販路を拡張するに絶好の機会なるを以て、営業者互に粗製濫造を戒め、専ら精良品の生産に努め、我邦商品の声価を昻め、又同業組合に於て検査を励行しも進んで海外に於ける需給の情況、嗜好推移の状態を視察し、需要地に適応する商品の製作に努め、以て生産の増加と海外貿易の伸張とを期すること。

五　職工労働者の保護誘掖

職工労働者の貯蓄心を涵養し、不慮の困難に備へしめ、一面消費組合の設置を奨励して生計上の便益を与ふると共に、使用主は益々之を愛撫庇保し、其の業務に安堵精励せしむること。

六　金融の円滑

〈16〉同講演については『福岡日日新聞』一九一七年六月二一日付の記事に要旨があるほか、『九州日報』では一九一七年六月一九日から二五日にかけてほぼ全文が掲載された。後にこの講演内容は、「戦後の準備」（『斯民』第一二編第四号、一九一七年）として掲載される。

〈17〉一木「国体自治と公民自治」(『斯民』第一五編第一一号、一九二〇年)七頁。

〈18〉一木「自治の半面」(『斯民』第一五編第六号、一九二〇年)七―八頁。

〈19〉一木「文明の破産　上」(『大日本報徳学友会報』第二〇四号、)二頁。

〈20〉一木「世界の大勢と帝国」(『民力涵養運動ノ概況』神奈川県社会課、一九一九年)七二―七三頁。

〈21〉一木、同上論文、七三頁。

〈22〉一木、同上論文、七二頁。

〈23〉一木「戦後の準備に就いて」(『斯民』第一二編第七号、一九一七年)一五頁。

〈24〉一木、前掲「戦後の準備」、二九頁。

〈25〉一木、同上論文、三〇頁。

〈26〉一木「世界の情勢と自治体の責務」(『自治生活の基調』中央報徳会、一九二二年)七頁。

〈27〉一木、同上論文、七頁。

〈28〉一木「民心の帰嚮統一」(『斯民』第一四編第一〇号、一九一九年)五頁。

〈29〉一木、前掲「自治の半面」、八頁。

〈30〉一木は産業に従事する者がみずから商品開発や海外販路の研究をし、「戦後産業の大発展を期するには、其の業に従う資本家、及び労働者の団体の自治によつて、産額を増加し、販路を拡張して、共同の利益を挙げることに向つて、進むのではなかろうか」と述べ、両者が協力して富を増大させれば互いの不和が解消するいう(一木、前掲「自治の真義」、四頁)。さらに彼はイタリアの信用組合や農村銀行の組織を引用し、不要な仲介者を多く入れない公設市場、購買組合、生産組合、購買組合を考察する。

〈31〉一木、前掲「民心の帰嚮統一」、六頁。

〈32〉一木「時局と地方改良」(『斯民』第一三編第一二号、一九一八年)七―八頁。

補論　模範村自治の源流——杉山報徳社の社会的紐帯

はじめに

近代日本における農村自治の振興は、しばしば民衆の主体性とむすびつけて評価される。これまで多くの論者は民衆の思考様式を、共同体に埋没した自我という観点から「近代」に到達しえない日本社会の実質的要因として批判した〈1〉。

だがそうした評価は、農村自治が生産力の論理と生活利益をめぐる民衆の自立の拠点たりうる事実を看過し、中央集権国家に対する多元的社会編制の可能性を見誤っている。それだけでなく、共同体内の各成員が各々の自律的行為に従って生存の場を共に確保するという共同性は、一定の厳しい規律を含むとはいえ、自由で主体的な個人の析出を強調するあまり過小評価されてきたといっていい。共同性が生き生きとした人間諸関係と連帯を育みうる〈2〉にもかかわらず、共同体と個人の自由、この繰り返し触れられてきた問題の系列において、近代日本の共同性と民衆道徳との構造連関については、これまでかならずしも突き詰めて考えられてきたとは思えない〈3〉。したがって近代日本の総体において農村自治を分析する意義は、制度への外在的分析ではなく、自治と集団生活を担い制度を支える民衆の精神構造に迫ることにある〈4〉。

これまでの模範村研究は、統治の側が「一個人の力に及ばぬことならば、先ず以て隣保の団結や、郷党相互の力で、それを助けるといふ主義によって行きたい〈5〉」として郷党の秩序原理を、「独立自営の精神」を養成するために不可欠と評価していたにもかかわらず、その分析の視座がいわゆる行政村への一元的組織化の動態に固執するあまりに、住民の秩序および連帯という村の集合性への視角を見失っていた〈6〉。「模範町村の虚像」を検討した高木正朗は、一九一〇（明治四三年）から一九二八（昭和三）年にかけての国土における模範村の比率や分布などを数値化し、さらに栃木県旧黒磯町などいくつかの事例から模範村の官製型モデルの構成要素を我々に提供するが、彼はみずから指摘するように、村落共同体＝ムラの動向と行政町村当局者の背後にある内的要因について解明していない〈7〉。

こうした従来研究の傾向に対し、本稿は近代日本における模範村自治の可能性と限界を、この自治が構成される潜在的な要因や精神構造の連関にまで遡って分析してみたい。自治構想に参与した民衆の願望や理想が幾重にも交差する模範村〈8〉への本稿の射程は、報徳社の活動ほど「国の発達に必要なる名法〈9〉」はないという日露戦後の統治理論に即し、報徳社運動を中心に置いた杉山部落（現在の静岡県静岡市清水庵原地区）の規範的秩序の原理に限られる〈10〉。この杉山部落には、報徳社運動を通じた農村自治の諸要因がより鮮明なかたちで顕在化しているだけでなく、農村の組織化に関心を持つ統治者の一定の秩序観をも提示されているからである。本稿の考察は杉山部落の社会規範と行為の分析を通じて、住民の社会的結合の契機を認識する試みにつながるだろう。

1　模範村の位相

日露戦後の農村は国家財政と産業資本の拡充に伴うきわめて峻酷な生活環境の変貌のなかにあった。内務省は納税の酷しい滞納と借金によって解体に瀕した貧窮村に対し、村民みずからが自治精神を発揚して生産力を向上するよう要請した。この農村復興策を制度的に具現したのが、内務省によって広く世間に表彰された模範村の奨励である。模範村の端緒には、一九〇五（明治三八）年に民間の自治協会が三大模範村として挙げた、宮崎県名取郡生出村、千葉県山武郡源村、静岡県賀茂郡稲取村の顕彰があり、後に政府は官報（一九一〇年二月二五日）に二九村を模範村として発表した〈11〉。これら模範村顕彰の最初の課題は、民衆の農村復興活動のなかに実現すべき総体的な将来のイメージと具体的方向性を確立することにある。したがって模範村を把握するためには、民衆が具体的な自治を構想し実現しようとする、実践的な範型を捉えるべきである。

一九〇六年、静岡地方の庵原村杉山部落の農村経営は、多くの視察者を頻繁に迎え、「全国村治の模範と称され、洋々たる太平の象は洵《ママ》に一の極楽境〈12〉」としてその自治の沿革が広く紹介された。内務省地方局の委嘱を受けていた留岡幸助の調べによれば、当時の全国の農家一戸あたりの平均年収入が一八〇円から二〇〇円であるのに対して、杉山部落一戸のそれは、八五〇円から九〇〇円であった〈13〉。稲取村村長の田村又吉（一八四二―一九二一）は、杉山部落視察について以下のように回想している。

稲取村入谷区ば区内改善の必要を感じ、百方苦慮すと雖ども、之れが規画の宜しきを得ず、其の進路、中途彷徨の境遇にあるに際し、貴区（杉山部落――挿入引用者）の美蹟を挙げつゝあるを聞き、再三訪問其の教えを承け、漸く改善の良法を得、爾来着々其の歩を進め、区民の幸福益々高まるに至る、是れ偏に貴区の恩賜なり〈14〉。

この「美蹟」とは、具体的には一八七三年ごろからの杉山部落の茶園造成が、杉山報徳社結社（一八七六年に設立）の後に、茶生産額、柑橘類や林業収入を漸進的に発展させ、「公租民費等は必ず納期前に取纏め村役場に納付〈15〉」した過程を意味する。村治の中心にある杉山報徳社は、後に静岡県四大報徳社の一つ、駿河東報徳社（一八八五年に改組）の原型になり、視察者が頻繁な「模範的社団として、漸く世人の記憶」におく発展を遂げた〈16〉。

この「村治の模範」は民衆の難村更生の要求に接合したとき、山々の彼方にある祝福の地という理想郷のイメージになるだろう。ここで注意すべきは、模範村自治が行政に頼らず、みずからの力によって実現され、民衆の生活利益に深くむすびついていることである。持続した杉山部落の繁栄は「山間に延びる報徳自動車道路、路上を走る杉山丸東産業組合のトラックの活動、瓦葺農家の豊かな家並、手入行届ける山の蜜柑畠〈17〉」という情景にみられるように、農業生産物を売買するために販路を拡大するなど、本来的に民衆の生存様式に深くかかわっている。住民の生活利益は次のような基本財産の造成として顕在化するのであった。

（杉山報徳社――挿入引用者）「創設の当時にあっては、杉山の土地多く、他の有する所たりしが、今（一八九八年一〇月――同挿入）其土地は、全く購戻せられ、余勢溢れて他に及ぼし、現今杉出区民が、他町村に於て、所有せる土地を、概観すれば、其の面積殆ど、杉山区大の土地となり、恰も杉山区を倍蓰したるの観を呈せり〈18〉。

一八八八年には杉山報徳社は、植林のために一二町歩五反歩の山を買い入れている〈19〉。それではいかなる要因が、どのように内的に連関しながら、杉山部落を模範村へと導いていったのだろうか。この問いに応答する前に、模範村顕彰における杉山部落の位相について検討したい。

多くの模範村のなかでもこの杉山部落は、次に挙げるいくつかの特性から特異な位置にあるように思える。一つには多くの模範村が町村を行政区域とする自治団体であるのに対し、この杉山部落は市制町村制（一八八八年）が施行されてから他の九ヶ村と共に庵原村に合併された郷党・旧村であることである〈20〉。杉山の平坦地（約一四町歩）には宅地が五町歩ほどあり、杉山部落の戸数は、一八七九年に五五戸、一九〇七年には六五戸になった。だがこの戸数の増加はすべて分家であり、村外から入ったものではない。内務官僚の井上友一は「郷党の善人が多い村は栄えるに迫違いない……（庵原村では――挿入引用者）尊徳翁の教を奉じた柴田順作、片平信明、及西ヶ谷可吉といふやうな篤志家があつて、村の復興に努めた結果、当今では富裕の村に成つて、各戸皆な瓦葺を用ひ、副業の柑橘丈でも年に一万円の収人がある〈21〉」として、優良町村成功の条件に篤志家の活動を挙げた。ここでは村復興の基礎にある二宮尊徳の報徳主義が確認されなければならないが、我々がとくに注目したいのは、井上が「郷党」と「村」とを無造作に接合しているかにみえる村落秩序把握の態度である。なぜなら杉山住民の帰属心は、国家権力の恣意的な行政措置によって構成された疎遠な自治団体に向かう必然性はないからである。杉山部落のような郷党・旧村は、次節で詳述するように住民が互いに緊密に交流し集団生活を営む生活空間であるが、一方の町村は郷党の上位にある新たな区画でしかない。歴史過程における模範村の意義を解明するためには、前者が住民みずからの生存を自主的に確保しようとする場であり、後者がおもに財政的局面で近代国家を能率的に支える制度であるという、二つの概念を明白に区別しなければならない。

模範村の顕彰にとってさらに興味深いのが杉山部落の地理である。この地は明治初期には総面積約二二一町歩のうち、部落の中心を流れる山切川のわきに狭いわずかな水田が約九町歩あるにすぎず、「農閑の余業に山稼を木業同様に致し柴薪等江尻駅迄一里余りの所へ荷ひ行き米麦小遣に引換へ渡世仕り来候者多分有、其の内中難又は微難に至り候ては己申両度の大凶荒飢饉は勿論、其の後の穀高等の節は必死と差支、今日の露命も繋ぎ兼、老幼妻子一同、既に飢餓致す可の外之無き様相」であり、生産力の面からいえば、地理的にも商業の中心から隔たる、穀物の自給さえ困難な山間の貧窮村であった〈22〉。その当時の杉山住民が村名を尋ねられることを嫌ったのは、他村民による「貧乏村の者」という言葉に、杉山部落の貧窮がそれだけですべて悪しきものであるという評価があり、杉山住民の貧しさへの黙認、ときには屈辱さえあったからである〈23〉。

それでは杉山部落はただ模範的自治の逸脱例として挙げられたに過ぎないのだろうか。なぜこのような僻地にある郷党の自治が模範として表彰され、宣伝されたのだろうか。非内務省系の農村改造運動を貫徹しようとした石田伝吉（一八七五―一九三九〈24〉）は数多くの模範村視察の経験から、「明治維新前の純朴なる良風美俗が、その儘残つているもの、是は交通不便のために、物質文明の悪風潮に染ず、凡ての事が至極円満に行きおると云ふ村方で、其多くは山間辺避な山間部にある〈25〉」と述べ、古来の美風を指摘した。実際、杉山部落や稲取村〈26〉は僻地にあり、交通条件が素朴な醇風美俗の精神を民衆心性に保存したといっても間違いではないだろう。

しかし、杉山部落の自治がこうした地理的条件から形式的に構成されると指摘しただけでは、漸進的に富を殖やし栄えた要因を説明したことにはならない。生産を励まし、農村復興をみずからの力で導くために「良風美俗」が伝承され普及していく日常的実践の性格こそ問わなければならない。

この問題を検討するために、次節では杉山住民が報徳主義に接触する以前の生活状況にまで遡り、杉山部落の名主・片平信明（一八三〇―九八）の思想に焦点を当て、統治者が杉山部落にみた自治の原像を跡づけようと思う。その場合、これまでのように杉山報徳社の組織原理への関心[27]からだけではなく、民衆心性への視角から、民衆による自立の可能性とその限界を問い直さなければならない。農村復興をめざす報徳社の役割が、どのように日本の社会編制の基底にある共同体とかかわっているのかという問題提起と共に検討されなければ、近代日本における農村自治は到底理解しえないからである。

2　自治の原像

日露戦後において、杉山部落の事績は「自治政《ママ》の改善、模範町村の企画を唱導しも戦後教育の刷新を呼唱する者漸次多きを加へむとするの時期に際し、遠近之が施設、教養の素材[28]」といわれた。一九〇三（明治三六）年二月、留岡幸助は杉山部落を視察した際に、次のように杉山部落の実状を記録している。

地主ト小作ノ間柄円潤ニ行ハルル也。如何ナル凶作アリト雖、小作ガ地主ニ向ツテ団結シテ歩合ヲ引ケト云ヒシ事ナシ。ナシト雖地主ガ歩合ヲ引カザリシト云フ事ナカリキ〈29〉。

留岡は杉山部落の村落経営に、このような地主と小作の地位をも包摂する郷党内の調和的間柄を見出した。その自治形態が内務官僚の関心を引きつけたおもな理由は、個々の村民の利益ではなく、集団の利益を優先する自治活動が農村全体の振興に寄与するという、まさにその点にあった。杉山部落の名主・片平信明の思想について、芳賀登は岡田良一郎と比較して、片平の生産向上をめぐる方法と精農主義の貫徹には創造性がなく、産業資本家へ自己転回する器量をもたないと指摘している〈30〉。この評価は、片平が政治的有力者との関係を利用してみずからの利益のために政治過程に接触するブルジョワジーには上昇しえない――両極分解されるべき中間層の滞留〈31〉――という批判である。しかし、中小生産者たちの団結と相助による永安についての片平の発想は、住民の破産や零落を自主管理によって避けることにあり、そもそも本来的に国家機構の体系とは無縁であったのではないだろうか。我々は片平の思想と行動を、政府および地方行政団体への要求や、その政治的なものの遠近の程度からではなく、むしろ農村の日常における事象から検討すべきである。

明治初期まで、杉山住民は相当の傾斜地まで山と原野を開墾して毒荏を生産し、平均毒荏三俵に対して米二俵の割合で米に交換するか売却していた〈32〉。食糧自給力に乏しい杉山部落にあっては、他村民と商品作物を交換あるいは売買することが住民の生命線であり、村落共同体＝ムラの生活基盤から商業取引が営まれていた。

毒荏の実は燈火油になり、樹木は下駄材に、樹皮は染料になる。毒荏の燈火油は菜種油より安いので当時の庶民に愛用された。杉山部落では上層農民が毒荏を栽培管理し、下層農民が採集と皮むきの作業を担う。こうした村落共同体＝ムラ全体の協働生産が生活の中心であった。この意味で、毒荏生産は杉山部落の理想的秩序の調和を象徴していたと把握していいだろう。すなわち杉山住民の生存は、互いに対立し合うことではなく、互いに協働し合うことによって保障されていたのであった。

しかし、開国による貿易とその後の飛躍的な交通の発達によって事態は大きく変わる。安価な油の輸入は毒荏の価格を以前の約十分の一に暴落させただけでなく、ランプという新商品も流通させた。庶民の生活習慣は、国民経済の発展によって徐々に変容し、毒荏の燈火油を主産業とした杉山住民は、将来と日常生活の目標を喪失しただけでなく、村落共同体＝ムラ全体の決定的な崩壊という危機のなかにいた。杉山部落を難村状態にした主要因は、政策による圧倒的な海外資本の日本への流入であった。

片平信明はこうした杉山部落の産業構造の解体を予測するだけではなく、一八七六年の地租改正時に杉山部落内の三分の一の土地所有が他村民である事実を知ると、数年後には農村経営の根源的基礎、つまり土地所有の在地性が完全に消失するという強い崩壊感覚を抱いた〈33〉。杉山部落における自作農の没落は、片平家が代々米穀雑貨、住民が生産した紙や毒荏油の売買と農業を兼営していたゆえに、彼にとって、ただちに部落内のあらゆる生産物を統括する片平家自体の没落をも意味する。したがって片平家の命運は杉山住民の命運と合致しており、村落共同体＝ムラにおける篤志家は、小作・小自作を含めたすべての集団生活と社会的結合の基底を支える重要な役割を担っていた。

多くの模範村が「町村長の交迭《ママ》其他周囲の事情によりて、選奨当時の治績を失墜[34]」し難村化したように、篤志家の行動それ自体は、村落共同体＝ムラの永安の起因になりこそすれ、それを保障するものではない。当時の文部大臣であり、大日本報徳社社長であった岡山良平は、杉山報徳社五〇年記念式（一九二六年一〇月一〇日）の訓示で、報徳主義と模範村の関係を次のように論じる。

> 世の中は模範的に進歩した所が、何時でも他の地方より、それだけ進歩して居るといふ訳には参りません。ことによると、模範村は進歩を停止して、他の町村が進歩し、少しも一般と相違のないようになる事もあります。……現今の農村問題、社会問題の解決に就て、報徳の道より外にないという事であり、而して杉山がその報徳の道で以て、優秀な結来を収めたのでありますから、いつまでも、その優れた位置を維持してもらいたい[35]。

岡田良平は、杉山部落における補習教育への井上毅の関心を述べた後、報徳の修養に対する住民の不断の努力が部落の模範的進歩を支えると論じた。模範村自治を検討するには、篤志家の思想と行動だけを追うのでは不十分であり、この「優れた位置」を基礎づける住民の精神構造に関心を向ける必要がある。

片平信明は、先に示したムラ総体の危機に対し、毒荏から茶へと主要商品作物を転換するよう住民に奨励した〈36〉が、住民の多くは「茶を植えると植えた家に死人が出る」という迷信を信じて応じず、一方で青年たちは奢侈と遊楽に耽っていた〈37〉。この迷信と弊風を矯正し、新業種導入の実効性をあげるために住民たちを協同一致に導こうとしたのが、一八六九年に片平が開設した青年夜学である〈38〉。この夜学は、夜学校への改称（一八七五年一一月）を経て、一八七八年に杉山青年報徳学舎として整備された。尋常小学校卒業以上のすべての青年は、この学舎に知識の向上発達、淳風美俗の維持、風俗改良をおもな目的として就学した。夜学を通じた補習教育の試みは、農村復興の達成には篤志家による指導だけでは不十分であることを意味すると同時に、杉山住民がひとつの類的主体として商業資本制に編成し直される、経済発展への適応策といえる〈39〉。

しかし、いかに片平が夜学を通じて人々を啓発し、村を巡回して説得しても、住民は「旦那の様に富裕でなければ、三年、五年の末を楽しむ茶園の経営はできぬ」といい、茶の種子を買い入れる資金がない〈40〉。そこで彼は茶産業に関するすべての費用を無利子無担保で住民に貸しつけるのであった。

茶業を中心にした農業振興策は、次第に茶園を増加させ相当に成功したが、ある茶業者による茶への柳葉混入の不正が原因で、一八七三、七四年ごろから全国的に輸出が減少し価格も下落した。その当時の借金は杉山全体で五千五、六百円を超え[41]、多くの住民は農業生産に将来の希望を失っていった。片平は新業種導入への住民の恨みとその責任を感じ、また茶相場は徐々に回復するという彼の説得にもかかわらず、住民みずからが植えた茶樹を抜き取る姿を目の当たりにしたことから心苦に陥る。彼は周囲の勧めに応じ村落再建の苦労を静養していた際、熱海の貸し本屋で福住正兄の『富国捷径』（初編は一八七三年から刊行）を偶然知り、次の「勧結社弁」の言葉のなかに、農村経営の組織化の必要性を確信したのであった。

何事モ一人デハ。張合モナク。面白クモナク。可笑クモナイ。先早イ咄ガ。何程神徳皇恩ニ報ヒ奉タイト。思フ人力有テモ。善事ヲ仕タク思フ人ガ有テモ。銭ヲ何十文出シ。米ヲ握リ出シタデハ。何ニモ仕方ガゴザラヌ。爰ガ共心同力ノ仕方デ。十文ヅヽデモ。百人ナラ一貫文アル。米モ五勺ヅヽ百人デハ。五升アル。銭ガ一貫ナラ。一寸人ノ助ケニナル。米モ五升ナラ。廿人ノ腹ガ塞リマス。是力同心共力。社ヲ結バナケレバ。事ノナラヌト申訳デゴザル。……大也小也社ヲ結ブニシクハナイ。故ニ呉々モ申合サレ。仲間ヲ立テ。共ニ共ニ善ニウツリ。開化ニ進ミ。相互ニ利益ヲ得テ。安楽ニクラシ。諸人中能ク。心ヨク今日ヲ送リ。又神様ヲ崇敬シ奉テ。幸福ヲ祈リ。悪事災難ヲ免レ。子孫繁栄スルヤウニ勤ルガ。専一ノコトデゴザル〈42〉。

その後間もなく片平みずからが開催した報徳研修会に隣村の二宮尊徳の高弟・柴田順作（一八一四―一八九二）を招いたことから、杉山報徳社の結社活動がはじまる。

報徳社は報徳の教えを遵奉する社員が二宮尊徳の報徳仕法を組織的に日常生活で実践し、永安の生活と農村経営の発展をめざす社団である。片平は、自身の「家」の再建と零落した村落共同体＝ムラ総体を救済に向かって一体化させ、報徳社の活動によって郷党の解体に抵抗しようとした。一八七六年一〇月二三日に片平家で実施された第一回研修会で、柴田順作は住民ほとんどの出席を前にして報徳主義の基軸にある「天地人三才の徳」を説いた。

先ずもって報徳とは、天地人三才の徳に報ゆるために働く仕事である。……報徳でいう徳に報ゆるということは、私どもの人の体は、天子様の御恩や、国の御恩や、世の中の御恩などの一切の恩を蒙っているのである。金でこそないが、いわば「恩」という借金まみれの身体である。だから、その御恩返しをするのである。その徳に報ゆる方法手段として、私どもは先ず神様や天子様の御精神を忖度して、その御精神に副い奉るように心掛けなければならぬのである。……一村一和して、貧者も富者も、地主も小作人も、ないしは財産家も日傭取も、お互いに相助け、相和したならば、世の中は自然と立派な世の中になるのである。……お前たちがもし報徳をやる気なら、この誠心になって、お互いに私身勝手を離れて、御恩報じのために報徳をやるがよい〈43〉。

ここでは独自の道徳観の受容と旺盛な行動力が杉山住民に求められている。この柴田の講話によれば、みずからの生存の危機に直面した民衆は、神や天皇や世間からなる積恩を根底に据えた道徳的品位を修養し、報徳を繰り返し実践すべきとされる。彼において「神様や天子様の御精神」は「すべての物を恵み育てる精神」と定義され、この解釈は、片平自身も柴田の仲介によって出会った福住正兄の思想に強い影響を受けている。見城悌治は平田国学との関連から、福住による神道的な報徳解釈を「安民」をめざす改良論として評価するが、福住の報徳結社論は道徳を重視するあまり「近代的金融組織への脱皮を為し得なかった」と指摘する〈44〉。しかし、その立論の根拠にある道徳の性格およびその社会的機能はかならずしも明白ではない。次節では、生活と生産をめぐり大きな価値転換を達成させようとする道徳鼓吹の核心を、近代日本の共同体と民衆道徳の構造連関の観点から明らかにするために、思弁的な本質論ではなく、日常の農村生活における杉山住民の報徳の受容を考察する。さらに、「天地人三才の徳」にむすびつけられた崇高さとは何かも慎重に見定めたい。

3　報徳社運動における恩と徳

第一回報徳研修会の後、二回の会合を経て、杉山住民は「杉山報徳社社員決心書連名記」を作成した。この決心に導かれ、一八七六（明治九）年一二月二四日、杉山報徳社は、「勤倹推譲ノ徳義ヲ奨励シ救済慈善其他公益事業ヲ行ヒ資本ヲ助貸シテ実業ノ発達ヲ期ス〈45〉」（定款第四条）という目的において同志四三名と共に結社された。このときから展開される杉山報徳社運動は、従来の毒荏生産で培った日常生活に散在する相互扶助の実感をすくいあげ、旧来の集団生活の習俗を結社に再編成し、住民の心意を団体活動に結集させた民間の企図であったといえよう。この結社の動機づけと行動には、行政による一切の接触はなく、民衆の自立的意欲がそれぞれの零落を防ぎ、一家一村の永安を達成しようとする強い欲求があった。

杉山報徳社への入社には、「当社ニ入社セント欲スルモノハ社員ノ紹介」（同第七条）を必要とし、「入社セント欲スルモ重軽罪ノ処分ヲ受ケタル者ハ満期後三年ヲ経サレハ之ヲ許サス」（同第八条）と限定されているだけで、この他に入社規定はない。報徳社は原則的に全戸主加入であり、上層農民だけで構成される結社でもなかった〈46〉。杉山報徳社結社の主要因には、片平信明の発意を契機としながらも、自己の生存の危機に直面した杉山住民自身がみずからの自由意志によって団結し、一体となって報徳主義を忠実に実践しようとする意図がある。

杉山部落の自治には、片平によれば、次のような住民間のまとまりが不可欠であった。

一村自治の実を挙げんが為には隣保相救ふの法を施さざる可からざりて、隣保相救はしめむが為には各自一家の経営をして完ふせしめざる可からず、一家の経営はやがて一身の経営に外ならざるなり〈47〉。

ここで彼は住民の自治を「一村」、「一家」、「一身」に分節し、隣保相救の身ぶりから基礎づけるだけでなく、住民が互いに助け合い、無競争の協働生産活動に従事する態度を求めている〈48〉。村治の中心にいた片平の施策をただの支配のイデオロギーと規定し、前節で詳述した住民の切実な生存と幸福への欲求を素通りしてしまうと、杉山部落の自治を総体としてはけっして解明しえない〈49〉。それゆえに我々は、住民による合力を、隣保の秩序から社会事象をみるその感性からだけでなく、片平が看取した「一身の経営」に潜在する民衆の能力への評価、つまり人々が主体的かつ内発的に生活目標を設定し、生活を設計するという認識にも注目すべきである。奈良原辰也によれば、自然はただ受容するだけのものではなく改変するものだという二宮尊徳の天道人道観は、「封建的な倫理関係をこわすという破壊の方面だけでなく、新しい人間の考え方」、いわば人間の主体性を押し出そうとした条件とみなされる〈50〉。

人道は……風雨定めなく、寒暑往来する此世界に、毛羽なく鱗介なく、身体にて生れ出、家がなければ雨露が凌がれず、衣服がなければ寒暑が凌がれず、爰に於て、人道と云物を立て、米を善とし、莠を悪とし、家を作るを善とし、破るを悪とす、皆人の為に立たる道なり、依て人道と云、天理より見る時は善悪はなし、其証には、天理に任する時には、皆荒地となりて、開闢のむかしに帰るなり、如何となれば、是則天理自然の道なればなり、夫天に善悪なし故に、稲と莠とを分たず、種ある者は皆成育せしめ、生気ある者は皆発生せしむ、人道はその天理に順ふといへども、其内に各区別をなし、稗莠を悪とし、米麦を善とするが如き、皆人身に便利なるを善とし、不便なるを悪となす、爰に到りては天理と異なり、如何となれば人道は人の立る処なればなり〈51〉。

奈良本は二宮尊徳が天道と人道を明白に分ける点を指摘し、民衆による作為の契機を評価するが、天道が人道と和する内的連関の動因やその規範的性格についてはかならずしも踏み込んだ分析をしていない。我々は二宮尊徳の天道人道観を、本稿の関心である自治の局面から考察してみたい。いったいいかなる脈略の下に自治と規範はむすび合っているのだろうか。ここではこの問いを杉山住民の推譲の実践から説き明かしていこうと思う。

生産的小農層からなる杉山部落を、恒常的な貧窮から組織的かつ具体的に農村復興へと導いたのが、住民みずからによる善種金の推譲であった。善種金は社員が積み立てた運用資金であり、社員による協議の後に、社費や生活に困窮する社員の救済のために貸与する。報徳主義において、勤倹はよく勤め、余剰を蓄えるように節度をうながす個々人の生活倫理であるのに対し、推譲は分度を定め、余剰を善種金として子孫や他の社員、村落共同体＝ムラ全体に譲るという社会規範の原理であると特徴づけられる。この推譲の実践は、柴田順作によれば「善種金は清浄な金ならばたとい厘毛の金の推譲でも宜しい」として、いかなる階層の者であっても報徳社運動に参加しえた〈52〉。片平信明は推譲の実現を自覚的に受け止め、すべての住民が報徳社に結集するために「自分一人で皆出してしまっては自分一家の仕事のようになって仕舞い、かつ子孫将来のためにも宜しくない。何とか成るべく一般の人々から推譲し得る良法はないものか〈53〉」と思案した。彼は連帯への欲求から、一八七八年に新たな開墾事業の賃金に工夫を凝らす。一人一ヶ月に対して二日間ほどの労働時間を片平家の開墾事業に当て小作人に働いてもらう。その当時の賃金は一般に日当が二朱（一二銭五厘）だったが、片平は彼らに五割り増しの三朱を支給し、この五割の増給分を報徳善種金として推譲するよう促すのであった〈54〉。杉山報徳社を通じた暮らしは、個々の労働が孤立せずに集団生活の他の要素――たとえば販路拡張のための道路の充実や常会による協議――とつながり、人間と人間とのむすびつきを、具体的かつ全体的な自治に高めていたのである。

杉山部落を視察した留岡幸助には、この他者との協力に満ち溢れた推譲の実践が、「一朱多クヲ出セシヲ以テ損ノ如ク思ヒシモ、精出シテ働クヲ以テ余ノ内ニモ損ナシ。愈々村民働ク様ニナリタリ。又村ノ休日杯ニモ何カ働アレバ使ツテ呉レト云フ。休日ノ賃金ヲ、善種金ニ蓄ヘ、善種金ハダンダン殖〈55〉」る規律的労働として映った。小生産者にとってきわめて日常的な生活規範、いわば生活態度の改善を促す自己規律と責務の体系は、地方改良運動では教化政策の理想的内容として捉えられ、体制を支える精神的基盤とみなされる。内務官僚の中川望によれば、一九〇七年には杉山報徳杜の善種金は九〇九八円九五銭三厘まで蓄積されていた〈56〉。内務官僚にとって、杉山住民が厳しい労働に耐えいち早く自立自営の姿勢を示しえたのは、この推譲が漸進的な生産の向上を促すだけでなく、ある一定の秩序のなかで人を厳しく規律する社会規範として把握されたからに他ならない〈57〉。

一八九五年、片平信明は視察に訪れた稲取村村長・田村又吉に対して、住民が「徳に報ゆるに徳をもってする道」を信条に、産業の発展と道徳的観念を調和した暮らしを営むよう次のように論じた。

利益のみに目を著くるのは、農業者にあらず、農は天地人三才より、成る利益は人が得る、三人仲間で製作して一人で取る、御前方は此の二人に、如何なる礼をして、居られますか、能く人と物とを愛して、普く天徳地徳に報ゆるは産業者であります。……御前方（田村又吉と八代善次郎――挿入引用者）は熱心なり、然れども成す事のみ扱々として其の礎なし、所謂経済的事業を為すには、道徳的観念なくば、その目的を達することを得ず、即ち成す仕事に付いても、其の魂がなくて、叶ふ可べからず〈58〉。

ここで片平は、杉山部落が富を殖やし栄えた事実を住民の「道徳的観念」実行の帰結として捉えている。彼によれば、皆に富をもたらす力の源泉は、一人の力にあるのではなく、あくまで住民が緊密なつながりのなかでそれぞれの徳に強く牽引された相互扶助にあるのであり、これによってこそ将来の福利と堅実な商品生産が保障されるのであった。

推譲の実践は、人々に日々の生活に対する生産力向上の達成という意味を与え、幸福を支える目標であるからこそ、解体に瀕した農村復興の積極的かつ具体的動機づけになるのであろうが、この種の功利性だけが住民の自治精神を高揚させ、社会的紐帯を厚い心理的な基層に基礎づけると考えるのは早計であろう。

経済的事業を「天地の徳」によって再定義したのが稲取村の村治であった。先の片平の助言から、田村又吉は次のような生活規範を共同救護社や補習教育のなかに制度化し、稲取村の経済的復興の基礎を築いた。

物産は天地人三才より生す、この中一を欠くも物産を生せず、而して之を収得するものは人のみ、然らば吾人は天地の徳に感謝せさるべからず、往昔の農業心は実に爰に存して報徳の教へを奉せり。今日は天地の徳を思はずして単に己の力によりて得たりとなし居るを以て、殖産の道発達せず〈59〉。

彼によれば、殖産には小生産者の「己の力」だけでは十分ではなく、あくまで「天地の徳」に基礎づけられた集合的力を生産に向けて発揮すべきであった。徳性が富を支えるのであれば、杉山部落および稲取村の報徳社運動で繰り返し強調される「天地の徳」を達成するためには、どのような内的傾向が民衆心性の奥底に求められたのであろうか。

杉山報徳社結社の動機には、次のような杉山住民の現状への苦渋、「恩義」をめぐる民衆の道徳観と秩序観の屈折があった。

退転亡所同様相成申す可く候ては第一祖先の恩義を忘却し、照る目も闇に暮し居り、此の如き有難き開化の御治世をも弁へず、尊き三条の御教則も耳に入れず、敬神も憂国も更に心付かず、只日々の世渡りに而巳心身を労し漂〈60〉う。

ここでまず指摘すべきは、貧窮の苦しみのなかで生きた祖先への侮辱を払い、その名誉を回復しようとする責務への民衆の感性である。毒荏生産をおもな生業にした杉山部落の祖父母は、貧困への隣村住民の冷たさやよそよそしさに現われる日常的な侮辱に耐えながら、生活を、そして子や孫を支えていたのだろう。我々はこの杉山住民の先祖に対する責任や恭順のあり様を考察することで、杉山報徳社運動における生産の合理化のなかに根強く残っており、後の地方改良運動のなかでもはっきりと追求される社会規範の一端が理解しうるのではないかと思う〈61〉。

杉山報徳社運動の発展は、すでに論じたように福住正兄に由来する結社仕法を積極的かつ具体的に展開し、住民の連帯をその中心に置いていた。結社の起因となった福住の組織論のなかでも、とりわけ重要なのが彼の祖先観である。

> 此の誓書（「杉山報徳社社員決心書連名記」――挿入引用者）を永遠に確守し、報徳の教に違ふ事なく、朝夕に心田の荒蕪を去り、天授の徳政善種を培養し、善行の収穫を得て、普く国家に及ぼし、天意を奉じ、天威を恐れ、天に事ふるの道を勤め給はゞ、代々の祖先も此の徳により、昇天して神爵を受け給ふべく、子孫長久家門繁栄は疑ひなきものなり[62]。

福住は杉山報徳社の誓書に触れながら、神道による報徳の解釈によって徳性を明示した。さらに彼は「家業を怠りて、天つ神の発育し給ふ衣食住になるべき物を漫りに費す時は、自然天助を失い、貧窮に陥るなり。貧窮なるが故に、天恩の辱きを忘れ、道を踏まず、徳を修めず、私を逞しうして、自ら禽獣に等しき行いをなすに至る時は、彌々困窮に陥り、終に善果報を失いて、悪道に堕落すべし」と述べ、万物が生成する恩沢のために天地の崇高さと化育を説く[63]。すなわち、福住は尊徳がいうこの「天地の徳」への報いを神々の崇高への信念から解釈するのである。彼の論理によれば、祖先は子孫たちの「徳に報ゆる」行為によって家々の神に昇華するのであって、子孫の繁栄の根拠もまたあくまでこの徳性にある。将来、杉山住民もまた祖先になり、八柱神社に祭られる神々に昇華する〈64〉。したがって、福住は先祖から受け継いだ家業の労働を、神々の摂理に従った祖先の積恩に報いる規範的な生活原理に変えようとしたのである。この観点からいえば、杉山報徳社結社の企図は、祖先への住民の感情と深くむすびついているといえよう。彼の論理において、報徳の実践を永遠に確守すれば、民衆の人心荒廃が解消し村落共同体＝ムラ全体が繁栄するだけでなく、意識の主体たる自己同一性をも保障されうるのであった。福住および彼の理念を継承した杉山住民にとって、「徳に報いる」ための報徳社運動は、道徳的結合を媒介にした人々の凝集性を郷党の自治にもたらすのである。

むすび

杉山住民は報徳社という自治集団の組織計画を通じて、固有の生活空間を確保するためにみずから村落共同体＝ムラの産業構造を組織的に改変し、幸福の永続と子孫の繁栄を追求した。それは生産力向上と幸福が同時に実現される自治構想とみなされていた。住民が自主的に結集し永安に努力した民衆自治の内発性と発展への創意は、「似而非自発性〈65〉」といわれた国家機構の体系への参与の局面と一切無縁な生活利益の観点から積極的に評価されるべきであろう。生活をめぐる問題すべてが国家権力の発動を媒介して解決されなければ人間は幸福に至らないなどという必然性はどこにもないからである。その一方で、民衆の精神構造の観点からいえば、地方改良運動の価値基準の一つになった杉山部落の自治は、ここまでの分析から、模範村自治としてまさに産業化されず周辺部として残された道徳的品位を中心にし、近代国家権力の作用と疎遠な共同性によって構成されていたと確認できる。この共同性そのものの価値は、住民自身が天地や天皇、そして祖先から享けてきた、限りない恩と徳に報いる道徳によって正当化されていたのであった。

　このような日本近代における民衆の共同性は、統治の局面できわめて重大な限界性を本来的に孕んでいる。「皇国の大道を説かしめ、民人《ママ》道徳の基礎を明ならしめた。即ち利益と道徳とは之を調和併進せしめ、益々（杉山報徳社——挿入引用者）社運の隆盛を期した[66]」といわれた杉山部落の自治への統治者側の認識には、日露戦後における近代国家と農村の利益が無媒介に一致するという秩序観だけでなく、道徳的品位としての古来の恭順を、「皇国の大道」、つまり統治にむすびつける規律への視座がある。杉山部落の活動に即すのならば、第三節で検討したように、この規律の原理は推譲と規定しうるだろう。推譲の観念は、報徳主義における倹約の教えや勤労の心得などの生活倫理や神々——究極的には神々を祀る天皇——と先祖への恩恵と共に、日常の細部にわたって民衆に規律の遵守を促す。内務官僚の井上友一は農村振興を論じるとき、「公共心といふ偉大なる道義心をして国の富、地方の常を増殖する時は其進歩発達は速である。又一人で富を作るのと其差非常なるものである[67]」として、道義を「富」を拡充する契機とみなした。彼は地方篤志家の片平信明や田村又吉と同様に、民衆心性の奥深くにある道徳に、協働生産を支える機能と資本蓄積の拠りどころを求めているのである。

本稿で検討した模範村自治における杉山部落の性格規定には、国家権力の大きな恣意が働いているといえる。杉山部落を模範村として紹介する場合、統治の側にある者は郷党の利益に偏するのではなく、つねに国家進運の利益として紹介することを怠らない。杉山住民が「天徳地徳」を尊ぶとしても、それがそのまま天皇を中心とした近代的統治機構、そして行政区画の成員としての振る舞いを意味しなかったことは、片平の報徳社結社の動機、すなわち、第二節で論じた杉山部落の産業構造の解体と土地の在地性喪失への危惧を考慮すればわかることである。

しかしながら、杉山報徳社とは別のもう一つの系列、遠江報徳社（後の大日本報徳社改組）の社長・岡田良一郎の二人の子息（岡田良平と一木喜徳郎、両者とも後の大日本報徳社社長に就任）が官僚となり、彼らが国家権力の中枢から近代国家と報徳社の関係を緊密にする構想は、地方改良運動以後、報徳社運動が国家行政の体系のなかで制度化されていく契機を明示する。この報徳思想の制度化において、杉山報徳社のような民衆の生活利益に根ざした内発的な自主管理による自治の普及は、もはや当時の模範村自治では意義をもたず、むしろその論理は国家的利益と対立する矛盾をも孕むであろう。なぜなら、内務省は「部落割拠ノ観念ヲ芟除セシムヘク」自治団体内の円満と財産の安固を図るために、部落有財産からなる郷党の個別的利益を排除し、町村に統一させようと試みたからである〈68〉。だが、杉山報徳社は社員の土地をあくまで杉山部落の土地として確保するだけでなく、杉山部落に隣接する吉原地籍の山野を開墾し、茶や蜜柑、桧を植えた〈69〉。この農村復興の端緒には、政府が提供する施策や指導は一切なく、それぞれの日常に密着した住民の意志と経験が、彼らの生活を支えていた。国家権力の動作は、杉山住民の生活の拠点を無残にも侵害し排除する潜在的危険性をつねにもつのだが、報徳主義における徳と恩による恭順の実践が、生産を向上させながらも、近代国家への民衆の抵抗を皮肉にも阻み、具体的生活利益とは本来的に疎遠な抽象性を帯びる国家権力を支えるのである。まさに民衆におけるこの恭順の実践こそが、杉山部落が模範村自治を担うに足る根拠であったといえよう。

注

〈1〉この日本近代認識を示す典型は、丸山眞男による「絶対主義的体制の樹立」のための「「仲介勢力」の排除が庶民の能動的参与なしに、まさに「仲介勢力」を構成する分子によつて遂行されたといふところに近代的国民国家の形成のための維新諸変革を決定的に性格づける要因があつた」とする見解である（「国民主義の「前期的」形成」『日本政治思想史研究』東京大学出版会、一九五二年、三六二頁）。

〈2〉小田亮は政治思想における公共性の問題領域を踏まえ、共同体内の多様な諸関係が生活の場においてブリコラージュされる実践の再検討を提唱している（「共同体という概念の脱／再構築」『文化人類学』第六九巻第二号、二〇〇四年九月）。

〈3〉安丸良夫は民衆道徳を「虚偽意識の支配」の観点から論じ、みずから述べるように杉山部落についての彼の検討は概観にとどまっている（「民衆道徳とイデオロギー編成」『日本の近代化と民衆思想』、初出は、青木書店、一九七四年。平凡社、一九九九年）。なお、安丸良夫「「通俗道徳」のゆくえ」（『歴史科学』一五五、一九九九年三月）は自己言及的に認識論や歴史理論の問題を主題化するなかで「通俗道徳」について論じる。

〈4〉しかしながら、本論稿は民衆を一義的に農民と捉えるものではない。

〈5〉一木喜徳郎「自治の本義」（内務省地方局編纂『地方改良事業講演集　上巻』、一九〇八年一二月）一九頁。以下すべての引用の旧漢字は、必要に応じて新漢字に改めた。

〈6〉たとえば遠藤俊六は、帝国主義を支える町村を再編強化するために、日露戦後の模範村政策が、郷党を町村統合への障害として積極的に解体し切り捨てる制度的傾向を強調する（遠藤俊六「「模範村」の成立と構造――明治後期民衆統合政策研究の一視点」『日本史研究』第一八五巻、一九七八年一月）。

〈7〉高木正朗『近代日本農村自治論　自治と協同の歴史社会学』（多賀出版、一九八九年）。

〈8〉そもそも模範村は民間の自治協会がはじめて三大模範村を紹介し、その後、内務省が模範村顕彰を制度化した。本稿が扱う杉山部落ととくに関係が深い三大模範村の一つ稲取村は、片山潜の視察よって社会主義村と位置づけられている（片山潜「自治美談　模範村（一）伊豆稲取村」『労働世界』第七巻第二号、一九〇三年一月）。近代日本において、農村自治を思索した多様な立場の者がいかに村々の実態を把握したかという問題は、彼らがどのような人間像を思索し、現実のなかでいかなる状況に耐え、あるいはみずからを転身させたかにかかわる興味深いテーマといえよう。

〈9〉一木喜徳郎「知識と道徳」（『大日本報徳学友会報』第九五回、一九一〇年四月）一三六頁。

〈10〉杉山部落をテーマにした従来研究は本論で適時指摘する。

〈11〉長沢則彦『模範自治村』（新公論社、一九〇五年）。その後の一九一二年の調べによれば、全国一二〇〇〇の町村に対し、模範村は優良村を含めて八一村に増加した（上野也七郎編『優良町村便覧』中央報徳会、一九二五年、三頁）。

〈12〉都倉義一「模範の農村（一）」（『斯民』第一編第九号、一九〇六年一二月）五二頁、杉山部落への視察者には民間の地方篤志家だけでなく、後に述べる井上毅（一八九四年に視察）や加藤高明（一九二四年に視察）がいる。

〈13〉留岡幸助「杉山部落の道徳と経済」（『斯民』第七編第一号、一九一二年五月）四四頁。留岡は一九〇〇年から一九一四年までの間、内務省事務嘱託と地方局嘱託を務め、一九一九年から再び嘱託を務めた。留岡の報徳主義の宣伝・普及の任務には井上友一の支援があり、一九〇三年の杉山部落への視察も井上の勧告によるものである（江守五夫「明治期の報徳社運動の史的社会的背景二」『法律論叢』第四〇巻第二・三号、一九六六年一一月、七六頁）。

視察後の彼の報徳主義への思い入れはきわめて強い。田澤薫は地方改良運動、とくに報徳主義とのかかわりから、キリスト教徒である留岡の思想形成およびその系譜に焦点を当て、彼の「独立自営」の概念を追究するが、留岡が報徳社運動にはじめて接触した杉山部落認識についてはまったく触れられていない（田澤薫『留岡幸助と感化教育：思想と実践』勁草書房、一九九九年）。

〈14〉杉山報徳社設立二十五周年介祝賀会（一九〇二年一一月二六日、八柱神社社殿にて）での田村又吉の祝辞（中上信英『報徳教と片平信明翁　全　一名杉山報徳社事蹟』報徳学図書館、一九一四年、七五貞）。

〈15〉「杉山区報徳夜学校への井上文部大臣褒状と県知事返礼・添書」「静岡県教育新誌」第一八号（『静岡県史　資料編17　近現代二』静岡県教育委員会、一九九〇年）八九〇頁。

〈16〉小島源三郎「静岡県下の模範部落」（『斯民』第四編第六号、一九〇九年七月）二三頁。静岡地方の報徳社運動にはいくつかの系統があったが、その勢力は県下一円にくまなく普及し圧倒的であった。杉山報徳社の成功は杉山部落周辺の報徳社組織拡大の起因となり、杉山報徳社は駿河東報徳社の支社に改組した後も本社の組織のなかで中心的役割を担った。報徳杜の系譜については丸山熊男「諸言」（『静岡県報徳社事蹟』報徳学図書館、一九〇六年）、八木繁樹『報徳運動一〇〇年のあゆみ』（龍渓書舎、一九八〇年）を参照。

〈17〉『自立奮闘　更生の郷杉山』（静岡県地方課、一九三二年）一―二頁。なお、多くの模範村は村治の安定を維持することができず、杉山部落のように繁栄を継続することができた村はわずかであった。

〈18〉西ヶ谷可吉「片平信明翁告別式のことば」（中上、前掲書、一九一四年）一〇八頁から再引。

〈19〉『清水市史』六六二頁。一九〇七年には、全戸五七戸の土地所有の状況は、三町歩以上が六戸、一町五反歩から二町歩を所有する農家が最多で、全戸のうち五六・一％が一町五反歩の土地を所有していた（松村祝男『みかん栽培地域　その拡大の社会的意義』古今書院、一九八〇年、八〇頁）。ちなみにこの時期の片平家は五〇町歩地主に成長した。本稿では、杉山部落において個人所有と報徳社所有を通じた共同所有が並存していたことを指摘するにとどめ、「アジア的共同体」については深く立ち入らない。

〈20〉この自治制によって庵原村に合併された旧村は、杉山を含め、庵原、原、伊佐布、吉原、山切、草ヶ谷、尾羽、広瀬、茂畑の一〇ヶ村である（『庵原村史　近代篇』庵原村教育委員会、一九六一年、一―四頁）。福田アジオによれば、「部落」という言葉の普及は地方改良運動のなかでの官僚による影響が強く、藩政村をさす用語や各地の民俗語彙としても使われるが、定義においてその範域は明確でないと指摘する（福田アジオ『日本村落の民俗的構造』弘文堂、一九八二年、一六―一九、三三一頁）。なお、本稿では内務政策における自治集団に注目するため、杉山を指す場合、杉山部落と表記を統一させる。

〈21〉井上友一「地方人心の一新」（『斯民』第二編第五号、一九〇七年八月）三五頁。

〈22〉「杉山報徳社社員決心書連名記」（西ヶ谷可吉編『片平信明翁伝　附杉山報徳社成績一斑』開明堂、一九〇八年）二七頁。

〈23〉大石恵直『努力の村杉山』（杉山報徳社、一九二六年）二頁。たとえば年越しのために隣部落の伊佐布に借金を毎年繰り返し、五五戸ほどの杉山部落には提燈をもつ家が五、六戸、傘のある家が七、八戸というほどの貧しい村柄であった（佐々井信太郎代表『杉山報徳社紀要』初版は、一九三四年。大日本報徳社、一九六五年、三六頁）。

〈24〉石田伝吉については郡司美枝『理想の村を求めて　地方改良の世界』（同成社、二〇〇二年）を参照。

〈25〉石田伝吉『農村改造講話』（日本評論社、一九一九年）二八頁。

〈26〉稲取村は海と山に囲まれ、漁業と林業を営み、村へは天城山を越えるか海路を取らねばならなかった（市川（石田）伝吉『模範自治村　稲取村の事績』東洋堂書店、一九〇七年、一―四頁）。

〈27〉並松信久「農村地域における報徳社組織の展開過程――静岡県杉山報徳社を事例にして」（『農林業問題研究』第六四号、一九八一年九月）。

〈28〉西ヶ谷可吉「小引」（西ヶ谷可古編『片平信明翁伝　附杉山報徳村成績一斑』開明堂、一九〇八年。

〈29〉留岡幸助「明治三六年二月二六日　庵原郡東報徳社」（留岡幸助日記編集委員会『留岡幸助日記　第二巻』矯正協会、一九七九年）、三四頁。

〈30〉芳賀登「報徳運動と自力更生――岡田良一郎と片平信明を中心として」（『歴史研究』第一〇巻、一九七二年）一四―一五頁。

〈31〉Karl Marx, « Chapitre LII Les classes » dans Œuvre completes de Karl Marx, *Le capital*, tome 6, Paris, Alfred Costes, 1946 (1867), pp.219-221.『資本論』（向上逸郎訳、岩波文庫11、一九五四年）、四五二―四五三頁。

〈32〉藤田訓二編『杉山報徳社の生い立ちと現況』（杉山報徳社、一九五五年）二一頁。杉山部落の産業については、『庵原村史　近代篇』（庵原肩村教育委員会、一九六一年）、『清水市史　中巻』（清水市、一九六四年）、佐々井信太郎

〈33〉代表『杉山報徳社紀要』（初出は、一九三四年。大日本報徳社、一九六五年）を参照。

〈34〉藤田、前掲書、二七頁。

〈35〉上野也七郎編『優良町村便覧』（中央報徳会、一九二五年）三頁。

〈36〉岡田良平「報徳社の発達に鑑みて時弊を憶ふ」一九二六年一〇月一〇日（佐々井、前掲書）二六七頁を参照。

〈37〉片平は紙販売代金回収のため深川から帰る途中、横浜で茶の好況を知り、その将来性を予感した（清水市、前掲書、三八三、四三〇頁）。この茶への投機が片平独自の才覚にあるとしても、「生活は、極めて簡易にして、消費を拡大し、生産は成る可く念を入れ、費散を考ふべし」（清水市、前掲書、三八三、四三〇頁）という、その後の報徳社を通じた資本蓄積から新事業拡大への意志は、日常生活の生産と消費の循環を認識しており、日本における「資本主義の精神」の観点からも興味深い。神島二郎「日本の近代化と「家」意識の問題」（『近代日本の精神構造』岩波書店、一九六一年）二六五—二六六頁を参照。

〈38〉佐々井、前掲書、三九—四〇頁。

〈39〉前田寿紀「近代日本における報徳社の教育活動にかんする研究（I）——「杉山報徳社」と杉山青年報徳学舎の活動を中心に」（『金沢大学教育開放センター紀要』第八巻、一九八七年）。

〈40〉井上毅は一八九一（明治二四）年に杉山部落を知り、一八九四年四月に杉山報徳村および夜学校を再び視察に訪れ、後の教育政策や信用組合設立の参考にした（留岡幸助「杉山部落の道徳と経済」『斯民』第七編第一号、一九一二年五月、四三頁）。


「余嘗て病を駿州興津に養うの日、偶々村閭を逍遥して、共の碧瓦軒を並べ、籬落清楚、人畑靄々たるの状あるを観る、里の父老を喚びて、其の故を問へば、乃ち答えて曰く、報徳会行われてより百年、家に恒産を得、郷に租を逋るゝ人なしと、余其の美風を嘆じ、且つ曰く、是れ蓋し一郡一郷に行ふべくして、全国に行うべからず」（井上毅「序」（平田東助・杉山孝平『信用組合論』愛善堂、一八九一年））。

この視察については『静岡県教育新誌』第一八号（『静岡県史　資料編17　近現代二』静岡県教育委員会、一九九〇年に所収）八八八頁、「杉山報徳社の概要」（『解説二宮尊徳翁全集　現代事業篇第六巻』一九三七年）三八九—三九〇頁を参照。ここではフランス系政治家の井上毅とドイツ系政治家の平田東助が、近代日本の統治構想のなかで中間団体への関心を共有していることを指摘するにとどめる。

〈40〉佐々井、前掲書、四〇頁。

〈41〉この一八七六年ごろの五千五、六百円の価値は、一九一四年頃では五、六万円に相当する（中上信英『報徳教と片平信明翁　全一名　杉山報徳社事蹟』報徳学図書館、一九一四年、二二頁）。

〈42〉福住正兄「富国捷径　初編法方概略」（初出は一八七三年。佐々井信太郎偏「二宮尊徳全集　第三六巻」別轉門人名著集、二宮尊徳偉業宣揚会、一九三一年）四九三—四九四頁。福住は二宮尊徳の高弟であるだけでなく、一八六四年には平田国学の門人として鈴木重胤の教えも受け、明治政府に皇学の採用を建白した者である。傍点は引用者。以下、とくに指摘がなければ傍点は引用者による。

〈43〉当時の速記による聴き書き（佐々井、前掲書、四七—四九頁）。

〈44〉見城悌治「明治前期の報徳思想と福住正兄」（馬原鉄男・掛谷宥平編『近代天皇制国家の社会統合』文理閣、一九九一年）八三、八七頁。

〈45〉「杉山報徳社定款」（一九〇七年一二月改正）の全文は、西ヶ谷可吉編『片平信明翁伝　附杉山報徳社成績一斑』（開明堂、一九〇八年）を参照。

〈46〉留岡幸助「杉山部落の道徳と経済」（『斯民』第七編第一号、一九一二年五月）四二頁。

〈47〉西ケ谷、同上書、四頁。

〈48〉僻地にある村々が「生存競争の甚しく行はるるなく、悪風の誘導を受くることなく且悪風に染るの機至って少く、質朴にして村民の精神上に於ける美風を存続するに頗る好都合」という当時の認識は、杉山部落の事例からいっても社会状況を的確に示している（山川太一郎編『実顕の理想郷』扶桑新聞社、一九〇五年）。

〈49〉たとえば佐々木隆爾は、稲取村の報徳金二七三五円六六銭を「軍人家族救護費」として支出し、入谷部落から軍人が一一〇名出兵したという二つの事実から、「この時期の模範的報徳社村は、まさに軍国主義村でもあった」と結論づける（佐々木隆爾「報徳社運動と軍国主義——片山潜と「伊豆の稲取村」を素材として」木村武夫編『日本史の研究』ミネルヴァ書房、一九七〇年、四六七頁）。杉山報徳社もまた、賞勲局によって、一九一〇年三月一六日付けで、「明治三十七八年戦役の際、報国の旨意を以て恤兵費の内へ、金五百円献納候段、奇特に候條、為賞其銀杯壱個下賜候事」と賞された（中上信英『報徳教と片平信明翁　全　一名杉山報徳社事蹟』報徳学図書館、一九一四年、一一九頁）。佐々木のように、あらかじめ模範村の性格規定を支配のイデオロギーによって想定し個別的現象そのものに還元してしまっては、近代日本の民衆が「公」や「国」に向かう本質的な要因は解明できない。

〈50〉奈良原辰也『二宮尊徳』（岩波新書、一九五九年）一三八―一四五頁。

〈51〉福住正兄筆記『二宮翁夜話』（岩波文庫、一九三三年）二〇―二一頁。

〈52〉たとえば牧田喜之右衛門は金二銭二厘を「骨折りに付酒手として恵呉全く主なし之金」として、また青木与三郎は金九厘を「散パツに相成髪結銭一度分金九厘を加納」という理由で杉山報徳社に推譲した（佐々井信太郎代表『杉山報徳社紀要』（初版は一九三四年。大日本報徳社、一九六五年）五五―五六、六〇頁）。したがって、杉山部落の農業生産者はわずかな善種金の推譲によって報徳社に参加しえたゆえに、「報徳社は一定の資産の所有者でなければ加入が困難であるところから、十分に村落の下層農民までをも組織するには至らなかった」との評価は誤りである（「解説」『静岡県史　資料編17　近現代二』静岡県教育委員会、一九九〇年、一一六九頁）。

〈53〉佐々井、前掲書、五九頁。

〈54〉佐々井、同上書、六〇頁。

〈55〉留岡幸助「明治三六二月二六日　庵原郡東報徳社」（留岡幸助日記編集委員会『留岡幸助日記　第二巻』矯正協会、一九七九年）三五頁。

〈56〉国府犀東「駿河みやげ　一」（『斯民』第一編第一〇号、一九〇七年一月）三七―三九頁。

〈57〉報徳主義と統治の論理については、前掲拙稿を参照。

〈58〉中上、前掲書、七七頁。

〈59〉山田、前掲書、六五頁。

〈60〉「杉山報徳社社員決心連名記」（西ヶ谷、前掲書）二七頁。幕末国学と神道との関係については松本三之介『国学政治思想の研究』（初出は有斐閣、一九五七年。未来社、一九七二年）、芳賀登「幕末維新の変革と豪農の天皇信仰――とくに豪農の天明・天保・維新体験と関連させて」（初出は『歴史学研究』第三四一号、一九六八年一〇月。『幕末国学の研究』教育出版センター、一九八〇年）を参照。

〈61〉神島二郎「日本の近代化と「家」意識の問題」（『近代日本の精神構造』岩波書店、一九六一年）を参考。

〈62〉福住正兄「片平氏決心誓書の末に添ふる一言」一八八五年一月一日（中上、前掲書）、六―八頁。

〈63〉福住正兄「日本信用組合報徳結社問答」（初出は、一八九二年。『協働組合の名著　第二巻』家の光協会、一九七一年）三三二頁。

〈64〉一八七一年、杉山住民は協議の後に八つの社を八柱神社と命名された一つの神社に合祀し、社殿を山の中腹に建設した。後にそれは「実に杉山部落の一致団結といふ鞏固な精神は、氏神の合併に胚胎するところが少くない」といわれるほど、人心の統一と敬神の念を養うために貢献したといわれる（大石、前掲書、九頁）。

〈65〉石田雄『明治政治思想研究』（未来社、一九五四年）一九四頁。

〈66〉都倉義一「（規範の農村（二））（『斯民』第一編第一二号、一九〇七年三月）二七頁。

〈67〉井上友一「農村振興策」（林忠太郎編『農村振興策』愛知県農会、一九一二年）一三七頁。

〈68〉一九一〇年一〇月の内務（一木喜徳郎）農商務（押川則吉）両次官連名による依命通牒「公有林野整理開発ニ関スル件」（林第四九二七号）。遠藤治一郎『公有林野整理史』（日本治山治水協会、一九四七年）一七頁から再引。

〈69〉庵原村吉原部落有の地租改正取調書から推計すると、片平信明が開墾して茶種をまいた面積は一〇数町歩をくだらない。茶園の相当部分は小作地であると推定できる（清水市史　中巻』清水市、一九六四年、三七八頁）。

国家の比較歴史社会学の試み——あとがきにかえて

本書はこれまでに発表した四編の論文を歴史社会学的観点から再構成し、新たに書き下ろした論考を加えたものである。二〇〇七年に筆者は博士論文を完成させるために渡仏した際、いったん、本書のテーマを断念したが、一木喜徳郎の思想と行動を通じた国家の考察が日本の国家と共同体の関係を具体的に考える上で重要な理論的見地を提供することを改めて認識したことから本書を上梓した。日本では日露戦争以後、国家行政が肥大する現実に直面し、国家財政に貢献する住民一人ひとりの自律的な生活意識の育成や公的利益の自覚、結集の向上が喫緊の政治的・社会的課題となったからである。

本書は今回の刊行のために近年の研究状況を踏まえて改訂したとはいえ、執筆からおよそ十年の月日が経っている。しかも筆者の現在の専門分野は日本政治史でも日本政治思想史でもなく、政治社会学である。二〇一〇年にパリ第一大学で学位（政治学博士）を取得して以来、筆者は国家の比較歴史社会学を構想し、高等研究実習院（EPHE）／CNRS-GSRLで学術研究員として日仏の研究交流に関わってきた。こうした遍歴から読者は、筆者がどのように自身のテーマや方法を探究しているのかに興味を持たれることだろう。本書を刊行するにあたって筆者はこの疑問に少しでも応答する責任があると思う。

そこで、近年、政治学や社会学において関心が高まっている国家の歴史社会学を、日本を事例として扱いながら紹介し、この応答に代えたい。

第二次世界大戦後にアメリカを中心に発達してきた政治社会学は政党や投票行動を研究対象として、組織や制度の社会的「機能」を明らかにしようとした。その方法は歴史的資料の読解などの質的研究ではなく、むしろ統計資料を用いた数量的な分析方法を重視した。他方、七〇年代からこの英語圏の研究状況は変化し、M・マンやT・スコッチポル、C・ティリーが歴史的アプローチから国家の役割を考察する。こうした国民国家をめぐる研究状況を、E・ホブズボームやE・ゲルナーの成果を含めて整理すると、軍事と財政を統括する官僚制機構の構築、階級闘争への対応や市場経済の安定などの観点から国家が論じられてきたということができる。

確かにそれらの研究から得られた成果はけっして無視しえない大きなものではあったが、従来研究は「合理性」に着目した機能分析を行う点でしばしば権威にともなう歴史的な個別性が見落とされがちで、社会事象における人間の政治と文化との関係に充分な注意が払われるものではなかった。ここではこうした政治学や社会学の傾向を反省し補い、また越えようするために、八〇年代頃からのフランスにおける政治社会学の試みに注目する。その典型的な成果はB・バディとP・ビルンボームの『国家の歴史社会学　再訂訳版』（小山勉・中野裕二訳、吉田書店、二〇一五年）である。彼らの歴史的アプローチは英米の研究とは異なり、国家介入の問題を政治システムと文化コードとの緊張関係、とりわけ宗教および信仰との関係から分析する方法において卓越している。

以上の研究状況を踏まえながら、本書のあとがきは国家の比較歴史社会学のテーマとして日本の近代国家モデルの検討を試みたい。我々は国家を分析するには社会構造の分析が不可欠であるという観点から、まず一木喜徳郎の認識に従って各種の中間団体（中央報徳会、優良村、青年団、共同組合）を概観し、そしてこれら団体と国家の関わりから日本の近代国家の性格を考察する。

1　中央報徳会

中央報徳会は各種の講習会を企画運営し各地の官吏や名望家、教員を招いたり、各地方の自治や産業に関する知識を全国規模で共有するためにパンフレットを出版し配布することによって、経済と道徳の向上および調和を図り、農村経営の再建を目的にする。その理念には民衆の習俗における「一身」の独立自営を「一国」の治国要道に至らせるという江戸末期からの報徳思想の継承がある。同団体はナショナルなネットワークを構築し、国家行政による垂直的な運営に収まりきれない水平的な関係を目指した。

2　優良村

優良村はまず住民自らが自身の生活問題を解決すべく共同で実行し、それでも解決できないときに国家行政の力を借りるという地方自治体のモデルである。この団体において住民は、名望家および篤志家の意思に恭順しながら、自身の生活慣習を国家行政に適合するよう「進化」させるとみなされる。ここでは既存の限られた資源を効率的に活用することが期待される。

3　青年団

青年団とは、思想の動揺に対応すべく、「公民」という新しい行為主体を形成するために旧来の青年会を改編した団体である。その組織の範囲は、いくつかの郷党を整備・統合した自治団体であるが、青年団活動の構想には、郷党に住む青年の感性をすべて切り捨ててまで合理化する発想はない。郷党の「独立自営」と「共同一致」は、青年団の活動を通して、より広域の自治団体における規律と義務の観念として育成されることが期待される。

4　共同組合

共同組合は、構成員が生産者として自身の生活の基礎である土地を私的に所有し、団結してはじめて成立する。この団体において土地所有は自治の精神を育む条件とみなされており、地方農村で協同生産の向上を実現する手段である。新たに生じた利潤が農業経営の意欲をかき立てるだけでなく、彼らが協同して生きる農村生活への関心をも高める。

本書で明らかにしたように一木は、「国運の伸張」という目標において楽観的に社会進化を信じる。だが同時に彼は、この不可逆的な進化の論理を道徳の進歩に重ね、これまでの生活意識を継承した自治の精神を主張した。彼においては「国運の伸張」のためには、当時の社会状況において不在地主が増加する以上、土地所有の有無に関わらず、積極的に公的利益のために責任を分担する行為主体の育成が不可避であった。道徳の変容は人々の生活規律の改革、そしてそれによって担われた生産力の発展にむすびついていたからである。彼にとって農業生産者をモデルにした主体性を育成するのが中間団体であった。ヨーロッパから自治の概念や制度を導入し、名望家から公民へと行為主体を拡大させようとする彼の自治構想は社会進化に対する創意工夫に満ちた受容の試みであったということができる。

我々が個別事例を一般法則に解消することなく、日本の近代国家を歴史社会学的に検討する際に注意すべきことは、一木が注目する中間団体が独立自営する民衆の習俗を原型にしたことである。青年の「思想の動揺」が「地方の開発」を妨げ、「国運の伸張」にまで弊害を及ぼすと一木がいうとき、彼の発想には類的自律性とそれを支える家族─郷党─市町村─広義の国家（＝ネイション）という同心円的に拡大し、連続する共同体の階梯構造がある。だが他方で、共同組合において土地の私的所有が前提になるように、彼の郷党の統合機能への評価は必ずしも旧来の村落共同体秩序への回帰を意図しない。そうではなく彼は「戦後国運の発展」に対応した新しい団体を編成する政治システムを構想した。

ここで筆者は、日本の近代国家を、社会的紐帯の観点から諸団体が結集する「協働国家」として性格づけたい。この国家モデルは立憲主義に基づきながらも、政治システムを多少なりとも伝統的秩序原理に依存させる。日本において国家が統治機構として確立するには、諸個人の利害を調整する共同体的・伝統的な道徳精神の強化が必要であった。なぜならこの近代国家は西洋に由来する政治制度と、人間集団を凝集する相互扶助のコードの並存に基礎づけられ、後者が前者の働きを支えるからである。こうした政治と道徳という異なる原理を取りむすぶのは行為主体の献身的な、場合によれば、自身の尊厳を犠牲にする共同体への奉仕である。

日露戦後の国家は「一等国の地位」を保つために可能な限りの紛争を避けようと、あらゆる種類の中間団体を政治システムに導入した。一木の法理論において狭義の国家（＝統治機構）は共同体秩序の原理から一定の距離を保ち、法規に従って制度化される。彼のような国家エリートが旧来の地方の諸団体との衝突を避け、旧慣を政治システムの外部に温存したのは、政治制度と相互扶助のコードを並存させるためであった。基本財産の造成への行政指導に見たように、地方自治においては国家行政の後見的役割が重視される。しかし、その指導はあくまで団体の独立自営を主眼にした共同体の論理に即して導き出される。だから実際のところ、この団体自治の内実では法の支配は貫徹され難い。中間団体と協働する国家が既存の社会秩序を保守すべく、個人性や階級意識というこれまでの共同体秩序とは異質な価値体系――それらは支配層にとって利己心と見なされる――に対抗すればするほど、この国家モデルはさらに共同体の秩序原理への依存を強めるだろう。しかも共同体を単位とする生産や経営は、産業化が進展するにつれて基本的には消滅し、生産手段の所有は共同体秩序から離れ、しだいに個人に属していく（男子普通選挙制の実施は住民に個人という単位を自覚させる）。国家エリートが社会進化における個人の析出に抵抗し、国家財政を補充させるために共同生活の倫理を強調するのであれば、もはや政治システムは伝統的な信仰と信条のシステムと区別がつかなくなるだろう。

一八五三年以来、日本は西洋から政治制度を受容し、そして改変しながら、アジア諸国のなかでいち早く近代国家を構築した。しかしなぜ日本の主権は百年ともたずして失われたのだろうか。この問いへの応答は容易ではない。日本がたどった軍国主義や非民主主義体制の素因を「輸入された国家」（B・バディの表現による）と民衆の生活慣習との不整合にみるのは、国家の歴史社会学にとって安易な解釈であろう。他方で、日本の近代国家の発展過程が「脱分化《dédifférenciation》のメカニズム」（B・ビルンボームの表現による）に作用されていたのならば、伝統的な共同体秩序に介入する国家の役割を特徴づけることが重要であろう。それにはまず、S・N・アイゼンシュタットによる日本と西洋諸国の比較のアプローチとは違って、政治システムと文化コードの境界を見極めること、そして本書の内容に添うならば、地方改良運動から天皇機関説問題を経て敗戦に至るまでの近代国家の発展過程を、政治システムの退分化現象として検討することが肝要であろう。国家の比較歴史社会学の学問的利点は、日本における近代国家の構築と変容、さらには国家モデルの多様性を検討することにあるが、その判断は読者に委ねたい。

筆者に研究をはじめるきっかけを与えて頂いたのは堀真清先生である。堀先生は寛大に早稲田大学大学院政治学研究科の日本政治史研究室に受け入れて下さり、筆者は修士課程の二年間、同研究科に在籍した。堀先生はもともと抽象的思考を好む筆者に対して実証分析の基礎を教えて下さった。日頃からより厳しい環境で研究する重要さを主張され、筆者に留学を勧めて下さったのも堀先生であった。

そして、本書の問題設定において筆者が最も多くを負っているのは、当時、同大学院の政治学研究科に日本政治思想史の非常勤講師としていらした筑波大学大学院人文社会科学研究科の池田元先生である。二〇〇三年にフランス留学から帰国した筆者を思想史研究へと導こうとして頂き、研究指導を引き受けて下さったのは池田先生に他ならない。池田先生は日本の近代を理解するにはヨーロッパの近代を学び、そして中世以来の日本の共同体秩序も学ぶ必要があると教えて下さり、筆者は池田先生の資本制の発展段階、および時代に応じて変容する民衆の強かさを視野に入れたスケールの大きな構想と、対象に内在した論理構造の分析方法に魅了された。本書を上梓することの機会に御礼申し上げたい。当然ながら歴史事象の事実関係の誤解や人物の思想についての解釈の誤りは筆者に責任がある。

また、日本の国家の歴史社会学の見通しを、二〇一五年五月に東京大学法学部で催された「戦前戦後・比較政治史研究フォーラム／現代政治過程研究フォーラム」で発表する機会に恵まれたのは大変幸いであった。この場を借りて関係者各位に御礼申し上げたい。

本書の出版にあたっては吉田書店の吉田真也氏と、編集して下さった長田年伸氏にも御礼を申し上げねばならない。吉田氏には、筆者が訳者の一人として関わったイブ・デロワ『国民国家構築と正統化 政治的なものの歴史社会学のために』（二〇一二年）の刊行以来、筆者の研究活動を見守って下さり、本書刊行のご快諾を頂いた。長田氏にはページ構成や文章表現の指摘など大変お世話になった。

そして、本書の執筆と刊行には友人たちの励ましがあった。奇妙な縁の連続で人はつながり、社会で生きられるのだろうと思う。

最後に、家族に最も深い感謝の気持ちを表したい。

二〇一五年一一月一三日

稲永祐介

一木喜徳郎略年譜（一八六七―一九四四）

年月	関連事項	参考事項
一八六七（慶応三）年	四月四日　静岡県小笠郡倉真村に出生（岡田良一郎の二男）	
一八七四（明治六）年	〈七歳〉　一木家の養子になる	
一八七五（明治八）年	一一月　**遠江国報徳社設立**（祖父岡田佐平治による）	
一八七六（明治九）年	一二月　**杉山報徳社設立**	
一八七七（明治一〇）年	七月　冀北学舎開校（父岡田良一郎が開いた私塾）、冀北学舎で学ぶ	三新法公布（一八七八・七）
一八八八（明治二一）年	六月　〈二二歳〉　法科大学卒業 七月　内務省県治局勤務	市制町村制公布（一八八八・四）
一八九〇（明治二三）年	一月　内務書記官、文書課勤務 四月　**ドイツ私費留学**（三年間）ベルリン大学でギールケの国法学を学ぶ（八ヶ月間）	大日本帝国憲法発布（一八八九・二） 府県制郡制公布（一八九〇・五）
一八九一（明治二四）年	一月　ライプチヒに移る	教育勅語発布（一八九〇・一〇）
一八九二（明治二五）年	五月　〈二六歳〉『日本法令予算論』出版	第一回帝国議会開会（一八九〇・

	二月　帰国、内務省に復職、文書課勤務 三月　内務省県治局へ転務	一一）
一八九四（明治二七）年	一月　**沖縄出張** 二月　〈二八歳〉「一木書記官調査書」提出 九月　**法科大学教授**　行政法と国法学を担当、内務書記官を兼任（一八九四・九―一九〇八・九）	日清戦争開戦（一八九四・七）
一八九八（明治三一）年	五月　兼任内務省勅任参事官 一二月　兼任内務省参与官	
一八九九（明治三二）年	三月　法学博士号の授与	
一九〇〇（明治三三）年	五月　〈三四歳〉　内務省参事官 九月　貴族院議員	
一九〇一（明治三四）年	四月　**平方報徳会設立**（翌三五年四月に鹿児島市報徳会に改組）	社会民主党結成、即日禁止（一九〇一・五）
一九〇二（明治三五）年	五月　農商務省参事官 九月　法制局長官（一九〇二・九―一九〇六・一）兼恩給局長	
一九〇五（明治三八）年	七月　朝鮮出張 一一月　**中央報徳会設立**、発起人	日露戦争開戦（一九〇四・二）
一九〇六（明治三九）年	一月　大学教授から講師に転じる 六月　帝国学士院会員	日本社会党結成（一九〇六・一）
一九〇八（明治四一）年	七月　〈四二歳〉　**内務次官**（第二次桂内閣、内務大臣平田東助） 九月　大学講師辞職 一〇月　**戊申詔書煥発**	
一九〇九（明治四二）年	二月　内務次官として訓令「内務省地甲第五号」を発布	

一九一一（明治四四）年	九月　内務次官退官、古社寺保存会委員（一九一一・九—一九一四・四）	大逆事件（一九一〇・五—六）
一九一二（大正元）年	一〇月　「遠江国報徳社」から「大日本報徳社」へ社名を改名 一二月〈四五歳〉　法制局長官（一九一二・一二—一九一三・二）、親任待遇	軍部大臣現役制廃止（一九一三・六）
一九一四（大正三）年	四月　文部大臣（第二次大隈内閣）	第一次世界大戦参戦（一九一四・八）
一九一五（大正四）年	五月　教育調査会副総裁 八月〈四九歳〉　**内務大臣**（第二次大隈改造内閣）	
一九一六（大正五）年	一〇月　内務大臣退官	ロシア革命（一九一六・二）
一九一七（大正六）年	五月　古社寺保存会委員 八月　枢密院顧問官（一九一七・八・一四—二四・一・一四） 九月　臨時教育会議委員	米騒動（一九一八・八）
一九一九（大正八）年	三月一日　民力涵養運動開始床次竹二郎内務大臣の訓令 五月　臨時教育委員会副議長 七月　臨時法制審議会委員（一九一九・七—一九二三・八） 八月　内務省社会局設置	『日本改造法案大綱』（一九一九・八） 普選運動の高揚（一九二〇・一）
一九二〇（大正九）年	八月　皇典講究所長（一九二〇・八—一九二五・二）	
一九二一（大正一〇）年	一二月　武蔵高等学校長（一九二一・一〇—一九二六・四）	
一九二二（大正一一）年	三月　宮内省御用掛	日本共産党結成（一九二二・七）
一九二三（大正一二）年	教化団体連合会会長	関東大震災（一九二三・九）
一九二四（大正一三）年	一月　枢密院副議長（一九二四・一・一四—二五・三・三〇） 一一月〈五八歳〉　**大日本青年団理事長**（一九二四・一一—一九二五・七） 一二月　財団法人日本青年館理事長（一九二四・一二—一九	

	二五・七）	
一九二五（大正一四）年	三月　**宮内大臣**（一九二五・三―一九三三・二）	治安維持法、普通選挙法成立（一九二五・三）
一九二六（大正一五）年	一二月　大喪使長官	
一九二七（昭和二）年	六月　大禮準備委員長	労働組合法反発デモの頻発（一九二六・一・三）
一九二八（昭和三）年	一二月　旭日桐花綬章	
一九三〇（昭和五）年	五月　正二位	
一九三三（昭和八）年	四月　男爵 六月　帝室経済顧問	
一九三四（昭和九）年	四月二七日〈六七歳〉大日本報徳社社長就任挨拶 五月　**枢密院議長**（一九三四・五・三―三六・三・一三）、王公族審議会総裁	天皇機関説問題（一九三五・二）
一九三六（昭和一一）年	七月　公刊明治天皇御記編集委員会顧問 三月　兼任内大臣、即日免官、枢密院議長退官	二・二六事件 盧溝橋事件（一九三七・七）
一九四四（昭和一九）年	一二月七日〈七七歳〉死去	

年譜作成については、左記の資料をもとに加筆

○参考文献

河井彌八代表『一木先生回顧録』（一九五四年）
一木先生追悼会『一木先生を偲ぶ』（一九五五年）
堀内良『一木喜徳郎伝』（大日本報徳社、二〇〇三年）

史料・参考文献表

史料（刊行年順）

〈**一木喜徳郎の著作**〉

『日本法令予算論』（哲学書院、一八九二年）
『国法学』（一八九九年度講義録の筆写）
大森鐘一・一木喜徳郎共編「市町村制史稿」一九〇七年（『明治史料　第三集』明治史料研究連絡会、一九五七年）
『青年国民の進路』（大学堂、一九一四年）
『思想選択の標準』（教化団体連合会、一九二四年）
共著『成功と実業』（第百出版社、一九二五年）

〈**一木喜徳郎の雑誌論文**〉

「講演　自治論　一」（『国家学会雑誌』第七九号、一八九三年）
「講演　自治論　二」（『国家学会雑誌』第八一号、一八九三年）
「一木書記官取調書」一八九四年（『沖縄県史第一四巻　雑纂1』琉球政府、一九六五年）
「慣習法の性質」（『法政新誌』第一七号、一八九八年）
「監督ノ範囲」（『国家学会雑誌』第一三五号、一八九八年）

「司法官の俸給について」（『政友』六、一九〇一年）
「序」（竹内友二郎『議会革新論』日東館、一九〇二年）
「二宮先生五十年祭講演第三席」（『大日本報徳学友会報』第三六回、一九〇五年）
「一木喜徳郎氏の反対演説」（『政友』第八三号、一九〇七年）
「自治制と報徳」（『斯民』第二編第四号、中央報徳会、一九〇七年）《後に同論文は、後に『大日本報徳学友会報』第六二号、第六三号に転載》
「推譲の精神」（『斯民』第二編第六号、一九〇七年）《後に同論文は、『大日本報徳学友会報』第六六号、第六七号に転載》
「安城篤農大會雑話」（『斯民』第二編第九号、一九〇七年）
「郡制廃止案に関し賛否両論の演説　一木喜徳郎氏の反対演説」（『政友』八三、一九〇七年）
「後叙」一九〇八年（岡田良一郎『二宮大先生伝記』一九〇八年。佐々井信太郎編纂代表『復刻版　二宮尊徳全集　別輯　門人名著集　第三六巻』龍渓書舎、一九七七年）
「道徳経済一致の大意」（『斯民』第二編第一〇号、一九〇八年）
「特別の権力関係」（『法学協会雑誌』二六―五、一九〇八年）
「自治の本義」（内務省地方局編纂『地方改良事業講演集　上巻』一九〇八年）
「戊申の詔書と調和の精神」（『斯民』第三編一一号、一九〇九年）《後に同論文は、（『神社協会雑誌』第八巻第一号、一九〇九年）に転載》
「開国進取と共同力」（『斯民』第三編第一三号、一九〇九年）
「独立自治としての地方自治と産業組合、貯蓄の奨励　第一回表彰式における式辞」（『産業組合』第四三号、一九〇九年）
「戊申詔書奉戴に就て国民の注意すべき要点」（『商工世界太平洋』第八巻九号、一九〇九年）
「国運の発展と勤倹協同の精神」（『斯民』第四編第七号、一九〇九年）
「序」（碧瑠璃園『二宮尊徳　後篇』興風叢書、一九〇九年）
「名家の処世人生観　二〇」（『商工世界太平洋』第八号第二二号、一九〇九年）
「戊申詔書捧読所感」（『教育時論』第八八六巻、一九〇九年）《後に同論文は、「戊申詔書に就きて」（『帝国教育』第三三九巻、一九一〇年）、「戊申詔書に就きて」（『産業組合』第五四号、第五五号、一九一〇年）に転載》

「報徳教信者も反対者も據る處を誤る勿れ」（『大日本報徳学友会報』第九一号、一九〇九年）
「知識と道徳」（『斯民』第五編第三号、一九一〇年）《後に同論文は、（『大日本報徳学友会報』第九五号、一九一〇年）》
「自治体の整善と地方人士の覚醒」（『斯民』第五編第五号、一九一〇年）
「貯蓄と不景気」（『産業組合』第五二号、一九一〇年）
「欧米の一人は我の五人」（『産業組合』第五七号、一九一〇年）
「寝る程楽はなしといふ諺の意味を独逸人に問はれて」（『商工世界太平洋』第九巻五号、一九一〇年）
「青年今後の活動舞台は地方に在り　中央を理想とするの謬見を打破す」（『商業界』第一三巻四号、一九一〇年）
「我邦現時の救済事業」（『斯民』第五編一三号、一九一一年）
「市町村制の改正と社会教育」（『斯民』第六編第三号、一九一一年）
「地方民政の要綱」（『斯民』第六編第五号、一九一一年）
「公民教育」（大隈家編修局編纂『国民教育　東京講演』丁未出版社、一九一一年）
「地方自治の精神」（『第二回第三回地方改良講演集　下巻』内務省地方局編纂、一九一一年）
「地方青年に対する注文」（『実業倶楽部』第二号、一九一一年）
「地方ノ発展」（『国家学会雑誌』第二九八号、一九一一年）
「社会政策と政治問題」（『社会政策』第二号、一九一一年）
「丁抹で眼に着く三つの事」（『斯民』第六編第一〇号、一九一二年）
「丁抹に於ける小地主奨励」（『斯民』第六編第一二号、一九一二年）
「丁抹の農村繁栄策」（『斯民』第七編第一号、一九一二年）
「自任自重の精神を養成せよ」（『斯民』第七編第六号、一九一二年）
「露国の現状に鑑みよ」（『斯民』第八編第一〇号、一九一三年）
「一木博士の入閣を祝す」（『斯民』第九編第二号、一九一四年）
「国民実力の充実を図れ」（『斯民』第九編第八号、一九一四年）
「予は是の如くして文政の任に膺らん」（『帝国教育』第三八三号、一九一四年）
「中等教育に関する所見」（『帝国教育』第三八六号、一九一四年）

「徳育訓辞　一木喜徳郎君談」（『教育時論』開発社、第一〇五〇号、一九一四年）
「立身を求めるの道」（『向上』第八巻第八号、一九一四年）
「〈時事〉施政方針発表」（『政友』一六八、一九一四年）
「公務思想の養成に勗めよ」（『斯民』第一〇編第二号、一九一五年）
「自治の大成は進取に持つべし」（『斯民』第一〇編第二号、一九一五年）
「青年団革新訓令　修養機関たる青年団」（『産業組合』第一二〇号、一九一五年）
「戦後に於ける学術、思想、宗教及教育」（半澤玉城編『平和か鉄血か』大日本新聞学会出版部、一九一五年）
「〈時事〉地方長官会議」（『政友』一七九、一九一五年）
「自治の真義」（『斯民』第一一編第一一号、一九一六年）《後に同論文の数節は、「青年団と国民精神」（『向上』第一一巻第一〇号、一九一七年）に転載》。
「青年団の真義」（青年団中央部編纂『青年団真義』一九一六年）《同論文は、若干の表現の違いがあるが、「刻下最大の急務」（『帝国青年』第一巻第九号、一九一六年）、「青年団指導者に望む」（『斯民』第一一編第七号、一九一六年）に転載》。
「青年団の統一」（『帝国青年』第一編第一号、中央報徳会、一九一六年）
「〈時事〉地方長官会議」（『政友』一八八、一九一六年）
「戦後の準備」（『斯民』第一二編第四号、一九一七年）
「戦後の準備に就いて」（『斯民』第一二編第七号、一九一七年）
「自治開発の途」（『斯民』第一二編第八号、一九一七年）
「国民競争の準備　＝第一義は青年団の発展に在り＝」（『帝国青年』第二編第六号、一九一七年）
「国際競争と自覚心」（『帝国青年』第二編第九号、一九一七年）
「徹底したる自覚」（青年団中央部編『青年団指導　全』帝国青年発行所、一九一八年）《同論文は、若干の表現の違いはあるが、「国際競争と自覚心」（『帝国青年』第二編第九号、一九一七年）と同主旨である》。
「時局と地方改良」（『斯民』第一三編第一二号、一九一八年）
「青年団と戦後の準備」（『帝国青年』第三編第九号、一九一八年）
「弔辞」（『斯民』第一四編第七号、一九一九年）

「民心の帰郷統一」（『斯民』第一四編第一〇号、一九一九年）
「勝利は意志を意味す」（『向上』第一三巻第七号、一九一九年）
「町村自治と報徳学」（『報徳の友』第二〇巻九号、大日本報徳学友会、一九一九年）
「文明の破産　上」（『大日本報徳学友会報』第二〇四号、一九一九年）
「文明の破産　下」（『大日本報徳学友会報』第二〇五号、一九一九年）
「小松原英太郎氏を悼む」（『斯民』第一五編第二号、一九二〇年）
「送国府犀東君之欧州序」（『斯民』第一五編第三号、一九二〇年）
「創刊十五年に際りて」（『斯民』第一五編第四号、一九二〇年）
「自治の半面」（『斯民』第一五編第六号、一九二〇年）
「追悼の念愈切也」（『斯民』第一五編第七号、一九二〇年）
「団体自治と公民自治」（『斯民』第一五編第一一号、一九二〇年）
「万国の公是＝に関する私見＝」（『帝国青年』第五編第四号、一九二〇年）
「教員組合の必要ありや」（『帝国教育』第四五八巻、一九二〇年）
「社会奉仕と報徳主義」（『報徳の友』第一九巻八号、一九二〇年）
「世界の大勢と我帝国」（『東亜之光』第一五巻三号、一九二〇年）
「〈山県公の生涯と其功業〉公と徴兵令、自治制及教育勅語」（『太陽』第二八巻三号、一九二二年）
「皇室と国民との精神的連鎖」（『太陽』第二八巻八号、一九二二年）
「時弊を救ふ道――大日本報徳社々長会（東京）に於ける講演要旨――」（『報徳の友』第二一巻八号、一九二二年）
「世界の情勢と自治体の責務」（中央報徳会編『自治生活の基調』中央報徳会、一九二二年）
「青年は須く流汗、鍛錬主義」（『向上』第一七巻一号、一九二三年）
「普通選挙と公民教育の急務」（『弘道』第三八三巻、一九二四年）
「世界の大勢と帝国」（神奈川県社会課『民力涵養運動の概況』一九二五年）
「人生の根本義」（共著『成功と実業』第百出版社、一九二五年）
「私に取るべき所がありとすれば勤と倹とである」（『大日本報徳』第二八〇号、一九二五年）

「時弊匡救の道」（教化団体連合会編『教化資料集』一九二五年）
「挨拶」（『大日本報徳』第三三巻第三九〇号、一九三四年）
「昭和十年を迎へて報徳社員諸君に贈る」（『大日本報徳』第三四巻第三九二号、一九三五年）
「亡兄を憶ふ」（松浦鎮次郎『岡田良平先生小伝』一九三五年）
「行幸記念日に際し社員に告ぐ」（『大日本報徳』第三四巻第三九七号、一九三五年）
「昭和十一年を迎へて社員各位に望む」（『大日本報徳』第三五巻第一号（四〇四）、一九三六年）
「報徳運動の近状に鑑み社員諸君に望む」（『大日本報徳』第三六巻第一月号（四一六）、一九三七年）
「聖駕奉迎七周年に際して」（『大日本報徳』第三六巻第六月号（四二一）、一九三七年）
「常会の反復的価値」（『大日本報徳』第三六巻第八月号（四二三）、一九三七年）
「報徳の発展性」（『大日本報徳』第三六巻第九月号（四二四）、一九三七年）
「非常時局の新年に際し報徳社員に告ぐ」（『大日本報徳』第三七巻第一月号（四二八）、一九三八年）
「永安の途茲に有り」（『大日本報徳』第三七巻第五月号（四三二）、一九三八年）
「時局に鑑み報徳社員に望む」（『大日本報徳』第三八巻第一月号（四四〇）、一九三九年）
「二宮佐藤両先生例祭に際し所懐を述ぶ」（『大日本報徳』第三八巻第五月号（四四四）、一九三九年）
「報徳指導者講習会座談席上挨拶」（『大日本報徳』第三八巻第九月号（四四八）、一九三九年）
「有栖川宮家厚生資金の御話に就て」（『大日本報徳』第三八巻第一〇月号（四四九）、一九三九年）
「紀元二千六百年を迎へて」（『大日本報徳』第三九巻第一月号（四五二）、一九四〇年）
「仰徳館記訳文〔原漢文〕」（『大日本報徳』第三九巻第四月号（四五五）、一九四〇年）
「仰徳館記」（『大日本報徳』第三九巻第五月号（四五六）、一九四〇年）
「式辞」（『大日本報徳』第三九巻第五月号（四五六）、一九四〇年）
「二宮佐藤両先生例祭に際し所懐を述ぶ」（『大日本報徳』第三九巻第六月号（四五七）、一九四〇年）
「年頭に際し社員各位に告ぐ」（『大日本報徳』第四〇巻第一月号（四六四）、一九四一年）
「宣戦の大詔を拜して社員諸君に告ぐ」（『大日本報徳』第四一巻第一月号（四七六）、一九四二年）
「大東亜戦争第二年の新年に際し」（『大日本報徳』第四二巻第一月号（四八八）、一九四三年）

「新年に際し時局職域奉公の敢駆遂を切望す」（『大日本報徳』第四三巻第一月号（五〇〇）、一九四四年）

〈一木喜徳郎に関する史料〉

自治制発布五十周年記念会編『自治座談　回顧篇』（選挙粛正中央連盟発行、一九三八年）
河井彌八代表『一木先生回顧録』（一九五四年）
一木先生追悼会『一木先生を偲ぶ』（一九五五年）
文教資料編纂会編『歴代文部大臣演説集』（文教資料編纂会、一九七九年）

〈その他〉

○雑誌・新聞　＊年数は主に参照した刊行年の期間を示す
中央報徳会『斯民』（一九〇六年―一九二三年）
中央報徳会青年部『帝国青年』（一九一六年―一九二〇年）
大日本報徳社『大日本報徳学友会』（一九〇七年―一九二〇年）
修養団『向上』（一九一四―一九二三年）
産業組合中央会『産業組合』（一九〇九年―一九二〇年）
『佐賀新聞』（一九一〇年―一九二〇年）
『福岡日日新聞』（一九一〇年―一九二〇年）
『九州日報』（一九一〇年―一九二〇年）
山口県庁学務兵事課『帝国青年』（一九二〇年）

○講演集・論集
内務省地方局編纂『地方改良事業講演集』（一九〇八年）

山口県内務部『山口県第一回地方改良事業講演集』（一九一〇年）
内務省地方局編纂『第二回第三回　地方改良講演集』（一九一一年）
大隈家編修局編纂『国民教育東京講演』（丁未出版社、一九一一年）
山口県内務部『山口県第二回地方改良事業講演集』（一九一一年）
半澤玉城編『平和か鉄血か』（大日本新聞学会出版部、一九一五年）
中央報徳会『戦後準備国力増進奨励趣意書』（一九一七年）
神奈川県社会課『民力涵養運動ノ概況』（一九二五年）

○地方自治・行政など

山口県内務部『山口県第一回地方改良事業講演集』（一九一〇年）
――――『地方改良の要項』（一九一二年）
佐賀県内務部『林業講習録』（一九一二年）
福岡県浮羽郡役所『地方改良参考資料』（一九一三年）
鹿児島県編『青年及青年団心得』（一九一六年）
中央報徳会『戦後準備国力増進奨励趣意書』（一九一七年）
山口県豊浦郡役所『青年の自覚』（一九一八年）
鹿児島県内務部学務課『鹿児島県教育概要』（一九一九年）
内務省地方局『民力涵養運動宣伝経過』（一九二〇年）
西松浦郡役所『西松浦郡誌　全』（一九二一年）
山口県内務部『思想問題と感化教育』（一九二五年）
厚狭郡教育会『厚狭郡史　全』（一九二六年）
東京市政調査会（亀掛川浩執筆）『自治五十年史　制度篇』（良書普及会、一九四〇年）
牧瀬苔花『春振村更生記　附徳川権七翁・志波六郎助翁』（大政翼賛会佐賀県支部、一九四二年）
熊谷辰次郎編『大日本青年団史』（日本青年館、一九四二年）

佐賀県神埼郡脊振村公民館『改訂　村誌　背振路』（一九六五年）
大霞会編『内務省史　全四巻』（地方財務協会、一九七一年）
『沖縄県史　通史　第一巻』（沖縄県教育委員会、一九七六年）
大霞会編『内務省外史』（地方財務協会、一九七七年）
文部省『資料臨時教育会議　全五集』（一九七九年）
静岡県『静岡県史　資料編16』（一九九〇年）
静岡県『静岡県史　資料編17　近現代二』静岡県教育委員会、一九九〇年
脊振村史編纂委員会『脊振村史』（一九九四年）

○報徳思想関係

福住正兄「富国捷径　初編法方概略」一八七三年（佐々井信太郎編纂代表『復刻版　二宮尊徳全集　別輯　門人名著集　第三六巻』龍渓書舍、一九七七年）
斉藤高行『報徳外記』一八八五年（佐々井編、前掲『復刻版　二宮尊徳全集　別輯　門人名著集　第三六巻』）
岡田良一郎「大日本信用組合報徳結社論」一八九二年（佐々井編、前掲『復刻版　二宮尊徳全集　別輯　門人名著集　第三六巻』）
福住正兄「日本信用組合報徳結社問答」一八九二年（『協働組合の名著　第二巻』家の光協会、一九七一年）
『新編修身教典　尋常高等小学校用』（普及舍、一九〇〇年）
留岡幸助編『二宮翁と諸家』（人道社、一九〇六年）
報徳学図書館『静岡県報徳社事蹟』（一九〇六年）
西ヶ谷可吉編『片平信明翁伝　附杉山報徳社成績一斑』（開明堂、一九〇八年）
花田仲之助『報徳実践修養講話』（洛陽堂、一九一三年）
中上信英『報徳教と片平信明翁　全　一名杉山報徳社事蹟』（報徳学図書館、一九一四年）
福住正兄筆記『二宮翁夜話』（岩波文庫、一九三三年）
報徳会総務所編『報徳会三十五年史』（報徳会総務所、一九三六年）
花田仲之助先生伝記刊行会『花田仲之助先生の生涯』（一九五八年）

八木繁樹『増補改訂版 報徳運動一〇〇年のあゆみ』（緑蔭書房、一九八〇年）

○社会事象・言説関係

宮崎安貞『農業全書　抄』一六九七年（古島敏雄・安芸皎一編『近世科学思想　上　日本思想大系　六二』岩波書店、一九七二年）
中村正直『西国立志編』一八七一年（講談社、一九八一年）
福沢諭吉『学問のすゝめ』一八七二年（岩波書店、一九四二年）
大森鍾一『仏国地方分権法　完』（博聞社、一八七八年）
伊藤博文『帝国憲法義解』（国家学会、一八八九年）
片山潜「自治美談　模範村（一）伊豆稲取村」（『労働世界』第七巻第二号、一九〇三年）
長沢則彦『模範自治村』（新公論社、一九〇五年）
丸山熊男「諸言」（『静岡県報徳社事蹟』報徳学図書館、一九〇六年）
都倉義一「模範の農村（一）」（『斯民』第一編第九号、一九〇六年）
石田（市川）伝吉『模範自治村　稲取村の事績』（東洋堂書店、一九〇七年）
山路愛山「報徳新論」一九〇九年（『独立評論　六』みすず書房、一九八八年）
平田東助「戊申詔書に就いて　上」（『教育時論』第八五八巻、一九〇九年）
小島源三郎「静岡県下の模範部落」（『斯民』第四編第六号、一九〇九年）
内村鑑三「デンマルクの話」一九一一年（『後世への最大遺物・デンマルクの話』岩波書店、一九四六年）
留岡幸助「杉山部落の道徳と経済」（『斯民』第七編第一号、一九一二年）
林忠太郎編『農村振興策』（愛知県農会、一九一二年）
帝国農会『中小農保護政策　第一巻』一九一二年（帝国農会編『中小農保護政策・中小農と産業組合』お茶の水書房、一九七九年）
陸軍省歩兵課編『帝国陸軍　国民教育者必携』（帝国在郷軍人会本部、一九一三年）
山崎延吉『我が青年及青年団』（興風書院、一九一五年）
田中義一『社会的国民教育　一名青年義勇団』（博文館、一九一五年）
青年団中央部編『青年団真義』（帝国青年発行所、一九一六年）

石田伝吉『優良町村の新研究』(大倉書店、一九一六年)
農商務省農林局「部落有林野統一事例」(『山林公報』第六号付録、一九一六年)
田中義一『帝国の使命と青年の覚悟』(誠文堂、一九一八年)
石田伝吉『農村改造講話』(日本評論社、一九一九年)
山口県教育会編纂『山口県教育史　上下巻』一九二五年(第一書房、一九八二年)
上野也七郎編『優良町村便覧』(中央報穂会、一九二五年)
大石惠直『努力の村杉山』(杉山報徳社、一九二六年)
河合従雄『田中義一伝』(田中義一伝編纂所、一九二九年)
静岡県地方課『自立奮闘　更生の郷杉山』(一九三二年)
徳富蘇峰編『公爵山縣有朋伝　上中下巻』一九三三年(原書房、一九六九年)
佐々井信太郎代表『杉山報徳社紀要』一九三四年(大日本報徳社、一九六五年)
蓑田胸喜『美濃部「機関説」の源流　一木博士の反国体思想――「日本法令予算論」並に「国法学」の基礎観念の大権干犯論を弾劾す――』(原理日本社、一九三五年)
松浦鎮次郎『岡田良平先生小伝』(一九三五年)
穂積八束『増補改訂版　穂積八束博士論文集』(穂積重威編纂、有斐閣、一九四三年)
藤田訓二編『杉山報徳社の生い立ちと現況』(杉山報徳社、一九五五年)
労働運動史料刊行委員会編『日本労働運動史料　第一〇巻統計編』(労働運動史料刊行委員会、一九五九年)
庵原村教育委員会『庵原村史　近代篇』(一九六一年)
留岡幸助「明治三六年二月二六日　庵原郡束報徳社」(留岡幸助日記編集委員会『留岡幸助日記　第二巻』矯正協会、一九七九年)
松村祝男『みかん栽培地域　その拡大の社会的意義』(古今書院、一九八〇年)
村上重良編『正文訓読　近代詔勅集』(新人物往来社、一九八三年)
牧野虎次編『留岡幸助君古稀記念集　伝記・留岡幸助』(大空社、一九八七年)

参考文献（五十音順）

＊参考文献は、本書で示した文献に限った。

〈一木喜徳郎に関する研究〉

○思想および法理論

家永三郎『日本近代憲法思想史研究』（岩波書店、一九六七年）

岩村等「一木喜徳郎の法律概念――『日本法令予算論』の検討――」（山中永之佑編『日本近代国家の法構造』木鐸社、一九八三年）

鈴木安蔵『日本憲法学の生誕と発展』（法律文化社、一九六六年）

――『日本憲法学史研究』（勁草書房、一九七〇年）

長尾龍一『日本法思想史研究』（創文社、一九八一年）

並松信久「一木喜徳郎の地方自治構想と青年団――報徳仕法の継承」（『報徳学』第九号、国際二宮尊徳思想学会、二〇一二年）

橋本誠一「近代収用法理論の成立――江木衷と一木喜徳郎―」（『法経研究』第三八巻一・二号、静岡大学法経学会、一九八九年）

頼松瑞生「一木喜徳郎の命令理論」（『東京電機大学総合文化研究』第九号、二〇一一年）

――「一木喜徳郎の緊急勅命論」（『東京電機大学総合文化研究』第六号、二〇〇八年）

○沖縄論

近藤健一郎「日清戦争直前の沖縄教育政策――『一木書記官取調書』（一八九四年）を中心に――」（『南島史学』第四八号、一九九六年）

並松信久「沖縄の地方制度と報徳仕法――『一木書記官取調書』をめぐって」（『報徳学』第九号、国際二宮尊徳思想学会、二〇一二年）

宮平真弥「一木喜徳郎の自治観と沖縄調査」（『沖縄文化研究』第二六号、二〇〇〇年）

○評論
鷺城学人「一木文相論」『青年』一九一四年七月号
鵜崎鷺城「一木内相論」（『中央公論』一九一五年一〇月号）
杉山平助「一木喜徳郎論」（『改造』第一七巻第六号、一九三五年）
高柳光壽「人物素描　一木喜徳郎」（『日本歴史』第五八号、一九五三年）
堀内良『冀北学』（大日本報徳社、一九九八年）
――『一木喜徳郎伝』（大日本報徳社、二〇〇三年）

〈その他〉

○単行本
足立洋一郎『報徳運動と近代地域社会』（御茶の水書房、二〇一四年）
家永三郎『美濃部達吉の思想史的研究』（岩波書店、一九六四年）
池田元『長谷川如是閑「国家思想」の研究――「自然」と理性批判――』（雄山閣、一九八一年）
――『大正「社会」主義の思想――共同体の自己革新』（論創社、一九九三年）
――『丸山思想史学の位相――日本近代」と民衆心性――』（論創社、二〇〇四年）
色川大吉『明治の文化』（岩波書店、一九七〇年）
石川一三夫『近代日本の名望家と自治――名誉職制度の法社会史的研究――』（木鐸社、一九八七年）
石田雄『明治政治思想史研究』（未来社、一九五四年）
――『近代日本政治構造の研究』（未来社、一九五六年、一九九六年再編）
石田文次郎『ギールケの団体法論』（ロゴス書院、一九二九年）
宇野豪『国民高等学校運動の研究――一つの近代日本農村青年教育運動史――』（溪水社、二〇〇三年）
江守五夫『法社会学方法論序説』（法律文化社、一九六二年）
遠藤治一郎『公有林野整理史』（日本治山治水協会、一九四七年）

大石嘉一郎『近代日本の地方自治』（東京大学出版会、一九九〇年）
大石嘉一郎・西田美照編『近代日本の行政村』（日本経済評論社、一九九一年）
大内力『地代と土地所有』一九五八年（東京大学出版会、複製版一九七五年）
大江志乃夫『国民教育と軍隊　日本軍国主義教育政策の成立と展開』（新日本出版社、一九七四年）
大島美津子『明治国家と地域社会』（岩波書店、一九九四年）
大塚久雄『共同体の基礎理論』一九五五年（『大塚久雄全集　第七巻』岩波書店、一九六九年）
岡田洋司『ある農村振興の軌跡――「日本デンマーク」に生きた人々』（農山漁村文化協会、一九九二年）
奥谷松治『二宮尊徳と報徳社運動』（高陽書院、一九三六年）
小池善吉『近代農村の歴史社会学研究』（時潮社、一九九一年）
海後宗臣編『臨時教育会議の研究』（東京大学出版会、一九六〇年）
海後宗臣『教育勅語成立史の研究』（一九六五年）
亀掛川浩『明治地方制度成立史』（柏書房、一九六七年）
籠谷次郎『近代日本における教育と国家の思想』（一九九四年）
神島二郎『近代日本の精神構造』（岩波書店、一九六一年）
――――『政治を見る眼』（日本放送出版協会、一九七九年）
――――『日常性の政治学　身近に自立の拠点を求めて』（筑摩書房、一九八二年）
河合従雄『田中義一伝』（田中義一伝編纂所、一九二九年）
菅野正『近代日本における農民支配の史的構造』（御茶の水書房、一九七五年）
北住炯一『近代ドイツ官僚国家と自治――社会国家への道――』（成文堂、一九九〇年）
橘川俊忠『近代批判の思想』（論創社、一九八〇年）
金長権『近代日本地方自治の構造と性格』（刀水書房、一九九二年）
栗城壽夫『一九世紀ドイツ憲法理論の研究』（信山社、一九九七年）
国立教育研究所編『学校教育（二）　日本近代教育百年史　第四巻』（国立教育研究所、一九七四年）
古島敏雄編『日本林野制度の研究』（東京大学出版会、一九五五年）

児玉幸多『二宮尊徳　日本の名著二六』（中央公論社、一九七〇年）
郡司美枝『理想の村を求めて　地方改良の世界』（同成社、二〇〇二年）
纐纈厚『近代日本の政軍関係　軍人政治家田中義一の軌跡』（大学教育社、一九八七年）
坂本忠次『日本における地方行財政の展開』（御茶の水書房、一九八九年）
佐々井信太郎『二宮尊徳研究』（岩波書店、一九二七年）
下程勇吉『天道と人道――二宮尊徳の哲学』（岩波書店、一九四二年）
住谷悦『日本経済学史の一齣』（日本評論社、一九四八年）
島恭彦編『町村合併と農村の変貌』（有斐閣、一九五八年）
島田虔次『中国思想史の研究』（京都大学出版会、二〇〇二年）
高木正朗『近代日本農村自治論　自治と協同の歴史社会学』（多賀出版、一九八九年）
高島善哉『アダム・スミスの市民社会体系』（岩波書店、一九七四年）
武内義雄『儒教の倫理』一九四一年（『武内義雄全集　第二巻』角川書店、一九七九年）
茶谷誠一『昭和戦前期の宮中勢力と政治』（吉川弘文館、二〇〇九年）
津田左右吉『儒教の研究　一』一九五〇年（『津田左右吉全集　第一六巻』岩波書店、一九六五年）
伝田功『近代日本経済の研究』（未来社、一九六二年）
――『近代日本農政思想の研究』（未来社、一九六九年）
田澤薫『留岡幸助と感化教育　思想と実践』（勁草書房、一九九九年）
辻清明『日本の地方自治』（岩波新書、一九七六年）
恒藤恭『法と道徳』（岩波書店、一九六九年）
戸川芳郎・蜂屋邦夫・溝口雄三『儒教史』（山川出版社、一九八七年）
中田薫『村及び入会の研究』（岩波書店、一九五九年）
中村吉治『日本の村落共同体』（日本評論社、一九七一年）
並松信久『近代日本の農業政策論――地域の自立を唱えた先人たち』（昭和堂、二〇一二年）
奈良本辰也『二宮尊徳』（岩波新書、一九五九年）

――『二宮尊徳・大原幽学　日本思想体系　五二』（岩波書店、一九七三年）
南原繁『国家と宗教――ヨーロッパ精神史の研究――』（岩波書店、一九四二年）
西尾隆『日本森林行政史の研究――環境保全の源流――』（東京大学出版会、一九八八年）
中野泰『近代日本の青年宿　年齢と競争原理の民俗』（吉川弘文館、二〇〇五年）
中村雄二郎・木村礎編『村落・報徳・地主制――日本近代の基底――』（東洋新報社、一九七六年）
橋川文三『昭和維新史論』（朝日新聞社、一九八四年）
服部之総『服部之総著作集』（理想社、一九五五年）
平野義太郎『増補新版　民法に於けるローマ思想とゲルマン思想』一九二四年（有斐閣、一九七〇年）
平山和彦『青年集団史研究序説　上下』一九七八年（『合本　青年集団史研究序説』新泉社、一九八八年）
廣松渉『唯物史観と国家論』一九八二年（講談社、一九八九年）
福田アジオ『日本村落の民俗的構造』（弘文堂、一九八二年）
福地俊雄『法人法の理論』（信山社、一九九八年）
藤田省三『天皇制国家の支配原理　藤田省三著作集Ⅰ』一九五六年（みすず書房、一九九八年）
堀真清『西田税と日本ファシズム運動』岩波書店、二〇〇七年
堀尾輝久『天皇制国家と教育』（青木書店、一九八七年）
前田愛『近代読者の成立』（筑摩書房、一九八九年）
松下圭一『現代政治の条件』（中央公論社、一九五九年）
福地俊雄『法人法の理論』（信山社、一九九八年）
松沢裕作『明治地方自治体制の起源――近世社会の危機と制度変容』（東京大学出版会、二〇〇九年）
松田好史『内大臣の研究――明治憲法体制と常侍輔弼』（吉川弘文館、二〇一四年）
松野修『近代日本の公民教育』（名古屋大学出版会、一九九七年）
松本三之介『近代日本の政治と人間』（創文社、一九六〇年）
丸山真男『日本政治思想史研究』（東京大学出版会、一九四二年）
――『日本の思想』（岩波書店、一九六一年）
見城悌治『近代報徳思想と日本社会』（ぺりかん社、二〇〇九年）

水谷三公『官僚の風貌　日本近代　13』（中央公論新社、一九九九年）
見田宗介『現代日本の心情と論理』（筑摩書房、一九七一年）
宮坂公作『近代日本社会教育政策史』（国土社、一九六六年）
宮地正人『日露戦後政治史の研究――帝国主義形成期の都市と農民――』（東京大学出版会、一九七三年）
宮地米蔵『村有林と地方自治――脊振村長徳川権七論（山村行政史の一断面）』（弘文社、一九六六年）
宮原誠一『社会教育論』（『宮原誠一教育論集　第二巻』国土社、一九七七年）
村上淳一『ゲルマン法史における自由と誠実』（東京大学出版会、一九八〇年）
守田志郎『二宮尊徳』（朝日新聞社、一九七五年）
柳田國男編『山村生活の研究』一九三八年（国書刊行会、一九七五年）
安丸良夫『日本の近代化と民衆思想』一九七四年（平凡社、一九九九年）
山中永之佑『近代日本の地方制度と名望家』（弘文堂、一九九〇年）

○雑誌等論文

有泉貞夫「明治国家と民衆統合」（『岩波講座日本歴史　一七』岩波書店、一九七六年）
池田元「日本国家論へのアングル――近代主義と近代批判の二重性――」（『日本国家科学の思想』論創社、二〇一一年）
――「政治学の転回と権威主義国家」（『戦後日本の思想と行動――「日本近代」と自己意識――』論創社、二〇一二年）
石見和彦「実業教育論――初等・中等レベルを中心に――」（本山幸彦編『帝国議会と教育政策』思文閣、一九八一年）
色川大吉「近代日本の共同体」（鶴見和子・市井三郎編『思想の冒険――社会と変化の新しいパラダイム――』筑摩書房、一九七四年）
上野成利「群体としての社会――丘浅次郎における『社会』の発見をめぐって」（阪上孝編『変異するダーウィニズム――進化と社会――』京都大学学術出版会、二〇〇三年）
宇野重規「丸山真男における三つの主体像　――丸山の福沢・トクヴィル理解を手がかりに――」（小林正弥編『丸山真男論　主体的作為、ファシズム、市民社会』東京大学出版会、二〇〇三年）
鵜浦裕「近代日本における社会ダーウィニズムの受容と展開」（柴谷篤弘他編『講座進化２　進化思想と社会』東京大学出版会、一

九九一年）
江守五夫「明治期の報徳社運動の史的社会的背景　一」（『法律論叢』第四〇巻第一号、一九六六年）
――――「明治期の報徳社運動の史的社会的背景　二」（『法律論叢』第四〇巻第二・三号、一九六六年）
遠藤俊六「『模範村』の成立と構造――明治後期民衆統合政策研究の一視点――」（『日本史研究』第一八五巻、一九七八年）
遠藤泰弘「オットー・フォン・ギールケの政治共同体像――団体人格論と自然法論の内在的理解を中心として――　一」（『北大法学論集』第五三巻第六号、二〇〇三年）
――――「オットー・フォン・ギールケの政治共同体像――団体人格論と自然法論の内在的理解を中心として――　二・完」（『北大法学論集』第五三巻第五号、二〇〇三年）
遠藤芳信「在郷軍人会成立の軍制史的考察」（『季刊現代史』第九号、一九七八年）
大内兵衛「日本社会政策学会の運命と現代日本経済学の使命」（弘文堂編集部編『社会科学講座　第六巻　社会問題と社会運動』弘文堂、一九五〇年）
大島美津子「地方制度」（鵜飼信成他編『資本主義と法の発展　講座日本近代法発達史　第八巻』勁草書房、一九五九年）
――――「明治末期における地方行政の展開――地方改良運動――」（『東洋文化研究所紀要』第一九冊、一九五九年）
――――「地方財政と地方改良運動」（古島敏雄・和歌森太郎・木村礎編『明治大正郷土史研究法　郷土史研究講座　七』朝倉書店、一九七〇年）
岡義武「日露戦後における新しい世代の成長――明治三八～大正三年――　上」（『思想』第五一二号、一九六七年）
――――「日露戦後における新しい世代の成長――明治三八～大正三年――　下」（『思想』第五一三号、一九六七年）
岡田洋司・山本悠三「『報徳社』運動の倫理とその展開」（鹿野政直・由井正臣編『近代日本の統合と抵抗　二』日本評論社、一九八二年）
越智昇「日本近代化と地域支配」（神島二郎編『近代化の精神構造』評論社、一九七四年）
尾崎ムゲン「戊申詔書と教育」（『季刊日本思想史』第七号、一九七八年）
小田亮「共同体という概念の脱／再構築」『文化人類学』第六九巻第二号、二〇〇四年九月
海野福寿「共同体と豪農」（海野福寿・大島美津子校注『家と村　日本近代思想大系二〇』岩波書店、一九八九年）
賀川隆行「地方改良事業の社会的基盤」（『歴史学研究』第四〇八号、一九七四年）

鹿野正直「戦後経営と農村教育――日露戦争後の青年団活動について――」（『思想』第五二一号、一九六七年）
――「明治後期における国民組織化の過程」（『史観』第六九冊、一九七九年）
川島武宜「立身出世」（『日本人　現代教養全集7』筑摩書房、一九五九年）
金宋植「地方改良運動と青年政策」（『東京大学日本史学研究室紀要』第六号、二〇〇二年）
小池善吉「日露戦争後の群馬県地方改良運動と報徳社」（『群馬県史研究』第一〇、一二号、一九七九年）
久保正幡「ギールケ」（木村亀二編『近代法思想史の人々』日本評論社、一九六八年）
古島敏雄「『農業全書』出現前後の農業知識」（古島敏雄・安芸皎一編『近世科学思想　上　日本思想大系　六二』岩波書店、一九七二年）
斉藤利彦「地方改良運動と公民教育の成立」（『東京大学教育学部紀要』第二二号、一九八二年）
三成賢次「近代プロイセンの名望家自治――その法構造と日本への継受――」（『阪大法学』第四一号、一九九一年）
酒田正敏「解題」（日本近代史料研究会『雑誌『斯民』目次総覧――一九〇六―一九四四――』内政史研究会／日本近代史研究会、一九七二年）
坂根嘉弘「小作争議」（日本村落史講座編集委員会編『政治2　近世・近現代　日本村落史講座　第五巻』雄山閣、一九九〇年）
佐々木隆爾「報徳社運動の階級的性格――静岡県中遠地方の事例を中心に――　上」（『法経研究』第一七巻三号、静岡大学、一九六八年）
佐々木豊「研究解題　地方改良運動と町村是調査」（神谷慶治監修『地方改良運動史資料集成　第一巻』柏書房、一九八六年）
佐藤守「実業補習学校の成立と展開――わが国実業教育における位置と役割――」（豊田俊雄編『わが国産業化と実業教育』国際連合大学、一九八四年）
――「徒弟学校の変質と展開」（豊田俊雄編『わが国離陸期の実業教育』国際連合大学、一九八二年）
住友陽文「形成期青年会の論理と展開」（『日本史研究』第三四〇号、一九九〇年）
千田栄美「戊申詔書の発布とその反響」（『日本の教育史』第四四巻、二〇〇一年）
筒井正夫「近代国家成立期における『名望家層』の役割」（『歴史学研究』第五九九号、一九八九年）
中野敏充「一九〇二（明治三十五）年税務監督局・税務署管制の意義」（『阪大法学』第四二号、一九九二年）
中村哲「美濃部達吉に関する最近の研究」（『法学志林』第六五巻第四号、一九六八年）

並松信久「農村地域における報徳社組織の展開過程――静岡県杉山報徳社を事例にして――」（『農林業問題研究』第六四号、一九八一年）
――「報徳主義思想の展開と国家政策の課題――京都における地方改良運動を通して――」（『京都産業大学論集』人文科学学系列第三一号、二〇〇三年）
芳賀登「報徳運動と自力更生――岡田良一郎と片平信明を中心として――」（『歴史研究』第一〇巻、一九七二年）
橋川文三「地方改良運動の政治理念」（児玉幸多・林英夫・芳賀登編『地方史の思想と視点』柏書房、一九七六年）
――「地方改良運動」（『昭和維新試論』講談社、二〇一三年）
橋本誠一「近代収用法理論の成立――江木衷と一木喜徳郎――」（『法経研究』第三八巻一・二号、静岡大学法経学会、一九八九年）
原口清「報徳社の人々」（『日本人物史体系　五』朝倉書店、一九六〇年）
平野義太郎「官僚法学」（鵜飼信成他編『資本主義と法の発展　講座日本近代法発達史　第三巻』勁草書房、一九五八年）
不和和彦「日露戦後の『町村自治』振興策と国民強化――地方改良運動を中心に――」（『村落社会研究』第一八集、御茶ノ水書房、一九八二年）
――「日露戦後の「町村自治」振興策と国民強化――地方改良運動を中心に――」（『村落社会研究』第一八集、御茶ノ水書房、一九八二年）
堀越芳昭「初期信用組合の設立と報徳社」（『土地制度史学』第六五号、一九七四年）
前田寿紀「近代日本における報徳社の教育活動にかんする研究（Ⅰ）――「杉山報徳社」と「杉山青年報徳学舎」の活動を中心に――」（『金沢大学教育開放センター紀要』第八巻、一九八七年）
――「『遠江国報徳社』の教育活動の実態――『（中央）報徳会』成立以前を中心に――」（『教育学研究集録』第一〇集、一九八六年）
――「明治期における報徳社批判に対する報徳社の人々の反駁」（『淑徳大学研究紀要』第八号、一九九四年）
宮坂公作「初期自主化運動における政策受容の問題をめぐって」（日本社会教育学会編『社会教育行政の理論　日本の社会教育　第四集』（国土社、一九五九年）
――「明治期における社会教育概念」（『教育学研究』第三三巻第四号、一九六六年）
宮沢康人・佐藤秀夫「実業教育」（海後宗臣編『井上毅の教育政策』東京大学出版会、一九六八年）

村上淳一「団体と団体法の歴史」（『団体　岩波講座　基本法学2』岩波書店、一九八三年）
見城悌治「明治前期の報徳思想と福住正兄」（馬原鉄男・掛谷宥平編『近代天皇制国家の社会統合』文理閣、一九九一年）
森邊成一「一九二〇年代における自作農創設維持政策と小作立法の展開過程　一――日露戦後農政と小農保護論――」（『名古屋大學法政論集』第一一一号、一九八六年）
安丸良夫「『通俗道徳』のゆくえ」（『歴史科学』第一五五号、一九九九年）
山口立「町村の基本財産と町村有林」（『林野時報』第四巻第七号、一九五六年）
山崎春成「『立身出世』コースの形成」（大阪市立大学経済研究所編『明治期の経済発展と経済主体』日本評論社、一九六八年）
山田公平「明治末年の天皇制国家における国家統合と地方自治――その国際比較的特質――」（『法制論集』第一一〇号、名古屋大学法学部、一九八六年）
山中永之佑「日本帝国主義国家体制の形成と町村制度」（大阪歴史学会編『近代大阪の歴史的展開』吉川弘文館、一九七六年）
山本悠三「民力涵養運動と社会局」（『東北福祉大学紀要』第十五号、一九九〇年）
吉本隆明「丸山真男論」一九六三年（『柳田國男論・丸山真男論』ちくま学芸文庫、二〇〇一年）
頼松瑞生「一木喜徳郎の緊急勅命論」（『東京電機大学総合文化研究』第六号、二〇〇八年）
―――「一木喜徳郎の命令理論」（『東京電機大学総合文化研究』第九号、二〇一一年）

〈欧文文献〉（アルファベット順）

Otto Friedrich von Gierke, *Das Wesen der menschlichen Verbände : Rede, bei Antritt des Rektorats am 15. Oktober 1902*, Leipzig, Duncker & Humblot, 1902. 松山得四郎「最近に於ける「ギルケー」氏の団体本質論」（『法学協会雑誌』第二三巻二号、一九〇五年）、曾田厚訳「人間団体の本質」（『成蹊法学』第二四号、一九八四年）
―――, *Les théories politiques du moyen age*, Paris, Recueil sirey, 1914. 阪本仁作訳『中世の政治理論』（ミネルヴァ書房、一九八五年）
Rider Haggard, *Rural Denmark and its lessons*, London, Longmans, Green and Co., 1911.『丁抹の田園生活』（内務省地方局、一九一三年）
Georg Jellinek, *Allgemeine Staatslehre*, Berlin, O. Häring, 1900. 蘆部信喜他訳『一般国家学』（学陽書房、一九七四年）
Karl Marx, *Œuvre completes de Karl Marx, Le capital*, Tome I-XIV, Paris, Alfred Costes, 1946(1867). 向坂逸郎訳『資本論　一―九』（岩波文庫、一九五四年）

——, *Œuvres philosophiques*, Paris, A. Costes, 1947.

Max Weber, *Économie et société/1 Les catégories de la sociologie*, Paris, Plon, 1995 (1971).

Friedrich Meinecke, *Die Idee der Staatsräson in der neueren Geschichte*, Munchen, Oldenbourg, 1924. 菊盛英夫・生松敬三共訳『近代史における国家理性の理念』（みすず書房、一九七六年）

Yvon Quiniou, « La morale comme fait d'évolution : continuité, émargence, rupture » in Patric Tort (dir.), *Darwinisme et société*, Paris, PUF, 1992

Carl Schmitt, *Politische romantic*, Berlin, Duncker & Humblot, 1925. 大久保和郎訳『政治的ロマン主義』（みすず書房、一九七〇年）

——, *Hugo Preuss : sein Staatsbegriff und seine Stellung in der deutschen Staatslehre*, Tubingen, J.C.B. Mohr, 1930. 上原行雄訳「フーゴー・プロイス（一九三〇年）——その国家概念およびドイツ国家学上の地位——」『危機の政治理論　現代思想　第一巻』ダイヤモンド社、一九七三年）

——, *Der Begriff des Polotischen*, München, Duncker & Humblot, 1933. 田中浩・原田武雄訳『政治的なものの概念』（未来社、一九七〇年）

Alexis de Tocqueville, *De la démocratie en Amérique*, Paris, Gallimard, 1961(1848). 松本礼二訳『アメリカのデモクラシー』（岩波書店、二〇〇五年、二〇〇八年）

〈拙稿〉　＊本書は、すでに発表した拙稿に大幅な加筆・修正を加え、組み替えたものである。第三章第一節は新たに執筆した。

稲永祐介「一木喜徳郎の政治思想——道義的共同体の論理——」（『年報日本史叢』二〇〇三、筑波大学歴史・人類学系、二〇〇三年）

——「地方改良運動における中間団体の性格——一木喜徳郎の自治構想を中心に——」（『年報日本史叢』二〇〇四、筑波大学歴史・人類学系、二〇〇四年）

——「模範村自治の源流——杉山報徳社の社会的紐帯——」（『史境』第五〇号、歴史人類学会、二〇〇五年）

——「大正期青年団における公徳心の修養——一木喜徳郎の自治構想を中心に——」（『近代日本研究』22、慶應義塾福沢研究センター、二〇〇五年）

や行

ら行

な行

は行

ま行

た行

さ行

事項索引

な行

長尾龍一　123
中川望（1875-1964）　11, 83-84, 324
奈良本辰也　36-37, 322
西ヶ谷可吉　310
二宮尊徳（1787-1856）　11, 23, 31-32, 34-39, 42-44, 48, 50, 55, 59-60, 64, 129, 156, 226, 310, 318, 321-322, 327

は行

芳賀登　39, 313
ハガード（Rider Haggard, 1856-1925）　214-215
橋川文三　73,
林市蔵（1867-1952）　255
林逸郎（1892-1964）　282-283
平田東助（1849-1925）　11-15, 40, 61, 82, 84-85, 127, 220
平沼騏一郎（1867-1952）　283
平山和彦　239
福住正兄（1824-92）　129-131, 317, 319, 327-328
藤田省三　16-17, 108, 136, 144
碧瑠璃園（渡辺霞亭、1864-1926）　59
ヘーゲル（G. W. F. Hegel, 1770-1831）　147, 292-293
穂積八束（1860-1912）　19, 111, 115-116, 121

ま行

松村茂助　50
見城悌治　319
マルクス（Karl Marx, 1818-1883）　161
丸山熊男　38
丸山眞男　16, 32-33, 46, 105-108
蓑田胸喜（1894-1946）　281
美濃部達吉（1873-1948）　18-19, 112, 291
宮坂広作　247
宮崎安貞　169
宮地正人　21, 155
モッセ（Albert Mosse, 1846-1925）　11
森勇一　50

や行

安丸良夫　56,
柳田国男（1875-1962）　78
山県有朋（1838-1922）　122-123, 143, 240, 255-256
山崎延吉（1873-1954）　258
山崎覚次郎　50
山路愛山（1864-1917）　77
横井時敬（1890-1927）　77

ら行

ラーバント（Paul Laband, 1838-1918）　114, 124

わ行

渡辺融（1844-1924）　71

人名索引

あ行

安居院庄七（1789-1863）　38
有泉貞夫　127
伊尹　109
家永三郎　19, 138
イェルネック（Georg Jellinek, 1851-1911）　111, 123
石田雄　20, 67
石田伝吉（1875-1939）　311
伊藤博文　111
井上毅（1844-95）　233, 316
井上友一（1871-1919）　167-168, 175, 310, 329
岩村等　119-120
ヴェーバー（Max Weber, 1864-1920）　32, 46
内村鑑三（1861-1930）　216-217
大江志乃夫　258
大島美津子　20
大森鐘一（1856-1927）　150, 152
岡田佐平治（1812-76）　11, 34, 38
岡田平助　50
岡田良平（1864-1934）　10, 34, 49-50, 75, 315-316, 330
岡田良一郎（1839-1915）　11, 39-40, 42, 49, 75, 78, 313, 330
押川則吉（1893-1918）　172
越智昇　165-166

か行

片平信明（1830-98）　310, 312-314, 316- 321, 323-325, 329-330
菅野正　163
ギールケ（Otto Friedrich von Gierke, 1841-1921）　11, 123-126, 150-152
グナイスト（Rudolf von Gneist, 1816-1895）　123, 146-147
孔子　48, 228
国府種徳（1873-1950）　72
小松原英太郎（1852-1919）　82, 84

さ行

サヴィニー（Friedrich Karl von Savigny, 1779-1861）　125, 152
志賀重昂（1863-1927）　72
柴田順作（1814-1891）　310, 318, 323
周公　109-110
シュミット（Carl Schmitt, 1888-1985）　125
志波六郎助（1848-1930）　180-182
末岡精一（1855-94）　11, 111
杉唯一　175
鈴木安蔵　112
鈴木虎十郎　50
スミス（Adam Smith, 1723-1790）　89, 290

た行

高木正朗　316
高田早苗（1860-1938）　244
竹内友二郎　118
田所美治（1871-1950）　259
田中義一（1864-1929）　239, 241, 253-259, 261, 266
田村又吉（1842-1921）　308, 324-325, 329
徳川権七（1855-1923）　179, 181, 186
トクヴィル（Alexis de Tocqueville, 1805-1859）　150
留岡幸助（1864-1934）　66, 308, 312-313, 323

著者紹介

稲永 祐介（いねなが・ゆうすけ）

パリ第一大学政治学研究科博士課程修了。博士（政治学、2010年）。現在、高等研究学習院（EPHE）／CNRS-GSRL学術研究員、大阪市立大学都市文化研究センター研究員。専門は国家の比較歴史社会学。
〔主要業績〕
L'allégeance à l'État moderne. construction de la morale politique en France et au Japon, Paris, L'Harmattan, 2015, « La médiation des idées politiques françaises au Japon : une approche comparative des conceptions de la souveraineté monarchique au XIXe siècle », *in Revue Française d'Histoire des Idées Politiques*, N° 42, 2015,「第三共和政における二つのフランス：ナショナリストの憎悪をめぐって」（『日仏政治研究』第9号、日仏政治学会、2015年）など。翻訳には、イヴ・デロワ『国民国家：構築と正統化——政治的なものの歴史社会学のために』（共訳、中野裕二監訳、吉田書店、2013年）などがある。

憲政自治と中間団体

一木喜徳郎の道義的共同体論

2016年1月25日　初版第1刷発行

著　者　稲永祐介

発行者　吉田真也

発行所　合同会社 吉田書店

102-0072　東京都千代田区飯田橋2-9-6 東西館ビル本館32

TEL: 03-6272-9172　FAX: 03-6272-9173

http://www.yoshidapublishing.com/

編集・装丁　長田年伸　　印刷・製本　シナノ書籍印刷

定価はカバーに表示してあります。

ISBN978-4-905497-41-7